KB104822

학습팀 혁신전략
액션러닝과 전략 커뮤니티

학습팀 혁신전략
액션러닝과 전략 커뮤니티

2015년 3월 20일 초판 인쇄
2015년 3월 25일 초판 발행

지은이 | 이규완
교정교열 | 정난진
펴낸이 | 이찬규
펴낸곳 | 북코리아
등록번호 | 제03-01240호
주소 | 462-807 경기도 성남시 중원구 사기막골로 45번길 14
　　　　우림2차 A동 1007호
전화 | 02) 704-7840
팩스 | 02) 704-7848
이메일 | sunhaksa@korea.com
홈페이지 | www.북코리아.kr
ISBN | 978-89-6324-417-4 03320

값 17,000원

*본서의 무단복제를 금하며, 잘못된 책은 구입처에서 바꾸어 드립니다.

학습팀 혁신전략

액션러닝과 전략 커뮤니티

이규완 지음

북코리아

머리말

　'학습(Learning)'은 '성과(Performance)'에 기여해야 한다. 기업에서의 '학습'은 단순한 배움 이상이다. '학습'은 독립적인 학문의 영역이라기보다는 '성과'라는 실질적인 결과와 관련되어 있으므로 학습의 가치는 때로 '성과'에 얼마나 기여했느냐에 따라 그 효용성을 인정받게 된다. 학습이 성과라는 목적을 달성하기 위해 사용될 때 의미를 가진다는 점에서 산발적인 지식의 무의미한 집합들과 성과라는 결과로 검증되지 않은 이론들은 기업에서 그 타당성을 인정받기 어렵다. 그러나 성과 역시 학습된 것의 산출물이라는 점에서 결국 학습으로부터 출발한다고 볼 수 있다. 기업은 성과를 지속시키기 위해 시행착오를 반복하게 마련이며, 성과창출 과정에서 학습되는 실패와 성공의 기록은 개인과 조직에 재학습됨으로써 더 큰 성과를 가능하게 한다. 학습과 성과의 상호의존성에 비추어볼 때 기업이 지속적으로 성장하기 위해서는 학습과 성과의 균형을 추구하는 것이 그 어떤 것보다 가치 있는 일임을 인식하고, 치우침 없이 조화를 이룰 수 있도록 노력해야 한다. 결국 기업의 성장과 발전이란 것이 성과지향적인 것과 학습지향적인 것의 상호작용으로 강화되고 지속되기 때문이다. 이것은 개인과 사회가 앞으로 전진하고 발전하는 원리이기도 하다.

한국 기업의 발전과 더불어 성과에 기여하기 위한 '학습'의 역할 또한 커졌고, 이를 수행하기 위한 방법론에도 많은 발전이 있었다. 우리가 앞으로 살펴볼 학습팀이라는 팀 기반의 학습기법 역시 학습과 성과라는 두 가지 가치가 균형과 조화를 이루는 끝없는 도전의 역사라고 할 수 있다. 학습팀으로 가장 많이 알려진 액션러닝(Action Learning: 실천학습)과 학습 커뮤니티(Community of Practice: 실행공동체)는 한국 기업에 적용되면서 다양한 형태의 성공사례들이 나타나고 있는데, 이것은 한국 기업 특유의 성과지향적 태도에서 그 이유를 찾아볼 수 있다. 그러나 좀 더 자세히 들여다보면 기업전략과의 연계성보다는 단편적인 학습방법론에 그친다거나, 구체적인 실행전략과 운영 프로세스에 대한 고려 없이 단지 구성요소를 안내하는 수준에만 머물러 있다. 예를 들어 액션러닝의 5대 요소가 중요하다는 것은 누구나 공감하지만 기업의 상황에 따라 유연하게 적용할 수 있는 사례와 실행모델의 제시는 부족하다. 학습 커뮤니티(CoP) 역시 많은 기업들이 도입하여 지식공유를 위한 마당[場]을 만들고 있지만, 참여하는 사람들의 자율에만 의존할 뿐 실제 지식의 공유와 축적, 그리고 성과로의 연계 모색은 부족한 실정이다.

이 책은 액션러닝과 학습 커뮤니티의 실행에서 '무엇을 어떻게 해야 하는가'에 대한 실천적 방법론이 없다는 인식에서 출발했다. 액션러닝과 전략 커뮤니티가 실제 기업에 적용된 모습을 보면 운영의 방법론(구조, 기간, 운영방법, 성과기준 등)이 상당히 유사하면서도 의미 있는 차이점이 있다. 문제는 명확한 구분 없이 혼재된 형태로 운영되거나, 경우에 따라서는 자의적인 해석으로 무차별하게 적용되었다는 데 있다. 학문적인 차이를 규명한 예들은 더러 있지만, 실제 현장에 적용해본 후 시사점을 구체적으로 보여준 사례나 각기 고유하면서 차별화된 강점을 발전시킨 사례는 거의 없다. 이렇게 비교연구가 부족한 것은 액션 러닝(AL)이 주로 육성을 위한 HRD 부문의 주요 학습 프로그램이었다면, 학습 커뮤니티(CoP)는 기업의 지식과 역량을 관리하기 위한 지식경영의 방법으로 발전되어온 것도 이유일 것이다.

액션러닝(AL)과 학습 커뮤니티(CoP)는 분명히 다른 학습배경과 인식, 운영목적을 가지고 출발했다. 그러나 서로의 장단점을 정확히 이해하려는 노력으로부터 올바른 적용을 위한 시사점이 도출될 것이다. 각자의 지향점과 가치에 대한 충분한 연구와 상호 보완된 모습이 무엇인지에 대한 제언이 무엇보다 필요한 시점이며, 이 책에서 보여주는 다양한 사례는 큰 시사점을 줄 것이다. 단순히 이론을 소개하기보다는 학습팀을 현업에 적용함에 있어 기업의 상황에 따라 어떤 요소를 부각하여 프로그램을 설계하고 실행할지에 대해 통찰을 제시할 것이라고 확신한다.

우리는 액션러닝과 전략 커뮤니티 본래의 원전에 충실하여 살펴볼 것이다. 다만 그 형태와 방식에 있어 필요하다면 다르게 적용되거나 변형되어 운영되는 것에 대해 조금 자유롭고 개방된 시각을 가질 것이다. 학습팀 본래의 철학과 사상에 비추어 옳고 그름을 논의하기 전에 '학습과 성과'라는 본연의 역할에 충실했는가가 더 중요한 논의 포인트가 될 것이다. 대표적인 것이 학습 커뮤니티(CoP; Community of Practice)의 성과지향적 모델인 전략 커뮤니티에 관한 것이다. 일반적으로 잘 알려진 자발적인 학습 커뮤니티는 기업의 성과에 기여하기 위한 전략 커뮤니티(SCoP; Strategic Community of Practice) 형태로 더 많이 적용되고 있다는 점에서 우리는 기업의 전략적 과제 수행 또는 핵심직무 기반의 학습공동체인 전략 커뮤니티를 어떻게 적용하고 활용할 것인가에 중점을 두고 논의할 것이다.

이 책은 액션러닝(AL)과 전략 커뮤니티(SCoP)의 입문서로서뿐만 아니라 학습팀을 실행해본 경험이 있는 독자들에게 유용할 것이다. 또한 학습팀을 효과적으로 도입, 운영하고자 하는 기업에게 있어 때로는 조직의 혁신을 이끌며, 때로는 창의적인 조직으로 작동하기를 원하는 곳에 도움이 될 것이다. 무엇보다 학습팀이 '팀 기반의 학습방법'에 그치지 않고 '기회와 도전을 멈추지 않는 새로운 형태의 조직'으로 자리매김할 수 있기를 기대하는 사람들에게 추천한다. 이 책에서 제시한 다양한 사례를 통해 기업의 '학습(Learning)'하는 방법과 '성과(performance)'를 만들어내는 방법에 있어 우리만의 경쟁우위 요소들을 찾아보았으면 한다. 나아가 우리 스스로 발견한 강점들을 보다 넓은 산업과 분야로 확장시켰으면 하는 바람이다. 마지막으로 진부한 이론과 개념에 매달려 책과 씨름하는 것이 싫은 독자들은 바로 '학습팀 설계하기' 편부터 읽기를 권한다.

이 책이 나오기까지 많은 분들의 도움을 받았다. 처음으로 전략 커뮤니티의 본질적 의미와 가치를 소개해주며 가슴 뛰는 학습팀의 세계로 인도해주신 전수환 교수님. 그는 내가 알고 있는 가장 뛰어난 컨설턴트이자 경영학자이다. 기업의 성과는 우연을 기대하는 것이 아니라 만들어내는 것이라는 독특한 깨우침과 현장에서 탁월한 소통리더십을 보여주신 V-컨설팅 심진섭 대표님. 최고의 성과를 위해 발로 뛰며 보필해준 동부그룹 최영수 과장은 최고의 학습팀(Learning Team)이었다. 2005년 LG디스플레이 학습팀 성과발표회는 내 생애 최고의 기억이었다. 우리는 상상한 것을 현실로 만들기 위해 열정을 불태운 완벽한 팀이었다. 그러나 우리가 스스로 기적이라는 말밖에 표현할 수 없었던, 모두의 기억 속에 아직까지 생생한 역사적인 순간들은 박기선 사장님의 존경받는 스폰서십이 아니었다면 완성되지 못했을 것이다. 이때의 경험은 이후 여러 기업들을 컨설팅하며 '학습팀의 꽃'이라 할 수 있는 현업의 사례들을 만들어낼 수 있는 밑거름이 되었다. 이곳에서 필자는 문제해결 프로세스를 융합해 도전적인 성과창출팀을 만들었으며, 때로는 액션러닝과 전략 커뮤니티를 접목시키는 새로운 시도를, 때로는 조직 혁신을 위한 창의적인 기법을 다양하게 시도해볼 수 있었기에 집필을 결심할 수 있었다. 액션러닝의 정신과 철학을 밤새 고민하고 전략적 설계의 중요성에 대해 끊임없이 토론해준 GS칼텍스 김병윤 차장은 이 책이 나오기까지 지원을 아끼지 않았다. 마지막까지 부족한 내용의 완성을 위해 검수와 조언을 마다하지 않았으며, 계층교육 액션러닝 사례는 직접 집필해주었다. 학습팀 모델을 완성할 수 있도록 소중한 기회를 열어주신 CJ인재원의 신영수 상무님을 비롯하여 한민 부장님, 김영준 님, 중국지역 전문가 액션러닝을 성공적으로 이끌기 위해 함께 고생해준 Texas A&M 대학 채대석 박사, 장란닝

님, 그리고 PSI컨설팅 정채창 대표님, 김광현 부사장님, 이대 교육공학과 조일현 교수님, 한국액션러닝협회 강완섭 부회장님, KT 한상혁 부장님에게도 감사의 말씀을 올린다. 누구보다 액션러닝과 전략 커뮤니티에 참여했던 스폰서, 리더를 포함한 멤버 모두에게 진심으로 감사의 마음을 전하고 싶다. 사실상 그들이 바로 이 책의 주인공이다.

마지막으로 사랑하는 아내에게 이 책을 바친다.

뜻을 함께할 벗이 있으니
좋지 아니한가

"21세기 조직은 효율적이고 합리적인 근대기업의 특성을 유지하면서도 창의적이면서 자연적인 유연한 생명체 같은 특징도 함께 지니고 있어야 한다. 1990년대 이후 정보화 시대를 맞이하면서 한국인의 공동체 의식은 첨단 정보 네트워크라는 새로운 토양을 만나 새롭게 만개하고 있다. 기존의 지역, 혈연, 학연을 바탕으로 하던 공동체를 넘어서 수많은 네티즌들이 저마다의 자발적 관심사에 의해 새로운 공동체를 형성하여 다양한 분야에서 활발한 활동을 하고 있다. 세계적 수준의 온라인 인프라를 기반으로 다른 나라들이 흉내 내기 어려운 공동체 문화가 새롭게 융성하고 있다. 우리나라의 역동적 신명과 온라인 커뮤니티의 자발적 공동체 의식이 우리나라 기업에서 어떻게 발휘될 것이냐에 있어 각각의 사례들은 새로운 관점과 미래의 모습을 제시할 것이라고 생각한다. 사실 학습 커뮤니티(CoP)는 주로 미국과 일본 등의 외국 선진 지식경영 기업들 사례에 등장하는 외래적인 개념으로 그들만의 전유물로 이해되어왔다. 그러나 LG디스플레이에서 우리가 성취한 결과는 선진기업과 비교해도 부족함이 없으며 외래 개념의 일방적 수용이 아니라 자생적으로 발전해온 사례라는 점에서 자부심을 가질 수 있을 것이다. 선진 기법의 장점을 취하되 우리나라 고유의 공동체 문화를 기반으로 한층 더 발전되고 내재화된 방식으로 대응하겠다는 조직의 자신감과 의지가 잘 드러나 있다."

– 2005년 전략 커뮤니티 사례집 중에서, KAIST 지식경영연구센터 전수환

이규완 소장님의 『학습팀으로 혁신하라』에 대한 추천의 글을 쓰게 됨을 기쁘게 생각합니다. 이번 책은 조직혁신을 위한 실질적 지침서이지만, 저에게는 비망록과도 같은 책입니다. 그것은 제가 이 소장과 함께 오랫동안 탐구하면서 우리나라 기업에 적용하고자 했던 '학습 커뮤니티(CoP)'에 대한 소중한 추억들이 오롯이 기록되어 있기 때문일 것입니다. 2003년 KAIST 지식경영연구센터 정례 모임에서 제가 연구하고 있던 '학습 커뮤니티'에 대해 발표한 후 학교 카페에서 이 소장과 오랜 토론을 하던 기억이 떠오릅니다. 이후 LG디스플레이에서 '학습 커뮤니티'를 기업 현장에 적용시킨 '전략 커뮤니티'에 대한 강연을 몇 차례 하게 되었고, 엔지니어들 간의 자발적 협력문화 형성에 '커뮤니티' 방식의 혁신 프로그램이 도움이 될 것이라 판단하신 박기선 사장님 및 경영진들의 배려로 3년간 컨설턴트로 이 소장님과 함께 일할 수 있는 기회를 갖게 되었습니다. 매주 한 차례씩 구미와 파주 등 LG디스플레이를 방문하여 진행했던 컨설팅 과정을 통해 함께 천착했던 우리 기업에 맞는 조직원들 간의 협력형 학습모델의 개발을 위한 공동

연구의 내용들이 이번 책에 고스란히 담겨 있습니다.

우리는 2002년 월드컵 응원을 위해 자발적으로 광장에 모인 우리 내부의 열정적인 DNA들이 조직혁신을 위한 협력 네트워크로 발현될 수 있다고 믿었습니다. 자신의 일에 자부심과 정체성을 가지고 있는 지식근로자들이 모여 삶의 애환을 나누고 상부상조할 수 있는 협력학습을 위한 마당을 지원하는 일에 열심을 다했습니다. 이후 교직의 길에 들어서게 되고 나서도 이 소장님과 친구로서 계속 교제해왔습니다. 그래서 10년에 걸쳐 이 소장님이 CJ인재원, PSI컨설팅에서 '학습 커뮤니티'를 위한 이론과 사례들을 발전시켜오는 과정을 지켜볼 수 있었습니다.

이 소장님은 뜨거운 마음을 지니고 음악을 사랑하는 감성적인 사람이면서 치밀하게 기획하고 체계적으로 정리하는 능력도 탁월합니다. 호탕하고 흥겨운 대화를 주도하는 흥 많은 사람인 동시에 남다른 인내심과 차가운 판단력으로 하고자 하는 일을 결국 이루어내는 뚝심을 갖고 있습니다. 이러한 이 소장님을 구성하는 다차원성이 학습팀을 통한 조직혁신의 추구라는 역설을 실현했던 원동력이 아닐까 합니다.

우리는 이 시대의 직장인이 존재의 미학을 구현하는 예술가로, 협력하며 발전하는 창조자로, 자발적이고 생동감 넘치는 능동자로 삶을 영위할 방법이 있다고 믿었습니다. 그리고 그러한 새로운 직장인의 삶의 방식을 기반으로 혁신해가는 조직의 미래를 꿈꾸었습니다. 그래서 이 책은 그러한 몽상가들을 위한 분투기록이 될 것입니다.

액션러닝과 전략 커뮤니티라는 화두를 잡고 인간 중심인 조직혁신을 우리 현실에서 실현하고자 치열하게 노력했던 친구의 노고에 고마

움과 격려를 보내며, 지금도 탈출구가 보이지 않는 현실에서도 뜻을
함께하며 더 나은 삶을 꿈꾸는 많은 분들에게 위로와 도움이 되는 책
이 되리라 기대하며 글을 마칩니다.

전수환
(한국예술종합학교 산학협력단장/예술경영과 교수)

차례

1장   학습조직의 DNA: 학습팀

2장 액션러닝 vs. 전략 커뮤니티

3장 학습팀 설계하기: 학습팀 플래닝 믹스 전략

4장   학습팀 성공 사례 탐구하기

5장   학습팀의 가치 발견하기

부록   학습팀 운영전략의 7가지 Tip

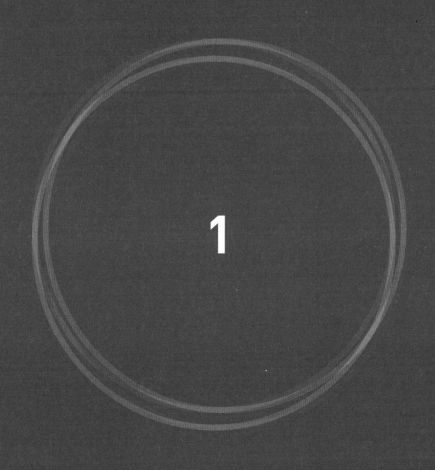

1

학습조직의 DNA: 학습팀

1. 창의적이고 혁신적인 조직의 다른 이름, '학습조직'!

혁신적인 기업들은 항상 다양한 시도를 한다. 그들은 모든 시도가 성공하리라고 기대하지 않기 때문에 좀 더 위험을 감수한다. 그리고 확실한 전망이 나와야 혁신 활동이 확대 시행되기 때문에 다양하게 시도하고 점검하는 데 많은 비용을 쏟아 붓는다. 그들은 한두 가지 크고 확실해 보이는 프로젝트에 올인하지 않고 다양하게 시도함으로써 성공의 확률을 높여나간다. 이것이 그들이 혁신하는 방법이다.

- Andrall E. Pearson, "Tough-Minded Ways to Get Innovative"

혁신적인 기업의 공통된 특징은 도전과 실패를 기회로 만든다는 것이다. 그리고 도전하고 시행착오를 통해 앞으로 나아가려는 노력은 기업의 문제해결 능력과 창의성을 촉진시킨다. 학습하는 조직은 문제를 결합하고 해체하여 개선하거나 전혀 다른 관점에서 해결책을 찾으려는 사고의 힘을 가지게 되며, 창의적인 생각이 발현될 수 있는 환경과 도구를 제공함으로써 혁신적인 성과로 연결될 수 있도록 지원한다. 혁신의 결과는 성과를 지속적으로 창출하도록 만들고, 아이디어를 사업화하거나 그 이상의 가치 있는 결과물을 생산할 수 있도록 한다.

혁신이 추구하는 '위험의 감수, 실패에 대한 용인'은 기업이 학습하는 조직을 통해 기대하는 가치와 유사하다는 점에서 혁신이란 결국 기업의 학습역량이라고 할 수 있다. 그리고 혁신하기 위한 수없이 많은 도전, 시행착오의 역사적 결과물들은 성공 여부를 떠나 조직에 학습되며, 조직의 역량으로 고스란히 남게 된다. '학습', '혁신', '창의'가 유사한 관점을 견지하는 이유는 기업이 생존하기 위한 '변화(Change)', '개방(Openness)', '협력(Collaboration)'과 관련이 있기 때문이다. 이러한 개념들이 기업에서 강조되거나 적극적으로 받아들여지는 경우를 보면 주로 변화에 능동적으로 대처하기 위한 경영환경이 요구될 때이다. 또는 직급과 계층 같은 수직적 채널, 부서와 직무 같은 수평적 채널, 나아가 외부 네트워크와의 오픈 커뮤니케이션을 통해 서로 다른 지식과 기술을 공유할 방법을 폭넓게 찾으려는 노력 속에서도 나타난다. 개인보다는 집단의 협력을 중시하려는 공동생산의 원칙, 즉 집단지성의 힘을 조직의 성과로 활용하려고 할 때 역시 부각된다.

지금부터 논의하고자 하는 학습조직(학습조직의 대표적인 형태인 학습팀)은 혁신조직, 창의적인 조직이 추구하는 모습과 크게 다르지 않을 것이다. 그리고 학습한다는 것, 혁신한다는 것, 창의적이라는 것은 그것이 무엇이든 결국 기업의 성과와 관련되어 있다. 다만 '혁신'이라는 이름으로 설명되거나 '창의성'의 모습으로 해석될 때 더 큰 의미를 부여받는 것이 있듯이 '학습'의 거울을 통해 볼 때 더 가치 있는 것들이 있다. 일반적으로 '학습'이 기업경영에 미치는 영향과 학습조직이 기업의 성장과 생존을 위해 중요한 이유를 살펴보면 ① 기업의 '생산성과 혁신성의 모순', ② 경영환경의 변화 속도, ③ 조직 역량의 중요성 증가라는 3가지 관점에서 의미를 가지고 있기 때문이다.

1) 기업의 '생산성'과 '혁신성'의 모순

> 기업이 조직적인 학습에 관심을 두게 된 기본적인 이유는 학습이 가지고 있는 '생산성'과 '혁신성'에 있다. 가령, 지속적인 경험을 통해 어떤 것에 익숙해진다는 것은 효율성(생산성)이 높아진다는 의미이다. 그러나 지속적인 반복을 통해 얻어지는 생산성은 그것을 넘어서는 혁신과는 상충된다. 즉, '생산성 딜레마'라 불리는 효율성과 혁신 간의 모순이 생기는 것이다. 이 생산성의 딜레마를 해결하는 것이 기업의 핵심과제 중 하나인데, 역동적인 상호작용을 통해 설명할 수 있는 개념으로 '학습'이 주목받게 되었다 (Dodgson, 1993).

생산성과 혁신성의 모순에서 비롯된 학습의 가치야말로 기업에 매력적인 개념이 아닐 수 없다. 기업은 학습(경험)효과로부터 수익을 얻기 위해 생산성을 향상시키고 지속적인 원가절감을 통해 규모의 경제를 실현하려고 한다. 문제는 효율성을 위해 최적의 상태를 추구한다는 것은 주변 조건(Conditions)들이 이동하거나 변화되는 것을 바람직하게 생각하지 않는다는 것이다. 효율성을 추구할수록 변화에 취약해지며 혁신의 논리에 걸림돌이 된다. 혁신은 기업이 정체되어 있음을 경계하고 변화를 주도함으로써 지속적인 성장의 원동력이 된다. 기업은 생산성(효율성)과 혁신성을 끊임없이 균형 있게 추구해야 하는 숙제를 항상 가지고 있다. 제아무리 변화에 능숙하고 혁신적인 조직이라도 성공의 경험은 도약의 출발점인 동시에 과거에 사로잡혀 더 이상 개선하려 하지 않으려는 저항의 시작점이다. 개인이건 기업이건 변화해야 한다는 것은 결코 쉽지 않으며 변화를 넘어 지속적으로 혁신함으로써 경쟁력을 확보하기는 더욱 어렵다. 변화와 혁신을 두려워하고 있다는 것은 우리의 현재 모습이 가장 안정적이고 최적화되어 있다는 것이다. 그리고 우리는 역사를 통해 변화 없이 영원히 안정된 곳은 없다는 것을 잘 알고 있다. 현재에 머물려 하지 않고 혁신을 이끄는 힘은 바로 학습이다.

학습조직은 학습을 통해 끊임없이 경쟁력을 만들어내는 조직이다. 학습 그 자체보다는 학습을 통한 성장과 생존이 중요한 의미를 가지므로 학습조직의 완성된 형태는 없다. 학습하지 않는 사람과 기업은 결코 혁신할 수 없다. 기업은 구성원들이 학습하고 성장할 수 있도록 적극적인 관심과 지원을 제공해야 하며, 학습을 촉진시킬 수 있는 조직문화와 제도를 갖추고 있어야 한다. 이러한 조직을 우리는 '학습조직' 또는 '학습을 통해 혁신하는 조직'이라고 한다. 변화를 적극적으로 받아들이는지 알고 싶다면 경영진과 구성원이 학습과 성장을 위한 의지를 지속적으로 만들어가고 있는지 살펴보아야 한다.

2) 경영환경의 변화 속도

> 조직학습에 대한 관심과 성과를 통해 조직학습의 속도는 경영환경의 변화 속도보다 최소한 같거나 빨라야 한다는 점 때문에 조직의 이상적인 모습으로 학습조직이 부각되었다(Senge, 1990).

기업의 생존에는 빠른 속도의 학습이 요구된다. 이전에 습득된 지식, 기술, 정보들이 급속히 진부화됨에 따라 조직의 학습 속도와 역량이 경쟁우위가 되고 있으며, 정보기술의 발전과 기업의 불확실성으로 인해 조직의 학습능력이 중요해졌다. 기업이 해결해야 할 과업이 성공적으로 수행되기 위해서는 경험과 지식이 필요하다. 예를 들어, 어떤 기업이 신규 시장 진출을 계획하고 있다고 가정하자. 성공적인 시장진입을 위해서는 공급자, 유통경로, 제품설계와 수정, 마케팅 및 경쟁사 정보 전반에 대한 폭넓은 이해가 선행되어야 할 것이다. 그러나 고객의 까다로운 요구, 잠재적 경쟁자의 난립, 예상을 뛰어넘는 시장 변화 등 경영환경 분석의 어려움이 있으며, 기업이 보유하고 있어야 할 지식의 범위가 너무 넓어 완벽하게 예측하기도 어렵다. 개별 기업의 학습 속도라는 것 역시 매우 상대적인 것이어서 측정하기가 쉽지 않다. 조직학습의 속도가 경영환경의 속도보다 최소한 같거나 빨라야 한다면 빠르게 대응하고 있는 것을 정확히 알 수 것은 생존이라는 결과를 통해서일 뿐이다. 조직 스스로 자신의 학습 경쟁력이 무엇인지 모르거나, 학습한 것이 성과로 연결되는 속도에 대해 객관적으로 평가하기 어렵다면 변화에 적절히 대응하기 어렵다. 신제품, 신시장이 아니더라도 기업은 현재 직면하고 있는 문제를 해결하고 새로운 기회를 만들기 위해 무엇을 알고 있고, 무엇을 알아야 하는지를 고민하고 학습해야 한다. 아울러 변화를 위한 조직과 시스템을 갖추고 있는지도 점검해야 한다.

기업이 현재의 문제를 해결하고 개선하는 것에 모든 역량이 집중되어 있다면 미래의 변화에 한 발 앞서 필요하다고 판단되는 과제를 고민하고 대처하는 것에 소홀할 수밖에 없다. 선제적 대응역량을 갖추고 있어야 때로는 시장의 변화보다 늦더라도 빠르게 대응하는 후천적 학습역량도 높아진다. 그리고 이것은 개인이 아닌 조직 전체가 지속적으로 탐구하고 학습할 수 있는 환경이 제공되어야 가능하다. 비즈니스 팀조직을 포함한 성과창출조직은 대부분 현재의 과제, 단기적인 성과에 역량을 집중하기 마련이다. 눈앞에 놓인 과제와 평가에 익숙한 사고와 행동으로는 타성에 젖기 쉬우며, 이런 구조에서는 새로운 관점과 혁신적인 방식을 적용하기란 더욱 어렵다. **새로운 가능성과 시도를 장려하는 학습문화와 학습환경을 의도적으로 부여하고 학습을 능동적으로 관리하려는 믿음이 필요하다.** 학습하는 조직과 성과를 창출하는 조직이 명확히 구분되는 것은 아니며, 구분해서 관리하는 것 역시 쉽지 않다. 다만 조직이 추구하는 목표에 따라 구성원들이 기대하고 행동하는 모습은 분명히 다를 수밖에 없다.

3) 조직역량의 중요성

조직역량(Organizational Competency)은 조직이 보유하고 있는 지식과 경험의 수준, 내·외부 변화에 대한 개방과 수용에 따른 대응력이라고 할 수 있다. 기업은 개인(사람)처럼 살아 있는 유기체와 같다는 비유를 한다. 조직의 성장 역시 개인이 성장하고 생존하는 방식과 크게 다르지 않기 때문이다. 기업은 학습 경험을 통해 경쟁력을 강화시키는 동시에 급변하는 환경에 신속히 대응하고, 변화에 적응하면서 더 크고 강한 존재로 진화한다. 그러나 확보된 역량을 보존하고 개발하는 방식이 개인보다는 조금 복잡하다. 역량을 관리하는 대상은 개인이 아니라, 수많은 개인들이 모여 있는 집단이기 때문이다.

조직역량의 힘은 기업 경쟁력으로 나타나며, 차별적인 우위를 만들기 위한 보이지 않는 핵심자산이다. 기업이 보유한 조직역량은 조직문화(Organization Culture)의 토양과 어우러지면서 구성원 모두에게 영향을 미친다. 개인이 보유한 태도와 가치규범이 미래 경쟁력의 원천이고 잘 바뀌지 않는 성향인 것처럼 기업은 조직문화를 통해 일체감, 소속감, 공통적인 행동표준에 따른 독특한 핵심역량을 만들어내며 고착화된다. 개인이 개인만의 독특한 인지와 기억체계, 역량을 가지고 있듯이 조직은 조직 전체의 수준에서 그들만의 독특한 역량, 즉 조직역량을 가지고 있다. 그렇다면 조직역량은 왜 기업 경쟁력 확보에 중요한 요인일까? 조직역량의 실체를 가장 잘 나타내고 있는 예는 다음과 같다.

모든 물리적 기록이 밤 사이에 붕괴되는 조직을 상상해보라. 갑자기 보고서, 컴퓨터 파일, 직원 기록, 운영 매뉴얼, 달력이 없어지고 남아 있는 것은 사람, 빌딩, 자본 설비, 원자재 그리고 재고품이다. 이번에는 모든 직원이 한꺼번에 직장을 그만두는 조직을 상상해보라. 이전의 직원들과는 많은 점에서 비슷하나 그 조직에 대해 전혀 모르는 새로운 사람들이 대신 직장에 나온다. 두 조직 중 어느 조직이 그전의 상태로 만들기 쉽다고 생각하는가?

- Daniel H. Kim

두말할 나위 없이 처음 시나리오를 선택할 것이다. 조직역량은 넓은 의미에서 개인들이 만들어낸 유형적 자산(제도, 시스템, 인적자원 등) 또는 무형적 자산(가치체계, 핵심역량, 조직문화 등)을 포괄하며, 구성원 개인에게 그리고 개인들 간의 관계가 만들어낸 집단 속에 남아 있다.

학습조직이란 결국 구성원들의 학습경험과 학습과정을 매뉴얼이나 데이터베이스가 아닌 일상의 살아 있는 조직역량 속에 보존하며, 유통시키려는 노력일 것이다. 학습조직을 통해 기업은 기존 세대들의 지식을 새로운 세대로 이전시켜줌으로써 조직의 역량을 지속, 발전시킬 수 있다. 지식이란 문서와 지식이 보유되는 프로세스 속에 존재하는 것일 뿐만 아니라 구성원들 간의 관계 속에도 존재한다. 그리고 우리가 앞으로 살펴볼 학습팀은 학습하는 조직이 추구하는 이상을 보다 구체적으로 실현할 수 있는 구체적인 대안을 제공하고 있다.

2. 학습조직의 실행 에이전트: 학습팀

> 조직은 새로운 환경에서 경쟁우위를 확보하고 이를 유지하기 위해 자신의 성공과 실패로부터 더 많이 더 빨리 교훈을 얻어내야 한다. 이를 위해 조직은 학습조직으로 거듭나야 하는데, 조직에 속한 그룹이나 구성원들이 새로운 학습과정에 지속적으로 참여하는 조직이 바로 학습조직이다.
>
> - Reg Revans

학습한다는 것은 미래를 능동적으로 준비한다는 것을 의미한다. 미래성장의 원동력을 확보하고 변화를 받아들이는 힘은 학습에서 나온다. 진정한 의미의 '학습조직'이란 굳이 이야기하지 않더라도 학습이 일상적인 경영활동처럼 내재화되어 있는 조직일 것이다.

학습조직의 우선 원칙은 안전한 환경에서 실험적인 시도를 장려하고 실패에서 얻은 교훈과 성과를 간과하지 않는 데 있다. 기업은 개인에게 도전적인 목표를 과제로 부여함으로써 실전처럼 연습해볼 수 있는 기회를 제공할 수 있다. (물론 우리가 말하고자 하는 학습조직은 학습만 하는 조직이나 학습을 위한 환경만 제공하는 것을 말하지 않는다. 학습의 경험을 기업의 성과로 연결시킬 수 있어야만 비로소 학습조직이라고 할 수 있다.) 그럼에도 불구하고 현실을 들여다보면 기업에서 학습이란 일상적인 경영활동이나 문제해결 같은 성과창출 활동의 우선순위에 밀려 뒷전인 경우가 허다하다. **경쟁력을 확보하**

기 위한 도전과 혁신, 새로운 기회를 창출하고자 시도하는 과정에서 필연적으로 겪게 되는 고난과 역경이라는 학습의 가치들은 눈앞에 닥친 시급한 일상적 과제와 실패에 대한 두려움으로 인해 위축되곤 한다. 이로 인해 구성원들은 '학습'이 가지고 있는 본래의 정신과 가치를 정확하게 인식하지 못하게 된다. 학습조직과 관련된 개념들은 살펴보면 정보를 습득하고 해석하고 효과적으로 전파하는 것, 조직에서 필요한 정보를 활용 및 적용하는 역량에 관한 것만 말하는 것이 아니다. 아이러니하게도 많은 부분에 있어 실패에 대한 태도와 관련이 있다. 기업이 학습한다는 것은 조직의 실수를 반복하지 않는 프로세스, 교육 및 연습의 기회 제공, 실수를 용인하기 위한 지원과 격려, 효과적인 학습활동을 저해하는 학습무능력(Learning Disabilities)의 제거 같은 것들이다. 또는 정보, 지식, 기술을 습득하는 과정에서 실수를 통한 경험, 시행착오와 같은 것들이 어떻게 기업을 단련시키고 강한 조직으로 만드는지에 대한 것이다. 어쩌면 학습이란 실수 또는 실패에 대한 지원과 격려의 다른 말일지도 모른다.

기업의 학습조직화가 결국 기업의 성과를 위한 것임을 알면서도 제대로 적용되지 않는 또 다른 이유는 학습조직이 추구하는 이상적인 비전에 비해 학습조직을 추진하는 전략과 방법이 명확하지 않고 학습조직을 위한 대상과 목표가 너무 광범위하다는 것이다. 학습조직 구축을 위한 대부분의 전략과 목표를 보면 기업 전체 혹은 구성원 개인에게 맞추어져 있는 것을 알 수 있다. 문제는 이 경우 학습조직 구축을 위한 실행 전략은 일시적인 행사나 이벤트 중심의 아이템에 그칠 수 있다는 점이다. 기업의 학습조직화라는 것이 경영진과 구성원들의 생각과 행동의 변화를 꾀하는 것이라고 믿기 때문에 (명확하게 정의되지 않은) 조직문화의 변화 또는 학습환경 조성이라는 다소 추상적인 목표에만 매달리게 된다. 이렇게 모호한 전략과 접근은 실행에 따른 결과를 측정하는 데 있어서도 논란의 여지가 있게 마련이다. 대부분의 실행전략들이 이처럼 전개되는 것은 학습조직 전략이라는 것이 중장기적인 변화를 요구하기 때문이기도 하다. 조직이 추구하는 가치, 구성원의 행동양식, 업무수행 방식과 관습 등을 오랜 기간 변화시킴으로써 업무 속에서 자연스럽게 학습조직화되기를 기대하는 것이다. 이것이 잘못되었다는 것은 아니다. 다만 조직문화 관점의 변화라는 것은 단기적인 효율성과 효과성이 떨어지면 지속적인 지원을 받고 조직 내에 긍정적인 영향력을 미치기가 어렵다는 사실이다. 실행 결과의 구체성과 실효성이 떨어질수록 경영진과 구성원들의 관심에서 멀어질 수밖에 없다.

그렇다면 학습조직 구축을 위해 학습과 성과의 균형, 모호함이 아닌 구체적인 실천적 형태로서 의미를 가지고 있는 것은 무엇일까? 그것은 바로 우리가 앞으로 살펴볼 액션러닝과 전략 커뮤니티로 대표되는 학습팀이다. 노나카(野中)는 "기업이란 신속하고 효율적이며 지속적으로 지식을 획득하고, 총체적 품질(Total Quality)을 추구하며, 조직역량을 확대해나가야 한다. 이를 위해 최고경영자는 조직에 의한 학습을 촉진시켜나가야 하며, 조직 내 개개인뿐만 아니라 집단(팀)에 의한 학습이 중시된다. 나아가 팀의 학습경험이 조직 내 또는 조직 간에 공유되고, 이것이 기업의 성과를 높이며 경쟁우위 창출에 직결된다."라고 했으며, 레반스(Revans) 역시 "학습을 이루는 과정에서 팀은 조직학습의 축소판이다."라고 언급하면서 팀 중심의 학습조직 전략을 강조했다. 기업의 학습조직 구축의 출발은 개인 또는 기업 전체가 아닌 소규모 집단인 팀을 대상으로 시작되어야 한다. 학습팀 방식을 학습조직을 구축하려는 기업의 가장 이상적인 형태로 가정하는 것은 실천방법에 있어 매우 구체적인 전략과 프로세스를 가지고 있기 때문이다. 전략과 프로세스를 가지고 있다는 것은 기대하는 결과를 더욱 명확히 할 수 있다는 것을 의미한다. 아울러 **개인은 팀이라는 이상적인 단위의 소집단에 속해 있으므로 보다 수월하게 조직과 일체감을 형성한다.** 팀이라는 실체를 통해 조직은 가치 있게 보존해야 할 경쟁우위와 기업문화를 효과적으로 전파할 수 있다.

팀조직이 평균적으로 5~10명인 이유는 리더십을 발휘하기에 가장 효율적인 규모이며, 팀 구성원들 간의 상호작용이 팀워크와 시너지로 발현되기 위한 최적의 인원이기 때문이다. 10명 이상의 팀 규모에서 팀원들은 구성원의 일원으로서 느끼는 공동체 의식이 상대적으로 느슨하다. 학습팀 역시 참여인원의 적정규모는 5~10명이다. (실제로 이보다 더 최적화된 인원은 5~6명이다.) 개인은 기업조직의 일원이며, 기업이라는 커다란 울타리 안에 있다. 하지만 개인에게 있어 조직이란 기업보다는 팀에 참여함으로써 안정감과 소속감을 더 크게 받아들인다. 팀에서 구성원들은 서로 긴밀한 영향을 주고받으며, 개인은 팀에서 겪은 성과달성과 학습경험을 기업에서 경험한 것과 동일시하게 된다. 팀은 곧 개인에게 자신의 가치를 실현시키는 가장 중요한 의미 부여의 대상이다. **개인은 팀을 통해 기업 또는 조직을 보다 더 정확하게 인식하므로 개인에게 있어 팀은 기업 그 자체이다.** 반대로 기업은 개인의 헌신을 통해 지속 가능한 경쟁력을 확보하며 성장 기회를 넓혀나갈 수 있다. 팀을 통해 기업은 개인의 성과와 가치를 정확히 인식하고 구체적인 보상과 인정, 피드백이 가능하다. 과제와 업무 부여의 핵심단위로서 기업의 비전과 미션, 전략, 핵심적 가치가 집약되어 있는 것이 바로 팀이다.

결론적으로 팀은 개인이 기업의 의미를 온전히 받아들이고 반대로 기업의 가치를 개인에게 동일한 힘으로 유지 및 전달해주는 가장 중요한 매개체이다. 개인과 기업은 서로에게 없어서는 안 될 중요한 존재이다. 우리가 학습팀이라는 매우 구체적인 형태의 팀을 학습조직의 모습으로 가정한 것은 이처럼 팀에서 공유하는 개인의 생각과 감정이 조직과 서로 연결되어 있기 때문이다. 아울러 목표 또는 과제를 수행하는 태도에 있어서 구성원들의 내적 동기(Intrinsic Motivation)를 중시하는 학습팀의 독특한 특성 때문이기도 하다. 개인은 (비즈니스 팀조직처럼) 학습팀에 참여함으로써 다양한 성장 기회를 제공받으며, 조직에 대한 소속감과 로열티를 함께 공유한다. 그러나 학습팀은 (비즈니스 팀조직보다) 훨씬 더 안정적인 학습의 공간을 제공하며, 꿈과 비전을 실현할 수 있는 터전이 된다.

학습조직의 구체화된 모습이 팀이어야 하는 또 다른 이유는 기업이 팀 규모로 성과를 관리하듯이 학습 역시 팀으로 개인을 학습시키고 관리하는 것이 훨씬 효과적이기 때문이다. 구성원들은 따로 시간을 할애하여 학습할 시간적인 여유가 거의 없다. 업무와 학습이 동시에 가능한 환경에 참여하거나, 학습이 곧 일상적인 업무의 하나처럼 받아들여져야 한다. 구성원들이 새로운 지식을 습득하기 위한 경험적 학습의 장(場)인 액션러닝에 참여하거나, 자신의 전문성을 유지 또는 향상시키기 위해 커뮤니티의 멤버가 되는 것은 이 때문이다.

학습성취도 측면에서도 팀 기반의 학습방법은 개인학습보다 훨씬 효과적이다. 이는 협동학습으로서 팀학습 방식이 창의적 사고를 촉진시키는 과정과 유사한 것과 같은 이유이다. 창의성이라는 것이 한 사람의 고독한 생각의 결과이거나 천재성에서 비롯되는 것이 아닌 보이지 않는 협력관계를 통해 탄생하는 것임을 이해한다면 학습과정 역시 이와 유사함을 알 수 있을 것이다. 팀워크가 형성된 조직(팀)은 여러 사람의 생각과 의견이 자유롭게 교환되는 과정에서 학습효과가 증폭되며 개인의 통찰력도 훨씬 커지게 된다. 또한 팀 기반의 학습이 활성화될 경우 기업의 중장기적인 협력을 이끌어내는 동시에 조직역량을 구축하는 데 있어서도 효과적으로 기여한다. 기업이 지속적으로 성과를 창출하려면 개인보다는 조직이 보유한 역량을 관리하는 것으로부터 시작해야 한다. 아울러 조직역량을 효과적으로 관리하기 위해서는 팀 학습의 중요성을 이해하고 체계적인 프로세스를 만들려는 노력이 뒤따라야 한다.

액션러닝과 전략 커뮤니티는 조직 경쟁력을 제고하기 위한 가장 이상적인 모델을 제공한다. 구성원들이 문제해결 과정의 의사결정과 그에 따른 결과를 존중하도록 만들고, 기업의 핵심과제에 몰입시키는 동시에 헌신을 통해 함께 성장할 수 있도록 도와주며, 기업에서 '학습'이 의미하는 바와 그 중요성을 모두가 깨닫게 한다는 점에서는 학습조직이 추구하는 바와 크게 다르지 않다.

우리는 액션러닝과 전략 커뮤니티를 학습조직 구축을 위한 대표적인 팀 기반 학습의 도구로서 학습팀이라고 정의할 것이다. 학습팀은 기업 경쟁력 제고를 위해 보다 생산적(Productive)이면서도 실험적인 (Experimental) 성과를 지향하는 동시에 구성원에게는 창조적 긴장(Creative

Tension)과 혁신(Innovation)을 가능하게 하는 학습지향적 사고를 제공한다. 우리는 완성된 형태의 학습조직 구축을 위해 또는 가장 이상적인 형태의 학습조건을 충족시키는 방법론으로서 학습팀의 의미와 구체적인 실행의 모습에 대해 보다 상세하게 살펴보고자 한다.

> 조직이 팀을 구성하고 활용하는 이유는 개인일 때보다 팀이 형성되면 서로 생각과 행동을 나누게 되고, 혁신성이 강화되며, 결국 구성원들의 창의성이 높아진다는 믿음 때문이다. 전 구성원이 참여하여 공동의 기본 가설을 수립하고, 문제를 함께 공유하고 이해하며, 새로운 지식을 얻는 과정에서 함께 성장하게 되는 액션러닝 프로그램보다 더 적절한 팀 학습모델은 없을 것이다.
>
> - Reg Revans
>
> 모든 조직에는 공식적으로 조직됐든 그렇지 않든 모두 그 나름의 프랙티스에 기반을 둔 커뮤니티가 있다. 그렇지 않다면 왜 미국에서 살아남은 자동차공장들이 모두 디트로이트에 본사를 두고 있겠는가? 실리콘밸리에 하이테크 기업들이 몰려 있는 것은 또 무엇으로 설명하겠는가? 그리고 세계 수준급의 플루트를 사려고 할 때, 왜 보스턴에 있는 3개 악기 제조업자들에게만 가겠다고 고집하겠는가?
>
> - Etienne Wenger

3. 학습조직의 두 가지 축: 액션러닝과 전략 커뮤니티

딜워스(1995)는 실천학습(액션러닝)을 '학습조직의 DNA'라고 표현했는데, 이를 통해 "조직의 학습 기능을 관리할 수 있으며 끝없이 변하는 환경에 대한 대처 능력을 향상시킬 수 있기 때문이다."라고 말하고 있다. 액션러닝(AL)이야말로 '학습조직의 DNA'라고 정의한 것은 매우 정확한 인식이라고 할 수 있다. 질문과 대화의 촉진, 피드백을 통한 지속적 학습기회의 창출, 학습이라는 (안전한 연습 상황에서의) 시행착오를 통한 실험적 도전, 학습전이, 질문과 토론의 리더십 등과 같은 학습조직의 핵심 키워드를 가장 잘 담고 있는 것이 바로 액션러닝이다.

우리는 액션러닝(AL)과 함께 학습 커뮤니티[CoP; 대표적으로 전략 커뮤니티(SCoP)] 방식을 조직의 학습조직화를 위한 중요한 구성요소(Framework)로 정의하고자 한다. 웽거(E. Wenger) 역시 "학습 커뮤니티(CoP)는 지식을 관리하는 업무의 틀을 만드는 실제적인 한 가지 방법으로 떠오르고 있다. 이 개념은 학습하는 조직이라는 꿈을 실현하는 데 필요한 구체적인 조직의 하부구조를 제공한다."라고 언급했던 것은 이러한 사실을 잘 설명하고 있다. 커뮤니티가 협동적 팀학습의 촉진, 전문가로서의 정체성을 조직의 전략과 연계, 사업장 간 혁신적인 기술의 보급, 조직에 흩어져 있는 지식의 효과적인 관리, 직무 관계망 속에 조직역량을 보존하려는 노력 같은 또 다른 관점에서의 학습조직 구현에 필요한 기능과 방법

학습조직이란 ① 지식을 창출하고 습득하며 해석하고 ② 조직 내에 전이 시키는 데 능숙하며 목적의식적으로 새로운 지식과 통찰력을 행동에 반영 시키는 데 능숙한 조직이다. 이에 따라 조직의 학습능력 개발 프로세스는 간단한 이론적 공식에서 얻을 수 있다.

$$(G1 \times G2)\ \text{II} = LC$$

LC는 학습능력(Learning Capability)이다. G1은 산출(Generate), 즉 조직의 모든 계층에서 지속적으로 아이디어를 만들거나 습득하거나 적응하거나 개선하는 프로세스를 말한다. G2는 전파(Generalize), 즉 아이디어를 강 화시키고 시공을 초월하여 조직 전체에 아이디어를 공유시키는 프로세스 이다. II는 영향력 있는 아이디어(Ideas with Impact), 즉 장기적으로 회사의 이해관계자들에게 가치를 더하는 아이디어를 말한다.

- Ron Ashkenas, Dave Urlish, Todd Jick & Steve Kerr(학습하는 조직)

을 제공하고 있기 때문이다.

학습조직의 정의와 학습능력 개발 프로세스에서 나타나듯이 학습조 직이란 ① 지식을 창출하고 습득하며 해석하는 것[산출능력(G1)]과 ② 지 식의 조직 내 전이를 위한 것[전파능력(G2)]의 두 가지를 유능하게 해내 는 조직이다. '지식을 창출하고 습득하며 해석'하는 것이야말로 액션 러닝(AL)의 학습 철학이며, '조직 내에 전이시키는 것'은 전략 커뮤니 티(SCoP)의 중요한 사명이다. 요약하자면, '창조적 문제해결'을 위한 액션 러닝과 '효과적인 지식공유'를 위한 전략 커뮤니티가 바로 학습조직이 추구하 는 이상적인 모습을 구체화시킨 것이라고 할 수 있을 것이다. 물론 이 두 가 지 중요한 개념적 차이가 액션러닝과 전략 커뮤니티로 정확하게 구분되는 것은 아니다. 지식의 창출과 전파, 학습은 궁극적으로 액션러닝과 전략 커뮤니티 모두의 역할과 책임이다. 다만 액션러닝과 전략 커뮤니티는 서로 다른 학문적 배경과 이론적 토대를 가지고 있기 때문에 더 적합한 생산적인 기능이 있을 뿐이다. 오히려 서로를 엄격히 구분하고 분리하여 적용하기보다는 기업의 '학습조직' 구축을 위해 각각의 강점이 긍정적으로 작용할 수 있도록 보완하고 발전시키는 것이 더 중요할 것이다. 액션러닝과 전략 커뮤니티는 기업의 '학습조직화'를 위해 효율적인 학습 프로세스와 구체적인 방법론을 제공해줄 수 있다. 두 기법 모두 기업에서 필요로 하는 조건과 요구에 따라 올바르게 적용될 때 시너지를 발휘할 수 있다. 조직에서의 학습이 지식의 습득과 습득된 지식의 조직 내 전파를 통해 촉진된다는 점에서 액션러닝과 전략 커뮤니티로 대표되는 학습팀은 리더, 팀, 조직을 효과적으로 개발하는 동시에 조직역량을 확보하기 위한 가장 이상적인 조직으로 기능하고 있다.

액션러닝(AL)의 경우 주로 새로운 직무경험의 제공, 과제해결을 통한 역량 향상이라는 목적을 위해 실행된다. 팀원들은 새로운 분야의 문제해결과 그 과정에서 각자가 경험한 것들을 깊이 있게 학습하게 된다. 일반적으로 액션러닝은 전략 커뮤니티보다 직접적인 성과를 지향하는 특성을 보이는데, 이는 팀에게 과제(문제)를 해결하도록 우선적으로 임무가 주어지기 때문이다. 물론 문제해결 과정에서 습득되는 경험적 학습의 중요성을 잘 알고 있으므로 액션러닝은 결과 못지 않게 학습 프로세스를 철저하게 관리한다. 액션러닝은 적극적으로 문제를 해결하는 과정에서의 경험과 성찰을 통해 지식이 습득된다고 가정하

액션러닝

문제해결을 통해 구성원을
육성시키기 위한 실천적 경험학습방법
(창조적 문제해결)

전략
커뮤니티

직무 중심의 효과적인 지식공유와
상호학습을 위한 실행공동체
(지식공유와 전파+ 과제해결)

므로 문제가 복잡하고 시급할수록 바람직한 과제로 선정된다. 액션러 닝은 문제해결의 도구이며, 미래의 경쟁력을 확보하기 위한 조직의 핵심지식과 아이디어를 생산해내는 역할도 하고 있다. 액션러닝팀에 참여하는 팀원들은 단기적인 성과창출 지식뿐만 아니라 중장기적으로 기업이 보유해야 할 지식을 선행적으로 탐구하고 실천적 경험을 조직 경쟁력으로 발전시킨다.

전략 커뮤니티(SCoP)는 지식을 효과적으로 공유하기 위한 지식공동 체를 만드는 것이 특징이다. 주로 현재 수행하고 있는 직무에서의 실천지식들을 유사한 경험을 가지고 있는 사람들과 나누고 새로운 학습 경험을 넓히기 위한 목적이 우선시된다. 전략 커뮤니티의 경우 지식 (Knowledge) 관점의 생성·전파·창출을 효과적으로 관리하기 위한 지식경영으로 시작되었으며, 무엇보다 지식의 원활한 흐름과 이동을 위해 누가 참여할 것인가에 관심을 가지고 있다. 참여자들 간에 지식을 공유하는 것만으로도 효과적인 성과를 재생산해낼 수 있으며, 참여자 간에 형성된 신뢰는 새로운 성과를 창출하는 효과적인 방법이 된다. 전략 커뮤니티의 핵심은 지식공유에 있다. 그리고 지식의 공유는 호혜적 책무관계, 개방된 학습환경 속에서 가능하다. 팀원들이 성과만을 위해서가 아니라 학습을 통해 성장하고 육성된다는 느낌을 갖게 될 때 개인에 의해 창출된 새로운 정보는 모든 사람에게 신속하게 전파될 수 있다.

1) 팀 기반 학습: 학습팀의 기초와 정의

> 학습팀이란 주어진 과제(Subject)를 수행하거나, 지식의 호혜적 교환을 통해 정해진 기간 내에 역량 향상을 꾀하는 학습지향적 활동 또는 문제해결의 성과지향적 활동을 목적으로 운영되는 소집단(Group)으로 정의할 수 있다.

학습팀은 개인의 실천적 경험과 지식을 교환하는 일련의 학습과정을 집단이 함께 수행하는 팀 기반의 학습방법론이다. 여기서 팀학습이란 일정 규모의 집단을 대상으로 구성원 간 상호작용과 협력을 통해 학습성과를 효과적으로 향상시키는 집단학습방법을 일컫는다. 학습 관점에서 학습팀 활동은 사회적 관계, 대화와 토론, 성찰, 협력과 합의를 이끌어내는 의사소통, 행동을 통한 체험적 학습을 중요하게 생각한다. 개인들은 함께 학습하면서 때로는 업(業)에 대한 동질감으로, 때로는 도전적인 목표를 함께 달성하는 일체감을 공유하며 집단이 습득한 지식을 자신의 것으로 재해석한다. 액션러닝과 전략 커뮤니티는 학습의 질

(Quality)을 근본적으로 향상시키기 위한 목적의 팀학습 방식으로서 개인의 역량 향상을 위한 학습 프로그램이자 문제해결 프로그램으로 만들어졌다. 학습은 분명히 개인의 몫이다. 그러나 개인은 집단 목표를 달성하는 과정에서 열정과 몰입을 함께 공유할 때 학습의 깊이와 속도가 더해진다. 결국 학습은 개인의 사고의 틀 안에서 지식을 재구성하는 개인학습인 동시에 팀학습을 통해 학습을 촉진시키는 사회화의 과정이다.

액션러닝(AL)은 팀학습 방식으로 학습을 촉진시키며, 참여하는 개인에게는 육성의 기회를 제공하고, 조직에게는 외부 환경에 빠르게 대응하기 위한 경쟁력을 제공한다. 액션러닝은 '과제' 부여와 함께 시작되므로 문제와 목표에 집중할수록 팀원들의 의사소통이 원활해지며 서로 협력하며 헌신하게 된다. 서로 다른 배경의 다른 직무를 가진 학습자들이 참여하더라도 협력해야 성공할 수 있다는 것을 잘 알고 있기 때문에 팀원들은 만남을 거듭할수록 효과적인 집단으로 변모한다. 액션러닝에 있어 팀은 학습을 촉진시키기 위한 환경을 제공한다. 액션러닝은 단기간 팀의 목표를 성취할 수 있도록 자원과 시간을 압축적으로 활용한 후 과제가 종료되면 다시 자신의 본래 업무로 돌아간다. 일반적으로 과제는 개인 본연의 업무와 연계성이 적기 때문에 액션러닝에서의 학습팀은 사실상 일시적 동질감을 가진 집단(Group)이다.

전략 커뮤니티(SCoP) 역시 팀학습 방식으로 운영된다. 전략 커뮤니티에서 과제는 단지 '문제해결을 통한 일시적인 학습'이라기보다는 동일한 관심사를 가진 사람들이 참여하는 지속적인 문제해결 과정이자 지식교류 활동이라고 할 수 있다. 따라서 대부분 전략 커뮤니티는 주로 직무와 관련되어 있으며, 학습팀 활동은 지속적인 연대감을 가진 공동체(Community)의 속성을 가지고 있다. 공동체라는 것은 존속의 의미를 담고 있다는 점에서 집단의 생성, 유지, 소멸의 과정을 거치는 일종의 생명체이기도 하다. 전략 커뮤니티의 핵심 개념은 구성원들이 소속된 집단에 느끼는 의미(Meaning)와 정체성(Identity) 또는 소속감(A sense of belonging)을 공유하는 데 있다. 의미와 정체성, 소속감은 커뮤니티를 형성하는 본질이자 구성원들을 결속시키는 동인이다. 전략 커뮤니티가 대개 본인이 하는 일(직무)과 밀접한 관련이 있는 것은 개인의 일에 대한 애착이 집단 속에서의 의미와 정체성을 형성하는 데 있어 중요하기 때문이다. 직무와 관련이 있다는 특성으로 인해 전략 커뮤니티는 일반적으로 활동이 종료되더라도 비공식적인 관계를 지속시킨다.

학습팀 활동과 같은 집단 속에서의 개인 간 상호학습은 문제를 온전히 팀의 것으로 받아들이게 하고, 다양한 시각에서 논의하게끔 유도하며, 질문과 대화를 통해 서로의 학습욕구를 자극함으로써 긍정적인 학습 몰입의 세계로 인도한다. 학습팀에서 나타나는 집단학습의 힘은 상호작용에서의 학습 시너지에 있다. 학습과제가 팀의 수행동기를 불러일으키는 것일수록 학습을 보다 진지하게 받아들이며 깊이 있는 학습이 가능해진다.

2) 일과 학습을 분리하지 않는 실천적 경험학습

> 무언가를 직접 해봄으로써 학습자들은 스스로 생각해보고 관련 있는 것들을 의식적으로 연관지어 보는데, 이러한 과정을 통해 자연스럽게 학습이 발생한다. 효과적인 학습과정은 상황구속적이고 특정상황적 맥락에 근거하고 있을 때이며, 더 나아가 학습과정이 구체적인 활동 및 과거의 경험과 긴밀히 연관되어 있을 때 가장 효과적이라고 한다.
>
> - J. Dewey

액션러닝과 전략 커뮤니티는 모두 '구성주의' 관점의 학습이론을 받아들인 대표적인 프로그램이다. 지식의 습득이 학습자의 개별적 인지작용에 의한 지식구성이라는 관점에서 학습팀은 학습자를 수동적 자세에서 적극적이며 자율적인 지식형성자로의 변화를 요구한다. 구성주의는 객관적인 사실로서의 지식보다 학습자 개인에게 의미 있는 지식을 가치 있게 생각한다. 따라서 학습은 지식의 단순한 획득의 재생산과정이 아니라 개인의 능동적인 구성과정이며, 인지적 과정일 뿐만 아니라 사회적·문화적 과정이다. 구성주의 관점에서는 학습자가 적극적으로 학습에 참여해야 한다는 점에서 자기주도적 학습이 무엇보다 중요하다. 누군가가 제공하는 제한된 지식과 경험을 받아들이기보다는 자신이 경험한 사건들과 그 의미를 연결할 수 있어야 하며, 학습방법과 내용을 창조적으로 재구성할 수 있어야 한다. 개인의 주관적 경험과 사회적 상호작용을 통한 의미구성이 곧 학습이라는 점에서 지식과 경험을 나눌 수 있는 체험적·협력적 학습환경이 무엇보다 필요하다. 그리고 그러한 마당[場]을 제공해주는 것이 바로 학습팀이다.

실천적 경험학습은 전략 커뮤니티보다는 액션러닝에서 중요하게 다루어졌다. 액션러닝에는 '실천적 경험학습'의 철학이 잘 반영되어 있다. 액션러닝은 강의 방식이 아닌 현장에서 직접 실행과 행동을 실천하고 경험하게 하는 프로젝트 수행방식의 학습 형태이므로 문제를 해결하는 과정, 즉 학습자들이 적극적으로 학습에 참여하는 과정에서 어떤 학습적 성취가 있었는지에 주목하고 있다. 액션러닝은 과정에 참여하는 구성원들이 직접 발로 뛰면서 알아낸 실천적 경험을 대화와 토론을 통해 공유한다. 이것을 '의도적 성찰을 통한 지식의 내재화 과정'이라고 한다. 일의 직접 수행을 통한 학습, 그리고 실천을 통해 경험한 결과를 성찰해보는 일련의 과정이 개인의 학습에 있어 대단히 효과적이라는 것은 바로 경험주의 관점이다. 직접적인 경험과 실천, 성찰의 중요성이 액션러닝에서 보다 깊이 있게 다루어진 이유는 액션러닝이 주로 '육성'을 목적으로 실행되기 때문이다. 액션러닝은 일반적으로 특정 대상(경영자 후보, 핵심인재)의 육성을 목적으로 도입되며, 이를 위해 과제를 부여하고 일정 기간 내 문제를 해결하는 방식으로 진행한다. 이 과정에서 과제가 익숙하지 않거나, 전혀 접해보지 못한 과제를 수행할 경우 해결과정에서의 학습경험을 토론하는 시간이 반드시 필요하다.

학습 커뮤니티(CoP) 또는 전략 커뮤니티(SCoP)는 '상황학습이론'에 기초하고 있다. 상황학습이론에서 강조하고 있는 것은 특정 공동체에서 자신의 정체성을 형성해나가는 '사회적 학습'이다. 학습자는 참여과정에서 다른 구성원들과 의견을 나누기도 하고, 다른 구성원들이 하는 일을 관찰하기도 하고, 직접적인 도움을 주고받기도 하면서 점점 완전한 참여로 나아간다. 전략 커뮤니티의 관심은 지식의 효과적인 공유이므로 동일한 관심사를 가진 사람들, 즉 커뮤니티 기반의 경험적 지식을 공유하는 사람들의 집단이다. 전략 커뮤니티가 직무 중심으로 구성될 경우 참여자들은 이미 해당 분야에 대한 경험이 있거나 전문성을 보유하고 있다. 이 경우 학습팀은 참여자들이 가지고 있는 지식과 경험을 공유하는 것만으로도 의미가 있으며, 이들은 기업의 경쟁력을 높이기 위한 자원으로 다양하게 활용될 수도 있다. 그러나 최근에는 전략 커뮤니티 역시 지식의 적극적인 활용 관점에서 실행 중심의 성과를 요구받기 시작하고 있는데, 한정된 시간과 공간에서의 학문적인 토론을 통해서만 지식을 공유하는 데 그치지 않고 오히려 액션러닝보다 더 높은 도전적인 목표와 실천지향적 과제를 수행하기도 한다. 고객과 직접 만나는 경험, 토론을 통해 도출한 아이디어의 직접 실행, 요구조사 및 인터뷰, 설문조사 등과 같이 행동 중심의 지식과 경험이 점차 강조되고 있다. 지식이란 사람들의 살아 있는 실천적 행동 속에서 발생한다는 점에서 무엇보다 '실천적 지식'이 중요하며, 전략 커뮤니티는 새로운 도전과 시도를 통해 더 깊은 통찰력과 전문성을 습득할 수 있는 기회를 제공해주고 있다.

3) 문제해결 과정에서의 '학습성과' 중시

액션러닝(AL)과 전략 커뮤니티(SCoP) 학습팀은 공통적으로 문제해결, 그리고 그 과정에서 거둔 학습성과를 중요하게 생각한다. 학습팀

액션러닝과 전략 커뮤니티의 학습성과

학습 목적의 실천(Action)적 행동과 그 결과에 대한 의도적 성찰을 통해 습득한 지식을 내재화하는 일련의 학습과정을 강조

나눔의 가치, 신뢰로부터 결속된 지식공동체 안에서의 공유된 지식과 사회적 자본 관점의 성과들에 의미부여를 하는 것

은 결국 지식의 습득, 구성원들의 역량육성을 위한 것이며, 모든 프로세스는 학습과정의 일부분이기 때문이다. **학습된 결과를 성찰, 반성하고 남겨진 의미들을 되짚어보지 않는다면 문제해결 기법과 다를 것이 없다.**

액션러닝에서 학습성과는 의도적인 '성찰(Reflection)'을 통해 시작된다. 성찰은 일반적으로 액션러닝(AL)에서 중요하게 다루어지고 있는데, 이를 학습결과에 대한 지적성찰(Action-Reflection Learning)이라고 한다. 질문을 강조하는 성찰학습은 학습내용과 의미를 대화와 토론을 통해 더욱 구체화시킴으로써 구성원들에게 의도적으로 스스로 거둔 학습성과를 끌어내도록 한다. 성찰적 행동은 실제 액션러닝이 진행되는 동안 별도의 성찰시간을 통해 진행된다. 그러나 어떤 경우에는 학습자들이 문제를 해결하는 과정에서 이미 각자가 느낀 학습의 의미에 대해 의견을 나누면서 성찰과정을 완료하는 경우도 있다. 성찰의 시간이 의미가 있는 것은 개인의 역량(수준)에 따라 문제를 바라보는 관점이 다르고, 직무경험의 차이로 인해 서로 다르게 이해한 지식, 의미의 변화를 보다

명확하게 공유할 수 있다는 데 있다. 성찰이라는 의도적인 경험공유를 통해 우리가 구체적으로 무엇을 어떻게 학습했는지에 대한 의미를 되새겨볼 수 있다.

　전략 커뮤니티에서 학습성과는 주로 '사회적 자본 관점의 학습성과'를 의미한다. 학습성과는 학습팀 활동기간 내에 학습한 것에만 주목하는 것이 아니라 사회적 자본으로서 참여자 간에 원활하게 공유된 지식과 경험의 나눔을 통해 얻은 가치, 활동이 종료된 후에도 지속될 수 있는 인간관계(사회적 자산) 같은 조직문화 관점을 포함한다. 전략 커뮤니티에서는 학습성과를 평가의 기준으로 제도화하기도 한다. 상호학습의 양과 질은 오히려 비공식적 만남의 양이나 질과 연관이 높은 경우가 있다. 비공식적 활동이란 단합을 위한 워크숍, 교실 밖에서의 만남, 식사모임과 같이 학습을 전제로 하지 않는 활동을 말한다. 비공식적 활동 속에서 더 깊은 학습 장면이 연출되기도 하며, 인간적인 신뢰관계의 깊이는 학습팀 활동에 영향을 미친다. 아울러 기업 내 인적 네트워크를 강화시키며, 활동 종료 후에도 원활한 업무협조와 정보공유를 통해 협력을 이끌어낸다. 학습시간이 종료되더라도 인간관계가 함께 종료되는 것이 아니기 때문이다.

4) 기업의 전략적 목적으로 활용

　최근에는 학습팀이 보다 정교한 프로세스를 받아들여 기업의 성과지향적인 전략적(Strategic) 활동의 일환으로 운영되고 있다. 심지어는 조직의 성과창출을 위한 역할에 더 크게 기여하고 기능하도록 강요받기도 한다. 이로 인해 학습보다는 성과에 무게를 두고 학습팀을 운영할 수밖에 없는 학습지원조직의 고민이 있다. 기업이 학습도 성과의 일부분이어야 함을 강조하며 성과를 지나치게 요구하는 환경일수록 '학습팀 본연의 역할과 가치에 대한 인식'이 공감을 얻기 힘들다. 그럼에도 불구하고 현실을 들여다보면 경영진의 요구, 일반 구성원들의 인식, 참여자들의 불안 등으로 인해 어떻게 성과에 기여할 것인가에 대한 문제를 외면하기 어렵다.

이것은 실행공동체로 불리는 학습 커뮤니티가 전략 커뮤니티로 이름과 성격을 바꾸면서 변화해가는 것을 보면 잘 알 수 있다. **학습 커뮤니티(CoP)의 경우 본래 자율적 참여의지와 구성원들 스스로 육성에 대한 의지로부터 학습동기를 가지고 있다.** 관심사에 대한 자발적 의지와 동기를 무엇보다 중요하게 생각하는 커뮤니티 방식의 학습팀은 다른 문제해결 활동과 차별화되는 독특한 특징으로 설명되기도 한다. 그러나 **자생적이며 자발적 참여로 대표되던 커뮤니티는 점차 기업의 전략적 필요에 의해 더 가치를 인정받고 있고, 지금은 오히려 학습 커뮤니티가 아닌 전략 커뮤니티라는 용어가 폭넓게 받아들여지고 있다.** 웽거(E. Wenger) 역시 "전략적인 분야에 커뮤니티를 개발한다는 것은 지식을 다른 회사의 중요한 자산과 마찬가지로 하나의 자산으로 체계적으로 관리할 수 있는 실용적인 방법이라고 할 수 있다."라고 말하고 있다.

물론 학습 커뮤니티에서도 자발적으로 생성된 학습팀이 구성원들의 육성뿐만 아니라 조직성과에 기여하는 영향력 있는 모임으로 성장하기도 한다. 이 경우 자발적 학습 커뮤니티의 영향력이 커지게 되면 기업이 전략적인 목적으로 활용하거나 문제해결을 위해 (공식화함으로써) 제도권 내부로 끌어들이기도 한다. 그러나 이러한 학습 커뮤니티는 그 수준이 학습동호회 정도라고 하더라도 생성동기와 자발성을 존중할 필요가 있다. 본래의 의도가 훼손되어 기업의 성과에 봉사할 것을 강요하기보다는 오히려 순수한 학습팀의 정체성을 보존시키는 것이 훨씬 가치가 있다.

액션러닝은 학습팀이 가지고 있는 양날의 칼, 즉 학습가치와 성과가치의 모순과 갈등의 중심에 있으며, 어떤 경우에는 적극적으로 성과지향적인 모습을 보이기도 한다. 이것은 과제를 해결하기 위한 문제해결의 목적으로부터 출발하는 액션러닝의 특성 때문이다. 중요도와 긴급도에 따른 과제 선정과 그것을 해결하는 과정에서 보여지는 액션러닝의 모습은 마치 또 다른 문제해결기법과 같이 인식된다. 학습이 경영성과에 얼마나 도움이 되는가를 평가하고 측정하는 것은 사실 당연한 일이다. 기업은 학습이 성과에 어떻게 기여하는지를 보여주지 못하는 활동을 위해 지속적으로 지원할 수 없다. 기업교육의 평가(현업적용도평가)에서 개인의 지식습득 못지 않게 학습의 결과가 경영의 성과로 어떻게 연계되고 증명되는지에 대해 추적·관찰하는 것은 이 같은 이유이다. 물론 어떤 경우라도 과도한 성과지향성은 학습의 가치를 반감시킬 수 있다.

학습팀이 기업의 전략적인 목적으로 활용됨에 따라 다양한 형태의 성과를 촉진시키는 기법들이 도입되고, 접목된 모습으로 변형되어 나타나기도 한다. 학습을 중시하는 육성방법론에서 기업의 성과를 충족시키기 위한 요구들이 커지면서 다양한 방법론(Method)들을 받아들이고 있다. 과제(문제)에 대한 체계적인 접근과 효과적인 성과창출을 위해 '문제해결기법(Problem-solving Method)'을 적용하는 것이 대표적인 예이다. 예를 들면, 핵심문제 선정에서부터 과제 관리를 위한 성과창출 프로세스(Project Management)를 액션러닝의 기본 틀에 접목시키는 것이다. 자유로운 토론과 대화 중심의 학습활동이라는 본래의 모습은 유지하되, 좀 더 성과지향적인 결과를 위해 문제의 정의, 측정, 분석, 실행, 평가를 위한 방법론들을 활용하고 있다. 문제해결기법 같은 구조화된 성과지향적 틀(Framework)을 사용하는 것은 이미 학습팀 활동이 성과지향적으로 변하고 있다는 것을 의미한다. 학습의 형태 역시 혼합형 학습(Blended Learning) 방식과 같이 온라인과 오프라인 교육을 접목시킨 형태가 나타나기도 한다. 세미나 또는 회의 형식의 오프라인 학습에서 지리적·시간적 공간의 한계를 극복하기 위한 온라인 형태를 병행하고 있다. 영업성과 극대화 전략 커뮤니티 사례에서 볼 수 있듯이, 학습팀에 목표관리방식(MBO; Management by Objectives)을 접목하여 매우 구체적이고 정교하게 설계된 목표관리 방식을 부여하기도 한다. 학습팀에게 도전적 목표(Stretch Goal)임과 동시에 학습팀 스스로 달성 가능한 집단 목표를 부여하기 위한 방법으로 적용되고 있다.

2

액션러닝 vs. 전략 커뮤니티

1. 액션러닝(AL)과 전략 커뮤니티(SCoP) 비교

액션러닝(Action Learning)이란 소규모로 구성된 한 집단이 기업이 직면하고 있는 실질적인 문제를 해결하는 과정에서 학습이 이루어지며, 그 학습을 통해 각 그룹 구성원은 물론 조직 전체에 혜택이 돌아가도록 하는 일련의 과정이자 효과적인 프로그램이다.

- Michael J. Marquardt

전략 커뮤니티(Community of Practice)란 동일한 관심사와 일련의 문제, 어떤 주제에 대한 열정을 공유하고 있으면서 지속적으로 상호작용하는 과정을 통해 이 분야에 대한 지식과 전문성을 보다 깊이 있는 것으로 만들어가는 사람들의 집단이다.

- E. Wenger

  액션러닝은 조직의 핵심과제를 수행함으로써 문제해결뿐만 아니라, 경험과 성찰을 통해 학습하는 방법론이다. 액션러닝은 참여자들을 의도적으로 새로운 환경, 새로운 과제에 직면하게 함으로써 창의적인 사고와 행동을 촉진하도록 유도한다. **전략 커뮤니티**에서 팀학습은 기업 경쟁력 제고와 핵심지식을 확보하기 위한 직무 중심의 연대(Tie)와 지식공유의 문제이다. 전략 커뮤니티는 유사한 프랙티스를 수행하고 있는 구성원 또는 전략적인 목적으로 핵심지식을 공유시켜야

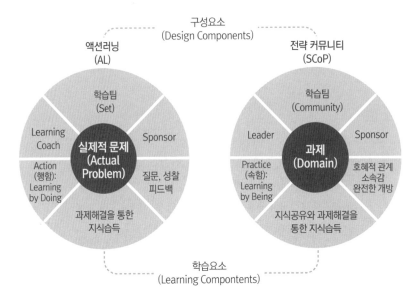

액션러닝(AL) vs. 전략 커뮤니티(SCoP)

① 과제영역: 학습팀의 시작

* 실제적 문제(Actual Problem) vs. 과제(Domain)

② 구성요소: 학습팀 구성에 필요한 주요 요소

* 팀(Set vs. Community), 스폰서(Sponsor), 핵심 멤버(Learning Coach vs. Leader)

③ 학습요소: 학습 개념, 목적, 방법에 대한 주요 요소

* 개념(Action vs. Practice), 학습목적(과제해결을 통한 역량 향상 vs. 지식의 호혜적 공유),
학습촉진기법(질문, 성찰, 피드백 vs. 소속감, 개방적 분위기)

할 사람들을 조직화한 후 이들에게 지식공유의 이슈를 제기하거나
과제와 목표를 부여하는 것이다.

　　액션러닝(AL)과 전략 커뮤니티(SCoP)의 공통점, 차이점을 보다 상세

히 살펴보기 위해서는 구성적 요소와 학습적 요소를 구분해서 비교해 볼 필요가 있다(왼쪽 그림). 우선 액션러닝과 전략 커뮤니티 모두의 과제(또는 문제)는 활동의 중심에 있는 핵심 개념이다. 과제는 액션러닝에 있어 출발점이며 시작을 의미한다. 전략 커뮤니티에서 과제는 좀 더 정확하게 도메인(Domain)으로 정의할 수 있으며, 학습팀이 수행해야 할 과제를 포함하여 그들이 공유하는 지식 전체를 포함하는 광의의 개념이다. 학습팀의 구성요소(Design Components)를 보면 팀 구성(액션러닝은 Set, 전략 커뮤니티는 Community)과 스폰서(Sponsor)는 공통적인 요소인 반면, 학습 분위기를 조성하거나 과제에 몰입시키기 위한 동기부여, 퍼실리테이터와 코칭을 맡고 있는 핵심 구성원(액션러닝은 '러닝코치', 전략 커뮤니티는 '리더')의 역할은 조금 다르다. 이러한 차이는 앞에서 언급했듯이 학습팀이 운영되는 목적에 있다. 학습팀의 목적이 새로운 과제의 '학습(Learning)'을 통한 육성으로부터 시작된 것인지 혹은 효과적인 '지식의 공유(Knowledge Sharing)'를 위한 것인지에 따라 필요한 역할이 서로 구분된다. 학습요소(Learning Components) 관점에서 볼 때 역시 (학문적 배경과 도입목적에 따라) 학습의 방법과 적용 포인트가 조금씩 다르다. 액션러닝(AL)이 준비된 대상(Set)을 육성시키기 위한 '학습' 관점의 질문, 성찰, 피드백과 같이 직접적으로 학습을 촉진하는 것들이라면 전략 커뮤니티(SCoP)는 '지식공유'에 필요한 구성원들 간의 호혜적 관여, 소속감, 완전한 개방과 같이 학습환경을 조성하는 것에 초점을 맞추고 있다. 물론 학습요소들이 반드시 구분되어 운영되어야 하는 것은 아니며, 필요에 따라 경계를 넘나들거나 융합된 형태가 나타날 수 있다.

1) 과제영역: 학습팀의 시작

액션러닝(AL)과 전략 커뮤니티(ScoP) 모두의 과제(또는 문제)는 학습팀 활동의 핵심요소로서 잘 정의된 과제만으로도 참여자들은 동기부여되며, 팀원 모두 성공의 일원이 되기 위해 기꺼이 헌신하게 된다.

액션러닝은 과제(문제)로부터 시작한다. 과제를 해결하는 실행과정에서 학습이 이루어진다고 보기 때문에 액션러닝에서는 "과제가 없으면 학습도 없다." 액션러닝의 과제는 기업의 실제 문제 또는 이슈를 다뤄야 한다. 일반적으로 조직의 이익과 연결되는 실질적 또는 중장기적 과제이며, 참가자 팀의 능력과 권한 범위 내의 과제로 실행력과 실현가능성이 있어야 한다. 또한, 참가자들이 진정으로 관심을 갖는 문제이자, 해결되었을 경우 변화를 가져올 수 있는 과제가 선정되어야 한다. 또한 다양한 해결방안의 제시가 가능하며, 타당한 해결책이 다양하게 도출될 수 있는 과제여야 효과가 커진다. 그리고 무엇보다 가상으로 만든 문제가 아니라 조직의 이익과 직결되는 실존하는 문제여야하며, 실현 가능함과 동시에 학습의 기회를 제공해야 한다.

액션러닝에서 문제는 참여자들의 환경과 동떨어진 문제가 아닌 실제 문제(Actual Problem)를 다루기 때문에 이미 해결안이 있는 것이 아니어야 함과 동시에 중요한 문제여야 한다. 참여자들은 현장의 문제들을 직접 해결함으로써 문제해결 역량을 향상시킬 수 있고, 팀원들이 함께 습득한 실천적 지식은 성찰과 경험의 반복적인 적용을 통해 개인에게 재해석되고 내재화된다. 액션러닝에서 과제의 선택은 다른 어떤 것보다 중요하며 신중하게 선택되어야 한다. **과제는 액션러닝에 의미를**

부여하고 팀원을 결속시키는 핵심동인(Motivation)이기도 하다. 과제는 문제해결에 중점을 둘 것인지 아니면 학습적 요소를 우선적으로 고려하는지, 또는 문제를 제안하는 주체가 경영진에서 부여(Top-down)하는 것인지 아니면 학습팀 구성원들이 스스로 제안(Bottom-up)하는 것인지에 따라 범위와 깊이가 다양하다. 액션러닝에서 문제를 실질적이고 반드시 해결해야 하는 과제이며 가상으로 만든 과제가 아니라 조직의 이익과 직결되는 실존하는 문제라고 정의할 때, '조직의 이익과 직결되는 문제'의 중압감은 역으로 최종 성과에 대한 평가에 영향을 줄 수 있다. 과제가 문제해결뿐만 아니라 참여자들에게 학습의 기회를 제공해야 한다는 액션러닝의 중요한 원칙이 보호받기 위해 과제의 선택과 평가 기준을 어떻게 관리하고 개입하느냐가 중요하다.

전략 커뮤니티(SCoP)에서 과제는 일종의 학습의제이며 도메인(Domain)으로 불린다. 그러나 도메인은 협소한 의미의 과제만으로 규정된다기보다는 광의의 의미를 담고 있다. 웽거(E. Wenger)는 "도메인에 대한 몰두가 없다면 커뮤니티는 친구들의 모임에 불과할 뿐이다. 도메인을 공유함으로써 구성원들에게는 지식체계 및 프랙티스의 개발에 대한 책임감이 형성된다."고 했다. 일반적으로 전략 커뮤니티의 도메인은 커뮤니티 참여자들의 공통의 관심사로 출발하여 프랙티스로 발전하게 되므로 도메인이 되는 핵심 주제는 정해진 것이 아니다. 물론 이것은 일반적인 학습 커뮤니티에 해당하며, **전략 커뮤니티에서 도메인(학습의제)은 주로 학습팀 구성원들의 직무(Job)와 관련이 있다.*** 따라서 과제는

---

* 모든 전략 커뮤니티가 직무와 관련되어 있는 것은 아니다. (직무와 무관한) 전략적 과제

유사한 직무를 수행하는 사람들을 모이도록 하는 계기가 되기도 한다. 예를 들어 반도체 생산에 필요한 포토(Photo) 공정에 종사하는 엔지니어들이 있다고 하자. 이들에 의해 포토 공정과 관련된 커뮤니티가 운영되고 있다면 포토기술에 대한 직무(Job)는 학습의제이자 도메인이라고 할 수 있다. 전략 커뮤니티 참여자들이 과제에 대한 전문성을 가지고 있다고 가정할 때, 과제는 구성원들이 공통적으로 경험하게 되는 주요 사안이나 문제점들로 구성되기도 하며, 핵심지식 확보 또는 전문 분야에 대한 최고의 지식과 기술을 관리하는 것일 수도 있다. 전략 커뮤니티의 과제는 학습 팀원들의 관심사를 중심으로 자유롭게 제안되고 만들어지기도 하며, 기업의 전략적인 목적에서 해당 직무 전문가들이 관여해야 할 시급한 문제의 형태로 부여되기도 한다.

전략 커뮤니티는 순수한 학문적 목적의 학습 커뮤니티라기보다는 공식적인 역할을 부여받은 집단으로, 필요에 따라서는 조직 안에서의 영향력을 키우기도 한다. 학습팀이 전문가 그룹의 권한으로 사업부 또는 기능 조직 같은 공식조직의 의사결정에 자신들의 의견을 제안하거나 영향력을 행사할 수 있도록 합법성을 주는 것이다. 이 경우 학습팀은 신규 투자, 공정 안정화, 미래의 성장동력과 관련된 연구개발, 조직 간 협력 기반의 협의체 신설, 대규모 장비 구입, 기업 인수, 새로운 비즈니스 라인 창설, 나아가 기업 임원 고용 등과 같은 중요한 의

를 공통의 도메인(관심사)으로 다루는 일시적인 커뮤니티 역시 전략 커뮤니티로 구분하기도 한다. 그러나 우리는 대표적인 커뮤니티 형태인 직무 중심의 전략 커뮤니티에 제한하여 논의할 것이며, 전략적 목적의 커뮤니티에서 과제는 (액션러닝처럼) 의도적인 목적으로 학습팀에게 부여된다.

사결정에 관여하게 된다. 액션러닝과 전략 커뮤니티는 학습팀 구성의 목적, 최종 결과물의 기대수준, 참여자의 직무와 역량수준이 서로 다르기 때문에 과제 역시 그 형태와 난이도에서 차이가 있다. 액션러닝의 참여자들은 주로 과제에 대한 경험이 전혀 없거나 본인의 직무와 관련 없이 육성을 목적으로 실행되기 때문에 문제해결을 통해 학습을 촉진시킬 수 있어야 한다. 반면 전략 커뮤니티 참여자들은 해당 분야의 전문성을 가지고 있고, 향후 과제와 관련된 일을 수행할 가능성이 높다는 점에서 좀 더 도전적인 과제 또는 지식공유를 촉진시킬 수 있는 과제를 부여하는 것이 바람직하다.

액션러닝과 전략 커뮤니티는 모두 팀원 전원이 일정 기간 동안 하나의 과제를 해결하도록 팀과제가 공통적으로 부여된다는 것을 전제로 한다.* 따라서 학습팀에서 팀과제는 동일한 문제에 대해 다수의 참여자들이 다양한 의견을 교환하고, 공동의 문제의식을 공유하며, 공통의 과제를 수행해야 한다.

---

* 액션러닝(AL)에서는 팀원 전원이 하나의 과제를 수행하는 것을 '단일과제(Single Project) 프로그램'이라고 하며, 개인별 과제를 학습팀에서 함께 논의하고 해결하는 것을 '복수과제(Open Group) 프로그램'이라고 한다.

2. 구성요소

1) 팀: 액션러닝(Set) vs. 전략 커뮤니티(Community)

액션러닝과 전략 커뮤니티의 학습팀원 구성은 학습팀의 운영 목적에 따라, 그리고 해당 팀원들의 '역량'과 '직무(Job) 관련성'에 따라 구분할 수 있다. 액션러닝의 구성원들이 주로 다양한 역량과 직무를 가진 팀원들로 구성된다면, 전략 커뮤니티는 주로 유사한 역량과 직무를 가진 팀원들로 구성되곤 한다. 그리고 이러한 집단의 특성은 학습활동, 팀워크 형성과 문제해결의 결과에 영향을 미친다.

액션러닝(AL)에서 학습팀(Set) 구성원들은 과제와의 관련성, 팀원들의 경험과 배경, 역량, 학습유형 등이 고려되어야 한다. 팀원 중 한 명 이상은 문제를 잘 이해하고 있거나 액션러닝에 경험이 있는 사람을 포함시키기도 한다. 액션러닝은 팀원을 구성하는 데 있어 무엇보다 다양성을 추구하는데, 다양성의 추구야말로 액션러닝의 학습관을 잘 반영하고 있다고 할 수 있다. 학습 시너지와 창의적 아이디어의 자유로운 생산 관점에서 서로 다른 관심사와 업무 성격을 가진 멤버들로 학습팀이 구성되는 것이 바람직하다고 생각하는 것이다. 학습팀 구성원은 직무와 역량수준뿐만 아니라, 필요에 따라 팀원들의 대인관계 유형에 따른 학습 스타일까지 고려할 정도로 적극적으로 다양성을 수용한다. 그러나 다양성이 높다는 것은 팀워크 관점에서 보면 팀원들이 일체감을 형성하기까지 많은 시간과 노력이 필요하다는 것이므로 유념해야 한다.

액션러닝 참여자들을 육성시키기 위한 목적으로 운영될 경우 일반적으로 참여할 멤버가 선정된 후 과제를 결정하게 된다. 이 경우 학습 참여자들은 과제에 대한 전문성을 가지고 있지 않거나 처음 겪어보는 과제일 수도 있기 때문에 과제의 난이도가 높을수록 학습자원(Learning Resources)을 충분히 제공해줄 필요가 있다. 반대로 과제의 난이도 관점에서 참여자들의 개인적 특성, 업무 특성, 직급이 고려될 수도 있다. 과제에 따른 팀원 구성이 중요한 것은 과제에 따라 학습효과 역시 영향을 받기 때문이다. 전문가들이 참여해도 문제를 해결하기 어렵거나, 과제가 너무 쉬운 경우 학습을 촉진시키기 어렵다.

전략 커뮤니티(SCoP)에서 커뮤니티는 일반적으로 참여자들의 자발적 참여의지가 높고, 팀원의 규모에 있어 거의 제약이 없는 것으로 알려져 있다. 그러나 기업이 전략적인 목적으로 커뮤니티를 운영할 때는 조금 다르다. 순수한 학습 커뮤니티가 아닌 전략적인 목적의 커뮤니티는 조직 간 핵심지식의 원활한 공유(지식공유 관점의 시너지)와 협업이 필요하다고 판단되는 구성원들로 구성되며, 필요에 따라서는 성과창출팀(Task Force Team)처럼 효과적인 과제해결이 가능한 멤버들로 구성되기도 한다. 웽거(E. Wenger)는 "전략 커뮤니티란 상호작용하고, 같이 배우며, 인간관계를 쌓아가고, 그 과정에서 소속감과 상호 헌신의 다짐을 개발해 가는 사람들의 모임이다."라고 했다. 이들은 기업의 전략적 목표달성을 위해 반드시 지식과 정보를 교환하거나, 함께 문제해결을 하기 위해 교류해야 하는 사람들이므로 자발적 커뮤니티와는 달리 모임에 강제적으로 참여하도록 요구받게 된다. (물론 이 경우에도 참여자와 이해관계자들이 상호간 교류의 필요성을 잘 알고 있다면 커뮤니티는 활성화될 수 있다.) 만약 전략적인 목적으로 커뮤니티가 구성되더라도 개인의 관심사, 즉 동일한 직무 구성원들로 구성되기 때문에 멤버 간 소속감과 정체성은 쉽게 형성된다. 일정 시간이 지나면 학습 주제를 스스로 만들어낼 뿐만 아니라, 공동의 역사의식도 갖게 된다. 전략 커뮤니티는 단기적인 문제해결을 통해 육성을 목적으로 운영되는 액션러닝과는 다르다. (주로 직무와 관련된) 문제해결, 지식전이, 미래의 경쟁력 확보 같은 핵심적인 일과 관련되거나 지식 소유자의 연결, 중장기적인 협업이 가능한 조직과 조직 간의 지속적인 대화 창구라고 할 수 있다. 그러나 전략 커뮤니티가 항상 같은 직무, 같은 일과 같이 동질성만 강조하는 것은 아니며, 때로는 구성원들 간의 다양성도 필요하다는 것을 인정한다. 다양성은 학습과 인간관계를 보다 풍요롭게 하며 창의력을 촉진시킨다. 전략 커뮤니티가 주로 동일한 직무종사자나 공통 관심사를 공유하는 유사한 집단으로 구성될 때 커뮤니티를 결속시키는 것이 수월하다는 것일 뿐 모든 팀이 그래야 한다는 것은 아니다. 그리고 이것은 액션러닝 역시 마찬가지이다.

액션러닝(AL)과 전략 커뮤니티(SCoP)는 팀의 구성인원과 형태에 있어서도 차이가 있다. 액션러닝은 효과적 운영에 필요한 적정규모를 제한하고 있다. 팀원들이 과제에서 소외되거나 느슨하게 대응하지 않도록 균형과 견제를 위한 관계, 완벽한 팀워크를 발휘하면서도 효과적인 팀학습이 가능한 이상적인 팀원은 (비즈니스 팀조직처럼) 5~10명으로 알려져 있다. 반면, 전략 커뮤니티의 경우 본래 적정 인원을 제한하지 않는다. 공동체의 생성, 성숙, 소멸 같은 성장 사이클에 따른 변화를 중시하기 때문에 오히려 인원수가 많으면 다양한 역학관계가 증가하고, 힘을 가진 무리를 중심으로 학습팀이 지속적으로 추진력을 갖게 된다고 생각한다. 일정 시간이 흘러 초기 리더십 그룹의 힘이 약화되면 또 다른 추진력을 가진 소집단이 리더십을 이어받게 된다. 새로운 리더십 그룹은 학습팀의 존속을 위해 기존 그룹과는 다른 새롭고 다양한 색깔을 가진 리더십을 학습팀에 불어 넣는 과정을 반복하게 되는 것이다. 학회(Academic Society)는 대표적인 학습 커뮤니티의 예이다. 하지만 최근 학습 커뮤니티(CoP)가 점차 자율적·자생적인 학습모임에서 전략적·의도적으로 변화되면서 활동 기간도 상대적으로 짧게 운영되며, 성과지향적 과제를 수행하는 경우가 많아짐에 따라 효율적인 운영을 위해 액션러닝처럼 적정 인원만으로 구성되고 있다.

2) 스폰서: 지원자로서 역할과 책임

스폰서(Sponsor)는 학습팀의 성공적인 운영을 위해 활동의 전 과정을 관찰하고 중요한 의사결정에 관여함으로써 지원자의 역할을 수행한다. 스폰서는 보통 조직의 경영진 및 임원진이 맡게 되며, 해당 과제의 결과 또는 학습팀 운영에 책임을 지고 있다. 스폰서는 후원자로서 학습자원(경영진 인터뷰, 실습 비용, 외부 세미나 참석 등)의 제공에서부터 참여자들이 온전히 몰입하기 위해 필요한 지원(Commitment), 학습에 필요한 공식적·비공식적인 시간 확보에 이르기까지 학습팀의 활동 전반을 관리 감독하는 역할을 한다. 때로는 학습팀 활동의 중요성과 프로그램의 목적, 주요 쟁점 등을 구성원들에게 직접 인식시킴으로써 지속적인 관심을 가지고 있음을 표명하기도 하며, 학습의 모든 과정에 함께 참여함으로써 학습팀 원들을 독려하기도 한다.

스폰서는 단순 지원자의 역할을 하기도 하지만, 경우에 따라서는 최종 평가자의 역할을 수행하기도 한다. 학습팀 활동의 위상과 중요도가 클 경우 최종 평가자는 대표(CEO)가 되기도 하는데, 이 경우 스폰서는 별도로 존재하며 과제를 성공시키기 위한 지원자로서의 역할을 수행한다. 최종 평가자가 스폰서보다 서열이 높은 상사(리더)일 경우, 스폰서는 보다 적극적으로 학습팀을 지원하게 된다. 이때 스폰서는 학습팀의 결과에 영향을 미치는 다양한 의견 수렴과 방향성 제시, 타 부서의 협조와 이해관계자의 이해와 동의에 이르기까지 보다 직접적인 참여와 성과에 필요한 커뮤니케이션을 직접 이끌어내기도 한다. 때로는 (전략적인 목적으로) 과제(또는 도메인)에 대한 전문지식을 가진 경영진이 스폰서로 선정되기도 한다. 이 경우 스폰서는 직·간접적으로 과제의 결과에 영향을 미치게 된다. 과제에 대한 전문성을 보유하고 있는 임원이 스폰서가 된다는 것은 빠른 의사결정, 결과에 대한 공동책임, 최종 평가자를 직접 설득할 수 있다는 점에서 긍정적인 면이 있는 것도 사실이다. 하지만 과제를 너무 잘 알고 있어 팀원들의 의견이 무시되거나 스폰서가 어떤 요구를 하더라도 의견을 수용할 수밖에 없는 경우도 있다. 스폰서로 인해 멤버들의 자유로운 의견과 시도, 그로부터 얻게 되는 학습효과의 기회들이 오히려 줄어들게 되는 것이다.

대부분의 경우 액션러닝과 전략 커뮤니티에서 스폰서의 역할이 크게 다르거나 차이가 나타나지 않는다. 다만, (전략 커뮤니티에서는) 스폰서가 꼭 있어야 하는지 또는 무엇을 해야 하는지에 대해 분명하게 정의하고 있지 않는 경우도 있다. 그럼에도 불구하고 학습팀의 성공을 위해서는 액션러닝뿐만 아니라 전략 커뮤니티에서도 스폰서의 역할은 매우 중요한데, 그 이유는 그들이 가지고 있는 조직에서의 영향력 때문이다. 스폰서의 영향력은 학습팀원들의 과제에 대한 몰입과 학습에 필요한 자원을 효과적으로 확보하는 데 크게 영향을 미친다.

스폰서의 주요 역할을 보면 우선 학습팀 활동에 지속적인 관심을 유지시키고 활동을 독려하는 것이다. 학습팀과 같이 비공식조직인 경우 상대적인 중요도와 관심도가 팀조직에 비해 떨어지게 마련이다. 학습팀 활동이 조직의 일상적인 업무와는 별도로 추진되는 부가적인 업무 또는 업무 외 활동으로 인식될 가능성이 높기 때문이다. 학습팀이 반드시 참여해야 하는 중요한 활동이라기보다는 부가적인 일이라고 생각되는 경우, 공식성을 부여받지 못해 시간이 지날수록 관심에서 멀어지는 경우, 또는 다른 여러 이유로 학습팀이 장애에 부딪치는 경우 경영진의 지원을 적절하게 받을 필요가 있다(전략 커뮤니티에서는 이러한 현상이 자주 나타난다). 학습팀에게 부여된 과제의 중요도가 높거나 조직의 관심을 받을수록 스폰서의 관심과 지원이 중요하다.

스폰서는 또한 학습팀이 조직의 혁신을 주도하도록 임무를 부여받게 될 경우 변화관리자의 역할을 하기도 한다. 학습팀을 기업의 '혁신을 위한 방법론'으로 정착시키려 할 경우 스폰서의 역할은 학습지원조직의 의도적인 변화관리를 위해서도 필요하다. 학습팀 활동에 스폰서가 직접 참여함으로써 학습팀의 중요성을 경험적으로 학습하게 되며, 경험을 통해 조직의 변화를 주도하고 긍정적인 영향력을 발휘할 수 있다. 스폰서는 조직의 이해관계자(Stakeholder)와 핵심인물(Key man)들이 변화와 혁신에 동참할 수 있도록 책임과 역할을 다한다. 스폰서 자신이 바로 변화관리의 대상이며, 커뮤니케이션의 추진자라는 사실로 인해 스폰서는 학습팀에서 없어서는 안 될 핵심요소이다. 이러한 중요성 때문에 학습팀뿐만 아니라 많은 변화 또는 혁신 프로그램에서도 경영진이 스폰서로 참여하고 있다.

3) 핵심멤버: 액션러닝(러닝코치) vs. 전략 커뮤니티(리더)

액션러닝(AL)과 전략 커뮤니티(SCoP)의 가장 큰 차이점 중 하나는 학습촉진, 성과창출, 팀 효과성 증진에 기여하는 역할자가 서로 다르다는 것이다. 이러한 역할을 액션러닝에서는 러닝코치(Learning Coach)가 수행하고 있다면, 전략 커뮤니티에서는 리더(Leader)가 맡고 있다.

> 러닝코치는 또한 구성원들이 자신의 문제해결 방식이나 개인적인 학습에 대해, 또 학습한 것을 다른 조직적 문제나 상황에 적용할 수 있는 방법 등에 대해 성찰해볼 수 있도록 인도해야 한다. 이와 함께 구성원들이 그룹의 행동 방식에 대해 생각해볼 수 있도록 도와야 하는데 이야기를 듣는 태도, 피드백을 주는 방법, 행동과 해결 방안을 모색하는 방식, 의문을 제기하는 태도 등이 포함된다. 러닝코치는 반드시 처음 모임에 참석하여 적절한 환경, 관계, 기준 등을 마련해야 한다.
>
> - M. Marquardt

액션러닝에서 러닝코치는 팀 구성원들이 학습에 몰입하고 참여할 수 있도록 학습 프로세스에 관여하는 지원자이며 가이드이다. 러닝코치는 의사결정 권한을 가지고 있다기보다는 해당 팀의 문제 인식방법과 해결방법, 갈등관리, 커뮤니케이션, 의사결정방법의 개선을 돕기 위한 목적으로 개입한다. 러닝코치는 코디네이터, 촉진자, 관찰자, 분위기 조성자, 대화 촉진자, 학습 코치의 6가지 역할을 담당한다(Marquardt, 2000). 러닝코치는 전문가로서 학습을 지도하거나 가르치는 역할이 아니라 팀원들 스스로 과제를 수행할 수 있도록 돕는 역할에 충실해야 한다. 또는 팀이 학습하고 성찰하는 것을 지원하기 위해 질문과 분석도구를 제시하여 이들의 성찰과 학습능력을 향상시키도록 지원해준다. 또한, 모든 멤버들에게 발표시간이 적절히 안배되도록 해야 하며, 멤버들 간에 서로 도움을 주는 분위기가 조성되도록 해야 한다. 러닝코치는 문제의 해결책을 제시하는 것이 아니라 학습과 성찰에 초점을 맞추고 팀원들이 과제해결에 접근할 수 있도록 팀의 역량을 끌어올리는 역할을 해야 한다. 러닝코치는 외부 전문가가 수행하기도 하며, 팀원들이 돌아가면서 역할과 책임을 맡기도 한다. 그러나 외부 전문가의 참여는 외적 자원에 대한 의존도를 높이고, 그룹 구성원들의 학습과 자신감을 저해하며, 문제해결에서 가장 중요한 해답을 얻기 위해 필요한 전문 기술이나 지식보다는 문제에 대한 경험이라는 사실을 간과하도록 만들 수 있는 것으로 알려져 있다. 이러한 이유로 많은 경우 러닝코치는 육성된 내부 전문가들이 담당한다. 러닝코치가 문제해결에 관여하게 되면 질문 내용 준비와 학습을 촉진시키는 적절한 개입시기를 놓칠 수 있기 때문에 액션러닝팀이 완전한 학습 상황에 몰입할 수 있도록 학습코치의 역할만 수행한다.

커뮤니티의 리더는 커뮤니티 프로젝트를 맡아서 운영하고, 커뮤니티가 해결해야 할 주제를 파악하며, 학습의제에 따라 커뮤니티를 이끌어간다. 커뮤니티를 건설하기 위해 리더들은 해당 주제에 대해 누가 누구와 이야기해야 하는지, 어떤 사안들에 대해 토론해야 하는지, 구성원들의 인간관계의 힘은 무엇인지, 지식의 공유와 협력을 저해하는 방해물은 무엇인지를 발견해야 한다.

- E. Wenger

전략 커뮤니티(SCoP)에서는 이러한 역할을 리더(Leader)가 담당하고 있다. 그러나 리더는 중재자의 역할뿐만 아니라 팀원으로서 학습과 성과창출에 보다 적극적으로 개입한다. 리더는 퍼실리테이터로서, 학습자로서 문제해결에 적극적으로 참여한다. 전략 커뮤니티의 리더(SCoP Leader)는 액션러닝(AL)의 러닝코치(Learning Coach)와 비즈니스 팀조직 리더(Team Leader)의 중간 위치에 있다고 볼 수 있다. 러닝코치가 학습을 촉진시키고 팀리더는 성과를 촉진시키는 것처럼 전략 커뮤니티의 리더는 두 가지 모두에 대한 역할과 책임이 있다. 리더는 학습팀 멤버 중 한 명이 선정되므로 학습과 문제해결을 주도하는 동시에 적극적인 참여자가 된다. 학습팀의 리더는 팀조직의 리더와 같은 역할을 하는 반면, 학습자의 위치에 있기 때문에 목표달성을 위한 책임이 동등하게 있고 평가와 보상의 권한은 없다. 학습팀에서 가장 역량이 뛰어난 사람이 리더가 되기도 하는데, 이 경우 학습과제에 대한 코치로서 또는 업무 조언자이자 멘토로서의 역할을 수행한다. 때로는 팀원들을 독려하고 팀에 에너지를 불어 넣기도 한다. 리더는 커뮤니티를 조직하거나 전문가로서의 의견선도자, 지식 창출자, 관리자, 조직의 경계 연결자 등의 책임이 있다. 전략 커뮤니티에서 리더는 공식화되어 있는 역할이므로 리더십(Leadership)을 필요로 한다. 이 때문에 기업에서는 학습팀 리더의 역할을 향후 조직의 리더가 되기 전에 필요한 리더십을 검증받고 시험해보는 육성의 도구로 활용하기도 한다. 여기서 리더는 막강한 권력자의 역할이 아닌 협상과 중재, 지지와 지원을 위한 조력자의 역할을 수행하는 '서번트 리더십'의 역량이 요구된다. 웽거(E. Wenger)는 "모든 커뮤니티는 내부의 리더십에 의존하게 되지만, 건강한 커뮤니티는 전적으로 한 사람의 리더십에 의존하지 않는다. 리더십은 분산되는 것이고, 분산된 리더십은 모든 커뮤니티들의 특징이다."라며 리더의 중요성에 대해 말하고 있다.

	러닝코치(Learning Coach)	리더(Leader)
도입 단계	이해촉진, 과제결정 지원, 동기부여	이해촉진, 과제결정 지원, 동기부여 + 학습설계, 팀빌딩
진행 단계	진행방법 조언, 회의 생산성 제고, 성찰 실시 권장, 분위기 조성, 기법/도구 사용방법 조언, 학습 포인트 강조	진행방법 조언, 회의 생산성 제고, 분위기 조성, 기법/도구 사용방법 조언, 학습 포인트 강조 + 문제해결에 개입, 과제점검 및 지원, 스폰서 미팅
종료 단계	Output 구체화 지원, 피드백, 발표 준비/지원	Output 구체화 지원, 피드백, 발표 준비/지원 + 차기 리더에게 인수인계

- 『창조적인 기업은 액션러닝으로 성공한다』 재구성

3. 학습요소

1) 개념: 액션러닝(실천, Action) vs. 전략 커뮤니티(실행, Practice)

액션러닝의 실천(Action), 전략 커뮤니티의 실행(Practice)이라는 용어에서 볼 수 있듯이 두 가지 학습팀의 기본 철학은 근본적으로 차이가 있다.

액션러닝(Action Learning)에서의 **실천(Action)**은 미래지향적 개념이다. 실천이란 어떤 목적이나 문제해결을 위한 행동이며, 일정한 시간과 노력의 경과를 통해 무언가를 성취하는 일련의 기대적 활동으로 정의할 수 있다. 액션러닝에서 실천은 학습의 출발점이다. 실천적 행동이 전제되어야 의도적인 성찰이 뒤따라오고 실행을 통한 학습이 가능하다고 보기 때문에 액션러닝에서 실천은 본질 그 자체이다(Michael J. Marquardt). 액션러닝에서 '학습'은 학습자의 경험이 성장함으로써, 즉 경험이 재구성됨으로써 가능하기 때문에 교육의 전 과정은 경험을 성장시키는 과정이라는 경험학습이론에 기초한다. 아울러 학습자들이 과제를 실천하는 과정에서 경험한 것과 이것에 대해 학습 관점에서 어떤 의미를 부여할 수 있는지를 의도적으로 생각하게 하는 반성적 성찰(Reflective Observation)을 강조한다. 결국 학습한다는 것은 실행과 성찰을 반복시키는 학습활동에 참여하도록 하는 순환적인 학습과정이다.

지식의 변화를 가져오고 태도를 변화시키는 과정의 전제는 경험이며, 경험은 의도적으로 계획되는 동시에 과정이 진행되는 동안 앞으로 경험하게 될 실천이라는 행위의 결과물이므로 실천이란 곧 미래지향적인 개념이다. 실천은 문제를 재구성하고 팀 목표를 설정하거나 전략을 개발하는 과정에서 과제를 해결하기 위해 필요한 연구조사, 실험, 과제 탐색에 필요한 지원과 정보를 획득하는 과정에서도 발생한다. 과제를 해결하기 위해 계획하고 행동하는 모든 것은 실천이라는 행동과 연관되어 있다.

전략 커뮤니티에서 실행(Practice)은 과거와 미래를 모두 포함하고 있다. 실행의 의미는 과거의 규칙과 관습을 기반으로 새로운 실행을 만들어나가는 것으로, 앞으로 학습하게 될 지식과 경험은 과거의 경험이 바탕이 된다. 과거로부터 시작되었지만 지속시켜야 할 미래의 실천적인 지식과 행동을 모두 담고 있는 것으로 해석할 수 있다.

프랙티스(Practice)라는 용어는 사회가 정의해준 방식으로 어떤 일을 처리하는 집합이라는 뜻이다. 행동, 의사소통, 문제점 해결, 성과, 책임소재 등의 기본을 형성하는 공통의 접근방식과 공유된 표준의 집합을 의미한다. 프랙티스는 과거의 규칙, 제도, 일에서 시작되는 동시에 앞으로 보존하고 발전시켜야 할 동일한 관심사에 관한 것이다. 웽거(E. Wenger)는 "프랙티스(Practice)는 과거의 산물로서 커뮤니티의 역사와 그 커뮤니티가 개발해온 지식이 구현된 것이다. 당신이 전기 엔지니어라면 커뮤니티의 역사와 지식을 모르고서는 진정한 엔지니어가 될 수 없다. 따라서 프랙티스는 커뮤니티를 하나로 묶어주는 일종의 작은 문화라고 할 수 있으며, 직무 속에 통합된다."라고 하였다. **전략 커뮤니티**는 과거의 경험과 지식이라는 공동 관심사(Practice)를 공유하는 동시에 미래의 실천적 지식을 학습하기 위한 커뮤니티(Community)이다. 프랙티스를 공유하는 집단으로서 커뮤니티는 그 정의와 규모가 매우 크고 다양하다. 크게는 협회(Association)일 수도 있고, 작게는 학교의 학습 모임(Club)일 수도 있다. 물론 이 책에서 우리는 커뮤니티를 전략적인 목적의 학습그룹, 구체적으로는 '직무' 기반의 전략 커뮤니티로 제한한다.

2) 이론: 액션러닝(과제 해결을 통한 역량 향상)과 전략 커뮤니티(공동체 참여를 통한 지식공유)

앞서 언급했듯이 액션러닝과 전략 커뮤니티는 각각 '실천적 경험학습'과 '상황학습이론'에 기초하고 있다. '실천적 경험학습'은 액션러닝의 핵심적인 이론 배경이며, 일반적으로 잘 알려진 콜브(Kolb)의 경험학습이론은 구체적 경험, 반성적 성찰, 추상적 개념화, 능동적 실행의 4단계 학습단계의 순환모형으로 설명하고 있다. 사회적 관계에 기반을 둔 '상황주의 학습'이론은 전략 커뮤니티의 핵심 철학이다. 상황주의 학습이론은 배우는 것(Learning)과 행하는 것(Doing)은 분리될 수 없으며, 학습은 문화에 순응하고 그 가치관을 흡수하여 동화하는 것, 즉 사회공동체를 통한 학습의 가치를 기반으로 한다.

이러한 관점에서 액션러닝과 전략 커뮤니티의 특징은 '행함으로써의 학습'과 '속함으로써의 학습' 관점으로 구분해볼 수 있다. 행함으로써의 학습

(Learning by Doing) 관점에서 액션러닝은 과제해결과정을 통한 지식습득에, 속함으로써의 학습(Learning by Being) 관점에서 전략 커뮤니티(SCoP)는 공동체의 일원으로서 지식의 호혜적 공유에 무게를 두고 있다.

(1) 행함으로써의 학습(Learning by Doing): 액션러닝

센게(Peter M. Senge)는 "행동 없는 학습이란 존재할 수 없다. 이것은 학습에서 결정적인 역할을 하는 성찰과정의 기초가 행동을 통해 마련되기 때문이다."라고 했다. 액션러닝은 무언가를 행동으로 실천해봄으로써 학습하게 된다는(Learning by Doing) 원리에 기초한다. 일반적으로 학습자들은 교수학습이나 교재, 자료를 통해 기본적인 수준의 지식을 습득한다. 이후 기초(Basic) 수준 이상이 되면 더 깊이 있는 지식과 학습 속도를 높이기 위해 경험이라는 지식습득 프로세스가 필요하다. 1차적으로 학습된 지식은 실천적 경험과 성찰을 통해 더 견고해지고 발전한다. 새로운 고객과 시장을 이해하는 일, 고차원적인 기술을 습득하는 일련의 학습들은 기본적인 학습 이상의 지식습득을 위해 반드시 필요한 일이다. 전문가 또는 고객 인터뷰를 할 수도 있으며, 필요하다면 직접 부딪쳐보면서 체득할 수 있고, 조사 및 데이터 분석을 통해 지식을 검증할 수도 있다. 깊이 있는 학습에는 필연적으로 이러한 실천적 활동을 통한 경험학습이 요구된다.

액션러닝의 참여자들은 실천이라는 행동을 통해 새로운 지식과 경험을 습득하며, 이후 집단이 성취한 결과를 개인이 다시 내재화하는 과정을 겪게 된다. 학습자가 실제로 아이디어를 적용해보고 효과성과

타당성을 직접 판단함으로써 누군가 알려준 것이 아닌 자신이 경험하고 생각한 것을 자신의 것으로 만든다. 행함으로써의 학습, 실천적 지식을 통한 경험학습이 바로 액션러닝이라고 할 수 있다.

(2) 속함으로써의 학습(Learning by Being) : 전략 커뮤니티(SCoP)

레이브와 웽거(Lave & Wenger)는 "커뮤니티가 중요한 요소인 이유는 학습이라는 것은 지적인 프로세스일 뿐만 아니라 소속감이 중시되는 프로세스이기 때문이다. 학습은 사회의 일원으로서 정체성을 개발해 가는 과정이다."라고 했다. 일반적으로 '기술전문가'라고 하면 단지 기술적인 지식을 습득한 사람을 의미하지 않는다. 기술전문가는 전문가 집단 또는 공동체의 일원이 되는 것으로서 더 큰 의미를 부여받으며, 이것은 어딘가에 '속해 있다'라는 것을 의미한다. 학습이란 결국 사람, 문화, 환경과의 상호작용에 의한 결과물이라고 생각하기 때문에 전략 커뮤니티에 속한 멤버들은 배움과 실천을 통해 얻은 교훈을 호혜적으로 공유하면서 공동체의 일원이 된다. 팀원들은 존경과 신뢰 기반의 인간관계를 형성하게 되며, 시간이 지날수록 구성원들은 공동의 역사의식을 만들어간다. 구성원들이 동일한 직무를 수행하는 사람들이므로 학습이 진행되는 동안 그들만이 공통적으로 느끼는 '의미와 정체성'을 공유할 때 지식을 나누는 행위는 촉진된다.

조직학습을 효과적으로 수행하는 기업은 흩어져 있는 지식을 신속하게 이동시키는 것, 어느 한 부서에서 다른 부서로 적절히 정보와 지식을 이동시키는 것만으로도 학습 효과가 크게 나타난다는 사실을 알고 있다. 이렇게 공유된 지식은 동일한 고민을 하고 있거나 새로운 접근방법을 시도하려는 학습자들에게 더 큰 영감을 주고, 예상치 못한 시너지를 창출할 수 있다. 공동체(Community)를 만든다는 것은 바로 지식공유와 지식전이가 가장 효과적으로 전파되는 환경을 구축하려는 것이다. 또한 일의 의미와 비전을 공유하는 성장의 울타리를 만들려고 하는 것이다. 전략 커뮤니티는 개인이 직무공동체의 일원으로 정체성을 개발해가는 과정을 관리하기 위한 좋은 공간이 된다.

3) 학습촉진: 액션러닝(질문, 성찰, 피드백)과 전략 커뮤니티(호혜적 관계, 소속감, 개방적 분위기)

쇼(Shaw, 1981)는 팀의 커뮤니케이션이 '집단행동의 핵심'이라 했으며, 카츠(Katz, 1982)는 커뮤니케이션을 '사회관계 시스템의 정수'라 했다. 연구자들은 팀이 효율적으로 과업수행을 하기 위해서는 효과적인 의사소통이 이루어져야 하며, 비공식적 의사소통은 쉽고 높은 빈도의 의사소통을 가능하게 한다고 주장한다. 팀 기반 학습을 촉진시키기 위해서는 '팀의 커뮤니케이션 방식'을 관리해야 한다. 그리고 액션러닝(AL)과 전략 커뮤니티(SCoP)는 모두 서로 학습을 촉진시키기 위한 다양한 방법론을 발전시켜왔다.

액션러닝에서 학습을 촉진시키는 활동은 주로 팀학습에서 일어나는 질문과 대답, 피드백, 성찰 같은 '대화와 토론'의 방법이다. 다른 멤버들의 의견을 경청하고 존중해주며, 비판 대신 문제를 탐구하는 과정으로서의 의 질문을 입밖으로 내어 말해봄으로써 머리로만 생각할 때는 미처 깨닫지 못했던 통찰력, 아이디어 등을 얻거나 보다 정확한 해석을 내리게 될 수도 있다. 소리 내어 말하는 행위 자체가 창조적인 활동이다. 대화는 문제해결에 있어 매우 중요한 역할을 하는데, 대화에서 중시되는 것은 다른 사람의 의견을 경청하는 것, 해결 방안을 제시하기보다는 질문하는 것, 자신의 의지를 관철시키기보다는 공동의 의견을 추구하는 것 등이기 때문이다.

- M. Marquardt

사소통은 학습을 촉진시킨다. 통찰력 있는 질문(Question)은 기존의 가정이나 선입관들에 대한 돌파구를 찾기 위해 매우 유용한 커뮤니케이션 방식이다. 액션러닝에서 질문은 문제의 근본 원인을 찾고 바람직한 해결책을 찾기 위한 창조적인 과정이다. 아울러 액션러닝에서 성찰(Reflection)은 개인이 경험한 학습성과를 진정한 학습으로 완성시키는 자신과의 대화이므로 의도적으로 행동과 대화를 중단하고 성찰 과정을 진행시켜야 학습능력이 향상될 수 있음을 강조한다. 대화는 협업사고(Collaborative Thinking)와 의사소통(Communication)을 촉진하므로 대화를 통해 팀원들은 문제해결을 위한 분석과 대안을 공유하며, 심지어는 감정까지도 공유할 수 있게 된다. 팀의 대화방법을 보면 조화롭고 배려하는 모습에서 지적 수준을 공감할 수 있다. 재미있는 것은 그들이 보여주는 대화의 모습이 바로 팀워크가 되며 성과로 나타난다는 것이다.

전략 커뮤니티의 경우 학습촉진을 위한 구체적인 기법보다는 호혜적 관계, 소속감, 개방적 분위기 같은 학습환경 조성을 강조하고 있다. 무엇보다 커뮤니티에 대해 연구해온 인류학자들은 커뮤니티 참여에서의 상호 호혜주의의 중요성에 대해 주목해왔다. 건강한 커뮤니티(CoP)의 구성원들은 커뮤니티를 보다 가치 있는 것으로 만드는 것이 모든 이들에게 이득이 된다는 생각을 가지고 있다. 이런 사람들은 자신이 무언가를 기여하게 되면 나중에 반드시 보상받게 될 것이라는 사실을 잘 알고 있다. 이것은 시장에서 상품이 거래되는 것과 같은 직접 교환의 메커니즘은 아니다. 어느 시점에 이르러 어떠한 형태로든 혜택이 돌아올 것이라는 사실을 믿으면서 커뮤니티에 기여할 수 있도록 만드는 것은 사람들의 선의(Goodwill)이다. (전문용어로는 '사회적 자본'이라고 한다.)

- E. Wenger

팀원들이 학습하는 동안 서로 자유롭게 질문하고 의견을 교환할 수 있는 환경을 구축하는 것이 중요하다. 바람직한 커뮤니티에서의 대화와 토론의 모습은 자신들의 실수를 감추기보다는 더 이상 되풀이되지 않도록 자신의 경험담을 말할 수 있는 곳이어야 하며, 대답하기 곤란한 질문과 이슈들일지라도 문제해결에 도움이 된다면 자유롭게 이야기할 수 있는 '탐구의 장'이 마련돼 있는 곳이다. 이 과정에서 가장 중요한 것은 신뢰다. 회의는 긴장감이 있되 내용은 풍부하고, 참가하는 구성원들의 토론은 활기가 있어야 한다. 커뮤니티가 견고해질수록 의견의 차이를 조정하고, 보다 생산적인 것으로 만들 수 있는 능력이 점점 더 증가된다. 커뮤니티에서 강조하는 학습과 지식이 습득되는 과정은 액션러닝과 크게 다르지 않은데, 대표적인 것이 합법적 주변 참여(Legitimate Peripheral Participation) 상황에서의 대화이다. 질문은 올바른 답을 알아가기 위한 과정이며, 제대로 된 질문과 답을 나누는 과정을 통해 학습의 주변인으로 참여하면서 점차 학습의 주체가 되는 것이다.

여기에서 우리가 주목해야 할 것은 액션러닝과 전략 커뮤니티의 구분이 아니라, '어떻게 각자의 학습방법을 효과적으로 활용할 것인가'이다. 전략 커뮤니티(SCoP)에서도 질문과 성찰의 대화방법이 필요하며, 액션러닝(AL)에서도 전략 커뮤니티에서 강조하는 호혜적 관계, 개방적 분위기 같은 학습환경 조성에 관심을 기울여야 한다. 최근에는 브레인스토밍(Brainstorming), 명목집단법(NGT: Nominal Group Technique), 델파이 기법(Delphi Method) 등과 같은 회의기법들이 학습을 촉진하기 위한 방법으로 도입되고 있다.

구분	실천학습: 액션러닝(AL)	실행공동체: 학습 커뮤니티(CoP)
문제의식과 탄생배경	• 실제 경영문제의 실천적 해결 과정	• 조직의 경쟁력으로 직결되는 지식 창출 필요성 대두
실행목적	• 당면과제나 미래의 전략적 기회를 포착, 팀학습을 통해 대안을 마련하고 해결방안을 강구함으로써 경영성과 극대화에 이바지	• 공식적·비공식적 협업기회를 통해 구성원의 암묵지를 전수, 공유, 활용함으로써 시스템을 통한 지식 공유의 한계 극복
이론적 배경	• Dewey의 학습을 경험 자체로 보는 교육관 • Revans의 질문, 대화 강조 학습 • Pedler의 비판적 성찰과정을 강조한 학습	• Lave와 Wenger의 상황학습과 합법적 주변 참여 • Athey와 Orth의 기업 간의 지식 링크의 중요성
학습관	• 실천적 참여와 공유를 중요시한 대화와 성찰을 통한 문제해결 학습 • 체험적 참여와 공유	• 공동체의 참여를 통해 소속감을 가지고 전문가의 기술, 삶, 노하우를 직접 습득 • 현장지식 창조 및 공유를 위한 학습
지식관	• 비즈니스 문제해결에 실질적인 도움을 주는 전략적 지식	• 공동 목표를 달성하기 위해 인간적인 유대를 통한 체험적 지식의 창조 및 공유
지식공유와 창출과정	• 구성원의 명시적·암묵적 지식이 대화와 성찰을 통해 공유되는 반복적 체화 과정	• 전문지식을 바탕으로 인간적 접촉과 대화를 통해 의미의 협상과정을 통한 실제적 지식공유
차별화 전략	• 실천적 문제해결이나 학습과정의 결과가 경영성과에 직결됨 • 자발적 참여와 실천(action)	• 인간적 접촉과 상호 대화를 통한 의미의 협상과정 • 인간적 접촉과 호혜(互惠)적 학습

- 지식창출 기반의 통합적 학습조직 모델 개발 연구, 정태희, 2010

4. 학습팀의 분류와 적용: 교환선택 모형 관점에서의 액션러닝과 전략 커뮤니티

액션러닝(AL)은 일반적으로 과제(문제)와 환경의 친숙함과 생소함을 기준으로 4가지 영역으로 분류하고 있다. 학습이론에 따라 Marsick와 O'Neil(1999)은 과학적(Scientific), 경험적(Experiential), 비판성찰적(Critical Reflection), 암묵적(Tacit)으로 대표되는 접근방법을 제시하였다. 지식과 성찰적 질문(과학적), 학습과정의 의도적 성찰(경험적) 또는 비판적 성찰(비판성찰적), 무의식적 학습(암묵적) 같은 학습방법에 관한 것이다. 최근에는 전 사원 대상의 학습과 성과를 견인하는 기업 혁신을 목적으로 액션러닝을 도입하기도 하는데, 이를 '조직개발형 액션러닝'으로 구분하기도 한다(봉현철).

전략 커뮤니티는 커뮤니티(Community)의 규모, 기간, 장소, 비즈니스의 경계, 자발성과 의도성, 제도화 여부 등에 따라 다양하게 구분한다. 일반적으로 커뮤니티를 구분하는 가장 핵심적인 요인은 공유할 수 있는 경험, 즉 공통 상황, 과제들이 존재하는가의 여부이다. 학습 커뮤니티(CoP; 실행공동체)는 커뮤니티의 생성 목적이 전략적인지 또는 단순히 일반적인 것인지, 커뮤니티의 주제가 공적인 관심사인지 개인적인 관심사인지에 따라 분류하고 있다(그림, 전수환). **우리가 학습 커뮤니티(CoP)의 4가지 분류 중 대표적인 학습팀으로 전략 커뮤니티(ScoP)를 기술하고 있**

학습 커뮤니티(CoP; 실행공동체) 분류 및 형태

		커뮤니티의 본질 (Nature of Community)	
		전략적(Strategic)	운영적(Operational)
커뮤니티의 주제 (Domain of Community)	업무적 관심사 (Practice)	-전략 커뮤니티 (Strategic CoP) 조직역량 구축 (Organizational Capabilities Building)	- 커뮤니티(CoP) 실천 공동체 지식공유 (Knowledge Sharing)
	개인적 관심사 (Interest)	-전략적 관심 커뮤니티 (Strategic CoI) 전략적 관심 커뮤니티 (Strategic Interest Issue)	-개인 관심 커뮤니티 (CoI) 운영적 지식공유 (Operational Knowledge Sharing)

- 전수환, 조직 내 CoP 활성화에 대한 영향요인 분석

는 것은 바로 이 구분에 기초하고 있다. 학습 커뮤니티(CoP)의 종류는 관심사(Domain)와 실행 목적(전략적 또는 일상적)에 따라 달라지며, 이때 관심사가 조직이 아닌 개인적인 관심사와 흥미에 국한된 경우 커뮤니티는 CoI(Community of Interest)로 분류하기도 한다. 과제해결형 커뮤니티와 같이 액션러닝과 유사한 형태의 커뮤니티도 존재한다.

(1) 교환선택 모형 관점에서 본 액션러닝(AL)과
전략 커뮤니티(SCoP)의 영역

액션러닝과 전략 커뮤니티를 좀 더 명확하게 비교해보기 위해서는 '학습팀의 구성' 관점, 즉 프로그램 설계(Program Design) 관점에서 살펴볼 필요가 있다. 이를 위해 액션러닝(AL)의 분류방법인 레반스(Revans)의 교환선택 모형으로 액션러닝과 전략 커뮤니티를 설명해보자.

교환선택 모형을 전략 커뮤니티에 적용해볼 때, 과제는 관심사(Domain)이며 학습의제라고 할 수 있다. 또한 과제가 친숙하다는 것은 개인이 수행하는 직무(Job) 연관성이 높다는 것을 의미한다. 학습자가 자신의 직무와 관련이 있거나 최소한 학습자 본인들이 관심 있어 하는 주제의 영역을 다루게 된다는 것을 말한다. 환경은 과제와 관련된 참여자들 간의 친숙함의 정도로서 동일한 직무 또는 동일한 부서(또는 기업) 같은 물리적인 환경을 지칭하며, 전략 커뮤니티(SCoP)에서는 마당[場]으로도 불린다. 액션러닝(AL)에서 4가지 영역은 모두 효과적인 학습이 가능한 의미 있는 영역으로 알려져 있다. 어떤 영역에 있건 간에 각기 다른 장단점이 있을 뿐 모두 적용 가능하며, 이는 전략 커뮤니티 역시 마찬가지이다.

그러나 과제와 환경요인에 따른 학습영역의 장단점을 살펴볼 때 액션러닝과 전략 커뮤니티는 각자 서로에게 더 적합한 영역이 있다는 것을 알 수 있다. 이것은 환경/마당보다는 과제/직무를 중심으로 구분해볼 때 더욱 그렇다. 액션러닝(AL)은 다양한 배경의 구성원들이 기존의 규범, 가치, 구조에 의문을 가지고 새로운 질문을 창조하고 새로운 관점에서 접근한다는 점

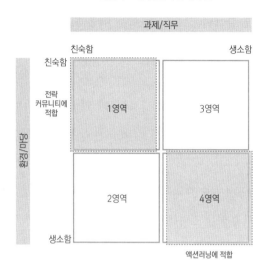

교환선택 모형 관점의 영역 구분

에서 **생소한 과제**(3/4영역)와 관련된 영역에서, 반대로 전략 커뮤니티는 동일 직무 종사자의 팀원들로부터 기존의 지식과 경험을 빠르게 습득하고 개인의 역량을 확장, 적용할 수 있다는 점에서 **친숙한 과제**(1/2영역)와 관련된 영역이 더 적합한 것으로 보인다.

과제/직무와 함께 환경/마당 요소를 고려해보다면 좀 더 이상적인 영역을 구분할 수 있다. **액션러닝**(AL)**에서는 생소한 환경에서 생소한 문제를 수행하는 것**(4영역)**이 이상적인 영역이다. 레반스 역시 참가자들이 낯선 상황이나 환경에 놓이도록 구성된 실천학습그룹을 선호하였다. 다양한 직무경험을 가진 멤버들로 구성된 낯선 환경에서 아무도 접해보지 못한 생소한 과제를 해결하려고 할 때 학습효과가 가장 크다. 생소한 과제란 일반적으로 과제에 대한 해결책이 분명하게 알려져 있지 않고 과제를 해결하는 과정에서 개인과 팀의 역량이 향상될 수 있는 과제를 말한다. 학습자들이 친숙한 과제를 다룰 때 나타나는 일반적인 문제는 학습자가 과제의 해결책을 알고 있거나, 문제에 대한 경험을 가지고 있어 학습하려 하지 않고 결과만을 우선시하게 된다는 점이다. 문제해결과정을 효과적으로 탐색하는 데 익숙하고, 시행착오가 필요 없는 전략적인 대응이 가능하므로 학습은 등한시하고 결과에만 몰두하게 된다.

친숙한 환경에서 친숙한 과제에 대한 영역(1영역)은 동일한 관심사를 공유하는 커뮤니티의 특성을 고려해볼 때 전략 커뮤니티(SCoP)에 적합하다. 전략 커뮤니티는 개인의 직무(Job)와 관련이 높은 영역의 학습주제를 다루기 때문에 과제를 함께 해결하고, 업무지식을 기꺼이 공유하려는 멤버들로 구성될 때 바람직하다. 참여자들은 공통적인 과제수행뿐만 아니라, 개인적으로 맞닥뜨린 과제를 커뮤니티로 끌고들어와 적극적으로 해결하려고 한다. 그러나 전략 커뮤니티의 목적을 단지 지식공유만을 위한 역할로 제한해서는 안 된다. 커뮤니티가 보다 전략적인 의도로 운영되려면 액션러닝처럼 관련 분야의 과제를 적극적으로 해결하는 역할을 부여받아야 한다. 이 경우 과제는 도전적인 과제여야 한다. 직무 중심의 학습팀이 구성된다면 자신이 기존의 방식과 보유하고 있는 지식으로 달성할 수 있는 과제가 아닌 새로운 생각, 새로운 방식으로의 완전한 전환(Paradigm Shift)이 필요한 난이도가 높은 목표여야 한다.

우리는 앞으로 '학습팀 설계하기'와 '학습팀 성공 사례 탐구하기' 편을 통해 학습팀 설계전략과 우수활동 사례를 살펴볼 것이다. '학습팀 설계하기' 편에서는 이제까지 살펴본 것처럼 액션러닝과 전략 커뮤니티를 명확히 구분하기보다는 공통적인 특성으로부터 학습팀 구성에 필요한 필수 요소를 모델화하고 설계 프레임을 제시할 것이다. 기업 현장과 상황에 적합한 학습팀의 모습과 학습조직의 양축으로서 두 기법을 어떻게 연계하고 활용할 것인가에 대한 답을 찾았으면 한다. 주로 학습팀의 구조와 운영 프로세스 관점의 논의가 될 것이다. '학습팀 성공 사례 탐구하기' 편에서는 학습팀이 실제로 어떻게 설계되고 전개되었는지를 중심으로 설명할 것이다. 학습팀보다는 액션러닝 또는 전략 커뮤니티(또는 SCoP)라는 용어에 익숙한 독자들의 이해를 돕기 위해 위의 분류를 따를 것이다. 예를 들어 영업성과 극대화 전략 커뮤니티, 중국지역 전문가 액션러닝과 같이 기법 고유의 특징들이 잘 드러나도록 구분하여 살펴볼 것이다.

3

학습팀 설계하기:
학습팀 플래닝 믹스 전략

1. 학습팀 설계 및 운영 프로세스

> 효과적인 실행을 위해서는 명확한 전략이 필요하다. 건전한 전략 수
> 립을 먼저 강조하지 않고서는 실행을 논할 수 없다. 전략 수립과 실행
> 은 서로 별개이면서도 동일할 수 있는 행동이나 과정이다. 또한 매우
> 상호 의존적이다. 좋은 기획이 실행과정을 돕듯 허술한 기획은 잘못된
> 실행을 초래한다.
> 일부에서는 좋은 실행이 나쁜 전략과 허술한 계획을 충분히 보상하고도
> 남는다고 주장할지 모른다. 그러나 경험상 일반적으로 그렇지 않다. 나쁜
> 전략을 실행하면 항상 결과가 좋지 않다. 허술한 기획은 보통 실행과정을
> 고난의 바다로 인도하는데, 이 바다는 점차 항해하기가 어려워진다.
>
> - Lawrence G. Hrebiniak, Making Strategy Work: Leading Effective Execution
>   and Change

1) 학습팀의 전략적 설계

학습팀(액션러닝, 전략 커뮤니티)을 설계할 때는 조직개발(Organizational
Development) 프로세스처럼 계획적인 설계 및 실행의 원칙을 가지고 적
극적으로 관여해야 한다. 학습팀을 운영하는 학습지원조직(Support
Group for Learning Team)은 목표성과를 어떻게 달성할 것인가에 따라 가능
하면 적합한 학습팀 방식과 실행 틀(Framework)을 세부적으로 수립해야

한다. 아울러 학습팀의 목표 및 성과, 팀원 구성과 팀학습의 주기, 행사 및 워크숍 등과 같은 학습 및 결과 성과에 영향을 미치는 일련의 활동을 주도해야 한다. 그러나 일단 학습이 시작되는 시점에서는 많은 부분에 있어 학습팀원에게 위임해야 한다. 학습팀 참여자들이 스스로 운영하는 학습팀별 활동은 자율적 학습의 원칙에 따라 유연하게 전개될 수 있어야 한다. 이것은 액션러닝과 전략 커뮤니티 모두에 적용되는 구성주의 학습의 원칙이기도 하다. 학습팀들이 상황에 맞게 지식을 재구성하고 해석함으로써 온전히 자신들의 것으로 받아들일 수 있도록 학습의 주도권을 그들 스스로 가지고 있어야 한다.

이는 운동경기와 비교해보면 이해하기가 수월하다. 학습팀 '참여자'들이 '운동선수(Player)'라면 '학습지원조직'은 운동경기에서 '감독(Coach)'의 역할을 수행한다. 감독은 경기 전에 주어진 시간 내에 보유하고 있는 자원(선수)을 최대한 활용해 최고의 결과를 이끌어낼 수 있도록 사전계획을 주도면밀하게 수립한다. 상대의 전력에 따라 강점을 최대화하고 약점을 기회로 활용할 수 있는 전략 수립, 선수 개개인의 체력관리, 최고의 스타팅 멤버구성 등 승리를 위한 최선의 준비를 계획한다. 그러나 막상 경기에 들어가면 많은 것을 선수에게 위임해야 한다. 선수들이 보유한 역량과 경험의 재구성, 집단의 조직적인 협력을 통해 매 경기마다 새롭게 과정이 구성되고, 내용에 따라 승패가 결정된다. 중요한 것은 경기가 진행되는 동안 계획의 차질 없는 이행뿐만 아니라 경기의 흐름에 대한 이해와 올바른 의사결정, 문제에 대한 대응력이다. 감독은 경기의 전반적인 전략을 세우지만, 경기 도중에 경기의 흐름을 봐서 수시로 원래의 계획을 변경할 수 있다. 감독은 불리하게 진행되는 경기의 분위기를 바꾸거나 잘못된 점을 바로잡기 위해 작전타임을 요청한다. (작전타임은 학습팀을 실행한 결과 예상과 달라진 것에 대한 학습지원조직 또는 학습팀원들의 전략적인 방향 수정을 위한 시간인 동시에 성찰을 위해 의도적으로 주어지는 시간이라고 볼 수 있다.) 학습팀 활동은 주어진 교육과정을 그대로 실행에 옮기는 교수학습방법이 아니다. 멤버 각자의 지식과 경험, 기술이 문제를 해결해 나가는 과정에서 창의적인 학습방법과 개인의 역량이 잘 어우러질 때 기대하는 결과를 얻을 수 있다. 최고의 경기는 운동선수(학습팀 멤버)가 만든다. 하지만 최고의 경기를 위해 완벽한 상태를 점검하고 조정하는 것은 감독(학습지원조직)이다.

실제 운영 프로세스에서는 학습팀 멤버의 역량과 난이도에 따라 서로의 역할과 행동에 있어 조금씩 차이가 있기 마련이다. 예를 들어 멤버들의 역량수준이 높다면 학습과정의 많은 부분을 위임해도 될 것이고, 역량수준이 낮다면 상세한 가이드라인의 제공, 지시와 피드백이 필요할 것이다. 그리고 학습팀 멤버와 학습지원조직의 역할분담, 이에 따른 학습 및 성과전략은 학습팀의 구조와 성격을 새롭게 정의하도록 만든다.

우리는 이 장에서 '운영 프로세스'를 포함하여 학습팀을 설계하기 전에 고려해야 할 필수요소들을 살펴볼 것이다. 여기서 주의해야 할 것은 **학습지원조직의 전체 학습계획과 학습팀 스스로 작성하는 개별 학습계획은 서로 다른 접근이 필요하다는 것이다.** 학습지원조직이 전체 학습팀을 대상으로 수립하는 학습계획은 학습구조 및 방법, 퍼실리테이션, 변화

	준비 단계: 전략 수립	운영 단계: 활동 및 지원	마무리 단계: 발표 및 평가
학습지원조직 실행계획	❖ 전략 수립(Mix Strategy) • 5요소: 과제, 멤버, 운영, 성과, 스폰서십 • 평가 및 보상 계획 수립 ❖ 변화관리(커뮤니케이션) 전략 수립 • 스폰서/경영진/구성원 ❖ 학습팀 구성 • 멤버 구성 및 퍼실리테이터(리더) 선정 ❖ 온라인 학습팀 지원	❖ 주요 이벤트 실시 • 전체 학습팀 대상 팀빌딩 및 워크숍 ❖ 커뮤니케이션 실시 • 경영진에게 활동 중간보고 • 우수 활동사례 홍보 ❖ 퍼실리테이션 • 학습지원 및 코칭	❖ 경영진 발표 • 프레젠테이션 또는 보고 ❖ 평가 및 보상 • 결과성과, 학습성과, 조직문화성과 정리 • 우수 활동사례 홍보 • 평가 및 보상 실시 ❖ 피드백, 수정 및 보완
학습팀 실행계획	❖ 학습계획 수립 • 학습 주제별 커리큘럼 및 발표자 선정 • 현장 조사계획 수립 ❖ 목표합의 및 역할분담 ❖ 팀빌딩 계획 수립	❖ 정기 학습 수행 • 자료 수집, 발표 및 토론 • 성찰 및 피드백 ❖ 현장 조사 • 현장 방문 및 인터뷰 실시 ❖ 실시결과 공유 및 보완	❖ 경영진 발표 • 발표 준비 및 발표자 선정 ❖ 과정 마무리 • 학습팀 과정과 결과에 대한 의미 도출 및 상호 피드백 ❖ 현업으로 연계 • 실행력 제고와 지속성 확보

관리, 성과결과 발표 등이다. 반면에 학습자들 스스로 수립하는 학습계획은 역할분담, 학습주제 및 실행계획 등과 같은 세부적인 것들이다. 학습팀 활동을 계획할 때는 큰 계획 안에서 작은 학습계획들이 원활하게 수행될 수 있도록 이중 구조(Dual structure)로 설계해야 한다. 물론 예외적인 경우도 있다. 학습자들의 역량 또는 이해수준이 부족해학습실행계획을 수립하기 어려운 경우이다. 예를 들어 신입사원을 대상으로 액션러닝을 도입한다고 가정한다면 학습자의 특성상 학습팀이 주도적으로 계획하는 실행계획은 위임하기보다는 학습지원조직이많은 부분에 관여해야 한다.

학습지원조직의 역할을 구체적으로 살펴보면 학습팀에 참여하는다양한 이해관계자들의 참여 유도, 학습 몰입에 필요한 변화관리뿐만 아니라 학습자 규모, 참여자 선정, 학습준비도 및 평가지표 수립및 실시, 스폰서십 확보, 주요 행사 기획 등 운영 전반에 관한 것이다.

나아가 학습팀의 성과에 대한 홍보, 실행목적에 따른 자원의 획득까지 포함되어야 한다. 물론 주제 선정, 활동방법, 결과 등에 대한 일련의 과정은 약속된 프로세스가 필요하며 이것 역시 사전에 계획된 전략의 이행을 통해서만 가능하다. 물론 운영 목적에 따라 고려해야 할 요소와 수준은 다르다. 참여자의 직무, 직급에 따라 학습기간과 습득수준에 차이가 있으며, 평가지표도 다양하게 나타난다. 학습지원조직은 가능하면 학습계획과 다른 예외적인 상황들이 발생하지 않도록 사전에 충분히 고려해야 한다.

그렇다면 학습팀 설계에 있어 사전에 중요하게 고려해야 할 요소는 어떤 것들이 있을까? 그것은 바로 **과제, 멤버구성, 성과목표, 운영 방법, 스폰서십**의 5가지 핵심요소이다. 학습지원조직은 5가지 요소를 기본으로 학습팀의 유형과 방식을 결정해야 하며, 가능하면 실행의 결과까지 예상해볼 수 있어야 한다. 학습팀 스스로 설계하는 학습실행계획역시 세부적인 계획과 구체적인 학습일정이 포함된다. 하지만 개별 학습팀의 실행계획은 학습이 진행되면서 새로운 이슈가 제기되거나 중요하게 판단되는 예상치 못한 문제들이 발생할 수 있다는 것을 가정해야 한다. 어떤 경우에는 최초의 학습계획과는 매우 다른 양상으로 전개되기도 하는데 이는 자연스러운 현상이며, 학습팀 스스로 의사결정을 할 수 있도록 여지를 줄 필요도 있다. 상황에 따라서는 내·외부의 변수들과 변화를 적극적으로 수용하면서 학습을 진행해야 할 경우도 상당 부분 발생한다. 그러나 유연성을 주는 것일 뿐 자주 변경하거나 완전히 방향을 전환하는 것은 곤란하다. 학습팀의 학습실행계획 역시 학습지원조직의 계획처럼 학습활동 시작 전에는 가급적 자세하게 계획을 수립해야 한다. 그렇지 않을 경우 정해진 기간의 상당 부분을 시행착오를 겪으며 헛되이 지나가는 경우도 발생한다.

액션러닝(AL) 설계 초기 단계에서 중점적으로 고려해야 하는 것은 멤버의 학습수준에 따른 체계적인 학습자원(Learning Resources)의 제공이다. 액션러닝에 참여하는 멤버들은 과제에 대한 지식과 경험이 낮을 경우 2차 자료 및 해당 분야의 전문가 인터뷰에 이르기까지 학습자원 전반에 대해 지원할 필요가 있다. 초기 단계에서 학습자원이 충분히 제공되지 못하거나 학습자 스스로 지식습득이 어려울 경우 과제수행 단계에서 어려움을 겪게 된다. 이후 과제가 본격적으로 실행되면 학습 계획과 학습자원의 탐구는 참여자에게 많은 부분을 위임할 수 있으며, 현장에서 실행의 아이디어와 지식을 획득하고 바로 의사결정을 할 수도 있다. 반면, 전략 커뮤니티에서처럼 과제에 대한 지식과 경험수준이 어느 정도 갖추어져 있을 경우 학습은 초기부터 학습팀 멤버들이 주도할 수 있다. 과제 또는 목표에 대한 합의를 마치면 반드시 지켜야 할 규칙들과 학습주기 및 학습계획서 작성, 학습팀이 요청하는 학습자원 제공 등과 같은 것 외에는 관여하지 않는다.

학습팀을 본격적으로 운영하려고 할 때, 학습팀의 세부적인 기획과 설계 이전에 선행적으로 고려해야 할 것이 있다.

첫째, 과제 또는 **목표수준**(성과)에 대한 **최종 판단자와의 사전합의**이다. 여기서 합의의 주체는 학습팀을 운영하는 학습팀 멤버와 성과를 판단하는 경영진 또는 임원이 될 것이다. 과제의 최종수준에 대한 사전합의가 중요한 이유는 학습팀에게 '구성원 육성, 지식공유'(학습성과)뿐만 아니라, '성과창출'(결과성과)이 중요하기 때문이다. 학습지원조직이 '학습팀의 성과를 판단하는 경영진'과 목표를 합의하려고 할 때 성과창출 조직처럼 목표지향적인 결과성과(Output)만 부각시켜서는 안 된다. 경영자에게 결과성과만 부각시켜 홍보할수록 성과창출에 대한 부담은 곧 학습자에게 고스란히 남는다. 반대로 학습성과도 중요하지만 결과성과(재무적 성과)가 달성되지 못할 경우 지속적인 지원을 받기가 어려울 것이다. 학습팀의 참여자 역시 실제 본인들이 습득한 학습효과가 아무리 크더라도 결과성과가 미진할 경우 만족할 만한 결과에 미치지 못했다고 느끼게 되는 경우도 있다. 따라서 어떤 경우라도 목표에 대한 합의는 대충 해서는 안 된다. 목표를 합의한다는 것은 결과의 성공을 결정하는 이해관계자의 눈높이를 맞춘다는 것을 의미한다. 경영진은 활동 중간에 무리한 목표를 다시 제시하거나 그때그때 생각나는 관심사나 방향을 바꿀 만한 의견과 의사결정으로 학습팀을 혼란에 빠뜨리는 것을 방지한다. 학습팀 또한 자신들이 가고 있는 방향이 올바른지에 대한 불안감 또는 경영진의 기대사항이 무엇인지를 알기 위해 허비하는 헛된 시간을 줄이고 활동에만 몰두할 수 있도록 한다. 합의된 목표가 있을 때 비로소 목표를 달성할 의지가 생겨나며, 성과달성에 온전히 기여하게 된다.

　　둘째, 기업 학습문화의 전이효과(Transfer Effect)**를 고려해야 한다.** 학습팀이 단기적인 활동으로 그치는 것이 아닌 지속적인 혁신활동으로 운영된다면 반드시 사전에 검토해야 한다. 학습팀의 효과성을 높이려면 활동 종료와 함께 학습의 단절을 선언하고 현업의 업무로 복귀하는 것이 아니라, 결과물이 실행으로 이어져 성과에 기여할 수 있도록 추가적으로 지원(Follow up)해야 하며, 학습문화를 조직 전체에 뿌리내리는 여건을 만드는 것이다. 학습팀의 성과는 문제해결과정에서 생성된 지식과 성과의 현업적용, 학습효과, 학습팀 참여자들이 경험한 팀워크의 가치 등을 말한다. 학습팀의 성과는 개인 또는 학습팀에 참여한 구성원들만의 소유물로 그쳐서는 안 되며, 활동결과가 조직에 효과적으로 전파될 때 학습효과는 커진다. 학습팀의 가치와 성과가 조직에 전파되기 위해서는 학습지원조직과 학습팀 모두의 역할이 중요하다. 학습지원조직은 학습팀 활동이 가져온 성과와 중요한 변화들을 제대로 정리하고 홍보해야 한다. 학습팀 멤버들의 경우 본인이 경험한 놀라운 경험과 흥분, 효과에 대해 이야기하곤 한다. 강요하거나 시켜서가 아니라 스스로 하는 것이다. 물론 긍정적 효과뿐만 아니라 부정적인 인식까지 함께 전파될 수 있다. 학습팀 멤버들의 자발적 참여가 특히 효과적인 것은 향후 그들이 조직의 리더가 될 때까지 긍정적인 인식으로 남아 있기 때문이다. 이 경우 학습팀 활동의 효과를 본인의 경험을 통해 잘 알고 있으므로 부하사원의 참여에 대해서도 호의적인 태도를 보인다.

2) 학습팀 플래닝 믹스 전략
(Mixed Strategy in Learning Team Planning)

학습팀 설계에 있어 반드시 고려해야 할 5가지 핵심요소는 과제(문제 또는 목표), 멤버구성(참여방식, 직무/역량수준), 성과목표(학습 또는 성과지향성), 운영방법 (구조화 여부), 스폰서십이다. 5가지 설계요소는 학습팀 활동의 결과에 밀접한 영향을 미칠 뿐만 아니라, 학습지원조직과 학습팀 각자가 무엇을 해야 하는지에 대한 역할과 책임을 명확히 하는 데 도움을 준다.

5가지 요소(Factor)는 다시 운영의 목적, 방법, 결과에 따라 두 가지 수준으로 구분할 수 있다. 첫째, 학습팀의 강제적, 성과지향적, 구조화된 프로세스에 가깝게 설계될 경우 마치 문제해결조직처럼 운영될 수 있으므로 이를 '성과창출팀(TFT)형 조직'이라고 한다. 둘째, 학습팀이 자발적, 학습지향적, 유연한 프로세스로 설계될 경우 학습지향조직으로 운영된다고 하여 '비공식 자율팀(Informal Group)형 조직'이라고 한다. 일반적으로 액션러닝은 성과창출팀처럼 상당히 구조화되어 있는 것으로 알려져 있다. 액션러닝에서 과제는 주로 강제적으로 부여(Top-down)되고, 육성을 위해 선발된 대상들로 팀원들이 구성되기 때문이다. 반대로 전략 커뮤니티는 비공식 자율팀 형태의 커뮤니티 운영방식을 채택하는 것으로 알려져 있다. 자발적 커뮤니티는 팀원들이 관심 있어 하는 주제를 선정하며 스스로의 의지로 참여하는 멤버들로 구성되므로 유연한 방식의 운영 프로세스를 가지고 있다. 그러나 이러한 경계는 학습팀 운영의 목적과 기대에 따라 다르며 명확하게 구분되는 것은 아니다. 액션러닝은 두 가지 형태가 혼용되어 나타나고 있으며, 전략 커뮤니티의 경우 전략적인 목적의 유연

학습팀 플래닝 믹스 전략

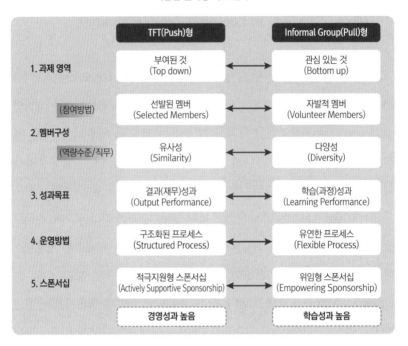

한 커뮤니티 방식이라는 점에서 오히려 성과창출팀에 가깝게 운영되고 있다.

학습팀의 형태는 5가지 요소가 적절하게 혼합되어 구성될 수 있다. **학습지원조직은 5가지 요소의 조합을 통해 다양한 성격의 학습팀을 만들어낼 수 있다.**

조직환경, 운영조직(부서)의 성격 및 수준, 경영진의 기대와 같이 학습팀 설계에 직접적으로 영향을 미치는 요소에 따라 성과창출형(TFT) 조직 또는 비공식 자율팀(Informal Group)형 조직의 특징들이 교차하는 형태(Mix)로 학습팀이 구성될 수 있다. 즉, **학습팀 운영전략을 5요소 × 2**

수준에 따라 다양한 형태로 구성할 수 있다는 점에서 학습팀 구성을 위한 학습팀 플래닝 믹스 전략이라고 정의할 것이다. 이것은 학습지원조직이 학습팀 운영을 위해 최초에 기획해야 하는 설계도면이라고 할 수 있다. 학습팀 설계 시 운영의 목적과 방향에 대한 합의가 충분치 않으면 경영진과 학습지원조직 간에 견해의 차이가 있을 수 있다.

2. 학습팀 만들기

1) 과제(문제/목표) 영역

| 부여된 것 (Top down) | 관심 있는 것 (Bottom up) |

학습팀에 있어 과제 또는 목표를 관리하는 것은 가장 중요하며 세심하게 주의를 기울여야 할 부분이다. 과제 또는 목표의 수준과 성격에 따라 집단의 목표달성에 대한 동기부여와 학습 몰입에 있어 차이가 나타난다. 일반적으로 목표설정과 합의 과정은 조직에서 개인이 업무를 수립하는 목표설정(KPI: Key Performance Indicators) 과정과 별반 다르지 않다.

우선 학습팀 구성원들의 역량에 맞게 적절한 수준의 과제 또는 목표를 부여한다. 개인목표 설정처럼 학습팀 대상의 목표가 너무 과도하게 부여될 경우 목표달성 의지가 약화될 수 있으며, 너무 낮은 목표를 부여하게 되면 학습활동에 대한 긴장감을 떨어뜨릴 우려가 있다.

과제 또는 목표에 대한 이해수준은 모두에게 명확해야 한다. 단기간 달성해야 할 과제 또는 목표의 기대수준이 이해관계자마다 다르다면 만족할 만한 결과를 기대할 수 없다. 이를 위해서는 가능하면 구두 형태보다는 과제기술서 같은 문서 형태로 누구나 명확하게 인지할 수 있도록 목표를 구체화할 필요가 있다. 대부분 팀원들과 학습지원조직, 스폰서, 최종 평가자 모두 기대하는 인식의 차이(Gap)가 있을 수밖에 없으므로 문서화 과정을 거치게 되면 서로의 의견이 조율되며 과제는 보다 명확해진다.

마지막으로, 학습팀 목표 달성 여부의 지속적인 보고와 피드백이 필요하다. 활동이 진행되는 동안 최종 보고자에게 지속적인 의견과 피드백을 통해 성과를 함께 만들어나가야 한다. 아무리 완벽한 전략이라고 해도 처음 수립한 목표는 내·외부적 환경의 변화에 따라 불가피하게 변경되기 마련이다. 상황에 따른 적절한 대응을 위해 학습팀과 경영진은 커뮤니케이션을 통해 서로의 눈높이를 지속적으로 맞출 필요가 있다.

목표를 관리한다는 것은 보상(포상)수준과도 관련되어 있다. 액션러닝(AL)에서는 학습팀에 참여한다는 자체가 보상의 의미를 담고 있는 경우가 있다. 기업에서는 교육의 기회가 곧 보상이며, 이러한 혜택은 핵심인재 같은 특정 대상에게 제한된다. 어떤 경우에는 과제의 난이도가 매우 높고 기업성과에 미치는 영향이 크다고 판단되는 학습팀 활동을 위해 보상을 함으로써 학습활동을 촉진하기도 한다. 학습팀의 경우 시너지 관점에서 집단보상의 원칙이 바람직하며, 기여수준에 따라 개인 보상도 동시에 고려할 필요가 있다. 팀포상은 전략적으로 학습팀 간의 건전한 경쟁을 유도하기도 하는데, 집단의 공동 목표를 더욱 확고히 하는 출발이기도 하다.

이제부터 본격적으로 학습팀을 설계해보도록 하자. 우선 과제(목표)는 부여된 것(Top down)과 관심 있는 것(Bottom up)의 두 가지 수준으로 구분할 수 있다. 부여된 것(Top down)은 조직이 긴급하며 중요하다고 판단되는 요구에 의해 학습팀에 주어지는 과제를 말한다. 관심 있는 것(Bottom up)은 학습팀 스스로 팀원들의 협의를 통해 수행하고 싶은 과제를 도출하는 것이다. 두 가지 형태는 액션러닝(AL)과 전략 커뮤니티(SCoP) 모두에게 공통적으로 적용된다.

액션러닝(AL)은 현업에 미치는 영향이 큰 이슈와 문제해결을 중심으로 과제를 수행한다. 일반적으로 액션러닝 학습자들은 과제에 대한 기본 지식이 부족하며, 문제를 해결하는 과정 중에 육성된다는 점에서 역량 향상을 위한 과제를 스스로 제안(Bottom up)하기보다는 위로부터 부여(Top down)받는다. 그러나 (여기서는 논의하지 않지만) 복수과제 프로그램(Open Group Program)의 경우에는 현업에서 참여자가 직접 문제를 가져오게 되므로 학습자 스스로 관심 있는 것(Bottom up)이 과제가 될 것이다. 과제가 없다면 액션러닝(AL)도 없듯이, 과제는 액션러닝의 출발이므로 어떤 과제를 수행할 것인가를 결정하는 것은 무엇보다 신중한 고민과 절차가 필요하다. 학습자들에게 과제에 대한 지식이 부족할 경우, 과제의 난이도와 시급도를 파악하는 것이 어렵기 때문에 과제를 선정하고 합의하는 과정이 더욱 중요하다. 과제에 대한 평가자의 기대수준이 높을수록 개인은 깊이 있는 학습에 도달하려고 노력하기보다 결과에만 집중하려는 태도를 보일 수도 있다.

전략 커뮤니티(SCoP)는 액션러닝과는 조금 다른 구성동기를 가지고 있다. 일반적으로 직무 중심의 전략 커뮤니티는 지식공유를 통한 협력과 시너지 관점의 조직역량을 확보하기 위해 의도적으로 학습팀이 구성되는 경우이다. 이 경우 과제보다는 학습팀 구성 시 멤버로 누가 참여하게 될 것인가를 우선적으로 고려하며, 이후 문제해결 또는 역량 향상을 위해 전략적으로 부여된 과제(Top down)를 수행하게 된다. 그러나 전략 커뮤니티는 액션러닝과는 달리 구성원들이 과제를 잘 알고 있거나 직무 전문가들로 구성되므로 학습팀 멤버들이 판단할 때 기업 경쟁력 확보를 위해 반드시 필요하다고 생각되는 과제를 스스로 선정하는 경우(Bottom up)도 있다. 어떤 경우이든 전략 커뮤니티의 과제는 일반적으로 액션러닝에 비해 높은 난이도의 과제를 수행하게 될 것이다. 그러나 전략 커뮤니티 역시 액션러닝과 마찬가지로 목표 합의의 과정은 협상의 과정이어야 한다.

학습팀은 통상 전략적인 목적으로 구성되므로 과제가 부여되는 것이 일반적이지만, 학습자들이 관심 있는 것을 선정하는 것이 바람직하다. 학습팀이 자발적으로 과제를 선정하고 제안해야 과제 몰입의 수준이 높아지기 때문이다. 또한 학습팀이 비즈니스 팀조직이나 성과창출조직과는 달리 학습과정을 중시하게 되는 학습지향성을 가지기 위해서는 더욱 그렇다. [비즈니스 팀조직은 대개 상위조직의 목표를 통해 단계적(Cascading)으로 내려오기 때문에 부여된 과제를 수행하기 마련이며, 전략과 목표에 일사불란하게 정렬하는 특징이 있다.]

창의적 사고, 목표달성 의지, 결속된 팀워크와 같이 학습팀을 대표하는 특징들이 충분히 발휘되기 위해서라도 가능하면 과제는 관심 있는 것으로 선정하는 것이 바람직하다. 그러나 **불가피하게 학습팀의 과제가 부여받은 것(Top down)으로 진행된다면 반드시 목표 합의 과정을 통해 과제의 목표동기를 높이고, 학습팀원들 스스로 의사결정에 참여했다는 공감대 형성을 통해 몰입을 이끌어낼 필요가 있다.**

액션러닝 문제의 선정기준

① 실질적이고 반드시 해결해야 하는 과제: 가상으로 만든 과제가 아니라 조직의 이익(생존)과 직결되는 실존하는 문제
② 실현 가능한 과제: 참가자그룹(Set)의 능력과 권한 범위 내의 과제
　⇒ 권한이 없을 경우, 권한을 부여해야 함
③ 참가자들이 진정으로 관심을 갖는 문제, 해결되었을 경우 변화를 가져올 수 있는 과제
④ 수수께끼가 아닌 실존의 과제: 참가자들의 다양한 아이디어 해결방안의 제시 가능, 타당한 해결책이 여러 개 있을 수 있음
⑤ 학습의 기회를 제공해야 하며, 조직의 다른 부문에도 적용이 가능한 과제
⑥ 회사 내 여러 부서에 관련되어 있는 복잡한 문제
⑦ 외부 전문가의 표준화된 해결방식으로 해결되기 어려운 문제
⑧ 아직 의사결정이 내려지지 않은 문제
⑨ 본질에 있어 기술적이기보다는 조직적인 문제

- Marquardt, 2000

2) 멤버구성

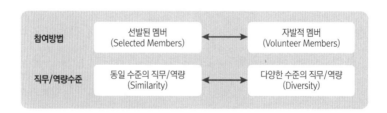

학습팀 설계 전략 중 학습팀의 구성인원과 관련된 것은 '멤버와 스폰서'이다. 구체적으로는 학습팀 '멤버의 참여방식, 역량수준/직무의 다양성'과 '스

폰서의 역할'에 관한 것이다.

학습팀 멤버구성에 영향을 미치는 요인 역시 전략 커뮤니티(SCoP)와 액션러닝(AL)의 운영목적에서 찾아볼 수 있으며, 멤버들의 참여방식은 다음과 같다.

액션러닝(AL)의 경우 주로 핵심인재 또는 경영진 후보와 같이 특정 대상의 육성을 위해 도입될 경우 선발된 멤버들(Selected Members)로 구성된다. 하지만 조직의 상시적인 문제해결과정, 즉 조직혁신 프로그램과 같이 모든 구성원이 참여해야 하거나, 중요한 조직 이슈 또는 미래 경쟁력 확보로 인해 육성시켜야 할 대상자들이 많은 경우 자발적으로 지원한 멤버를 학습팀에 참여시킬 수도 있다. 마쿼트(Michael J. Marquardt)는 "일반적으로 단일 프로젝트 액션러닝의 멤버는 종종 조직에 의해 이루어지는 반면 오픈그룹 액션러닝의 구성은 관심이 있는 사람들로 이루어진다. 즉, 그룹의 일원이 되기 위해 자발적으로 지원한 사람들로 구성된다."라고 언급했다.

전략 커뮤니티(SCoP)의 경우 특정 관심사(도메인)를 중심으로 자발적 멤버들(Volunteer Members)로 구성되거나, 조직의 부서 간 또는 동일 부문 간 전략적 협력의 필요성에 의해 선발된 멤버들(Selected Members)로 구성되기도 한다. 조직 간 지식의 흐름과 상호학습을 통한 지식 시너지를 고려하는 것이다.

어떤 방식으로 학습팀 멤버들이 구성되느냐에 따라 학습팀의 성과 역시 달라진다. 학습팀 멤버들이 조직의 필요에 의해 반드시 참여해야 하는 사람들로 구성되어 있거나, 본인의 자율의지로 참여한 사람들의 학습동기가 다르기 때문에 학습을 촉진시키는 핵심동기(Core Motivation)

또한 구분하여 작동시킬 필요가 있다. 어떤 경우에는 핵심멤버 일부만 조직의 필요에 의해 강제적으로 참여하도록 하고, 나머지 멤버는 자발적 지원으로 자유롭게 구성이 가능하도록 설계하는 경우도 있다. 멤버 중 반드시 참여가 필요한 일부 외에 나머지는 자발적인 참여 동기가 있거나 활동 의지가 있는 팀원들을 받아들여 협력효과를 높일 수 있다. 이때 강제적으로 참여하게 되는 사람들은 전문지식을 소유한 전문가일 수도 있고, 육성이 필요한 학습 대상자일 수도 있다.

학습팀의 활동 목적에 따라 멤버들의 참여방식이 결정된다면 다음으로 고려해야 할 것은 '직무와 역량수준'에 관한 것이다. 기술, 지식 및 경험이 유사한 멤버들로 학습팀을 구성할 것인지 또는 높은 역량 보유자부터 낮은 단계의 초보자에 이르기까지 역량수준의 차이가 다양한 멤버들로 구성할 것인지를 고려해야 한다. 이것은 개인의 직무와도 관련이 있다. 동일한 직무에 종사하는 멤버들로만 구성할 것인지 또는 다양한 직무를 가진 멤버들로 구성할 것인지에 관한 것이며, 특히 직무 관련성은 액션러닝과 전략 커뮤니티를 구분하는 중요한 기준임을 이미 언급했다.
전략 커뮤니티는 일반적으로 구성원들의 다양성보다는 동질성 관점에서 공통 직무 종사자들을 중심으로 멤버를 구성한다. 반드시 그런 것은 아니지만 학습팀이 동일한 직무 종사자로 구성될 경우, 가능하면 비슷한 역량수준을 가진 멤버들로 구성되는 것이 팀 시너지를 위해 긍정적인 요인이 되기도 한다. 학습 참여자들이 비슷한 수준(전문가 집단 간 또는 초보자 집단 간)을 유지할 때 학습에 참여하는 멤버들은 열린 마음으로 대화하며 경청하기 때문에 높은 몰입수준을 유지한다. 학습팀원들은 동등한 위치에서 참여하게 되며, 최종 목표에 도달하기 위해 함께 어려움을 극복하면서 더 큰 동료애가 생기게 된다. 이러한 팀원들 간의 상호의존성은 학습을 촉진시키는 주요 요인이다. 다양성은 액션러닝의 학습 프로세스에 있어 반드시 갖춰야 할 요소로 인식되고 있다. 액션러닝에서는 다양한 직무 종사자들로 참여뿐만 아니라 의도적인 창의성과 창의적 사고를 자극을 위해 서로 다른 역량수준을 가진 멤버들로 구성되는 것이 장려된다. 서로 다른 수준 또는 다양한 직무 경험자들을 한 팀으로 구성하는 것이 결국 문제해결에 긍정적인 영향을 미친다고 생각하기 때문이다. 초보자 또는 비전문가라고 하더라도 자유로운 참여와 개입은 문제해결을 위한 해결책을 완전히 다른 관점에서 볼 수 있도록 한다. 다양성을 가진 집단이 그렇지 않은 경우보다 훨씬 창의적이며, 다양한 의견을 가진 구성원들의 논쟁을 통해 보다 독창적이고 복잡한 작업을 수행할 수 있는 것으로 알려져 있다.

전략 커뮤니티에서도 다양성의 문제는 매우 의미 있게 다루어져 왔으며, 전략적 협력이 필요한 조직 간 소통 등을 목적으로 서로 다른 직무 종사자들로 구성된 학습팀이 만들어지기도 한다. 웽거는 "이상적인 전략 커뮤니티(SCoP)를 보장해주는 것이 오직 동질성이라고 생각하는 것은 오류이다. 장시간에 걸친 상호작용으로 공동의 역사의식과 공동의 정체성이 창출되는 것이 사실이기는 하지만, 다른 한편으로는 구성원들 간의 차이도 장려된다. 약간의 다양성만으로도 학습과 인간관계는 보다 풍요로워지고 흥미로워질 것이며 창의력은 증가된다."라고 말하고 있다.

때로는 직무 경험의 다양성보다는 멤버 간 지식수준의 다양성이 창의성을 촉진하기도 한다. 예를 들면 도제제도(Apprentice)와 같이 전문가들이 본인의 경험을 초보자에게 전수하기 위한 목적으로 전략 커뮤니티를 만드는 경우이다. 우리가 살펴볼 영업역량 극대화 전략 커뮤니티는 도전적 목표를 달성하는 과제수행의 과정에서 '도제방식의 육성'을 핵심구조로 설계했기 때문에 멤버들의 역량수준은 차이가 있을 수밖에 없다. 재미있는 것은 이 경우 일반적인 기대와는 달리 전문가의 일방적인 교수학습에 그치지 않고, 초보자가 오히려 참신한 관점과 시각을 가지고 문제해결 방법을 제시하는 경우를 자주 목격할 수 있었다는 것이다. 직무 전문가들은 항상 그렇게 해왔기 때문에 당연시하거나 고착화될 수 있는 반면, 초보자들은 문제의 접근을 의문시하고 새로운 시각에서 질문했기 때문에 아이디어를 보다 풍부하게 할 수 있다. 역량수준의 다양성은 직무의 다양성처럼 학습을 촉진하는 역할을 하기도 한다.

3) 성과목표

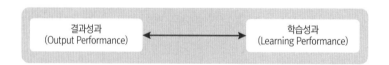

학습팀 활동은 결과성과(Output Performance)와 학습성과(Learning Performance)로 구분할 수 있으며, 이것은 정량적(재무적) 성과와 정성적(비재무적) 성과를 포함한다.

학습팀 활동의 결과성과는 원가절감, 수익창출 같은 재무적 성과와 신시장 및 새로운 사업기회의 발굴, 매뉴얼, 학습교재 등과 같은 비재무적 성과의 기여 정도이다. 학습팀이 결과성과에 비중을 둘 경우 목적한 바와 달성된 결과가 명확하기 때문에 목표달성 시 결과에 대한 영향력이 크며, 경영진(스폰서) 및 기업 내 타 구성원들의 변화관리와 학습조직의 필요성에 대한 공감대 형성에 효과적이다. 반면 지나치게 성과지향적(결과) 평가지표를 강조할 경우 학습을 통한 경험의 기회라기보다는 성공과 실패가 명확한 프로젝트(Project)로서 인식될 수 있다. 학습보다는 단기 성과만 추구하게 되어 '성장과 배움'의 가치가 약화될 뿐만 아니라 반복될 경우 구성원들의 조직피로감이 가중된다는 단점이 있다.

학습팀 활동의 학습성과는 참여자들의 지식과 역량 향상, 인적 네트워크의 긴밀도, 사회적 자본 등이다. 일반적으로 학습성과는 개인들이 학습팀에 참여하기 전(前)과 후(後)의 역량 차이(Gap)를 평가하거나, 설문형식의 학습팀 효과측정, 활동결과를 정리하고 공개적으로 발표하는 방식으로 전개된다. 무엇보다 학습성과의 가장 큰 가치는 학습문화를 전파하는 데 매우 효과적이라는 것이다. 특히 학습자들 간의 의사소통과 성찰을 통해 깨닫게 되는 지식과 통찰력, 학습효과는 개인뿐만 아니라, 조직 전체에 학습팀의 효용성을 메시지 형태로 전달해준다. 액션러닝의 학습성과는 주로 멤버로 참여하는 개인에게 집중되어 있고, 현업적용도 평가(Level 4 평가)와 같이 멤버들의 학습성취도를 학습지표로 활용한다. 반면, 전략 커뮤니티는 개인보다는 조직역량의 향상 정도를 측정하는 지표들에 좀 더 비중을 두고 있다. 예를 들면 학습활동의 결과로 나타난 활동보고서 또는 멤버들의 인적 네트워크의 깊이와 수준을 포함한다.

학습팀을 설계할 때 재무적(결과) 성과와 학습성과 사이의 평가 비중을 세심하게 고려해야 하는 이유는 활동이 진행되는 동안 어떤 요소에 좀 더 집중하느냐에 따라 학습팀의 운영전략이 달라지기 때문이다. 그러나 학습팀을 설계할 때 결과성과를 우선적으로 고려할 것인지, 학습효과를 우선적으로 고려할 것인지를 명확히 구분하는 것은 어려운 일이다. 게다가 무엇을 먼저 고려해야 한다는 것을 논의한다는 것 자체가 모순된 것처럼 보인다. 과제수행과 지식공유라는 성과창출 과정이 곧 학습이라는 점에서 학습팀 활동에는 분명히 학습성과와 결과성과가 동시에 존재한다. 다만 인위적으로 구분하지 않더라도 참여자와 이해관계자들이 암묵적으로 기대하는 학습팀의 지향점은 있게 마련이며, 가능하면 어떤 것에 좀 더 가치를 두고 임할 것인지 활동 시작 전에 구체적인 성과지표와 비중에 대해 (경영진과) 협의를 통해 명확히 해야할 필요가 있다. 성과지향적(결과) 활동에 중점을 두고 운영할 것인지 학습지향적(학습성과) 활동에 중점을 두고 운영할 것인지가 명확해야 학습지원조직이 지원해야 할 목표와 규모, 커뮤니케이션이 필요한 이해관계자들이 명확해진다. 결과성과와 학습성과가 모두 중요하다면 동일한 비중으로 설계할 수도 있다. 그러나 어떤 경우라도 한쪽으로 치우친 성향만으로 운영하는 경우는 없다. 초기 전략 수립 시 성과지향적 활동에 무게를 두어 설계할 경우 재무적 성과만 고려해서는 안 된다. 아무리 비중이 적더라도 학습성과를 염두에 두어야 한다. 학습성과를 학습팀 멤버들이 구체화시키기 어려울 경우 학습지원조직의 지원이 필요하다. 예를 들어 학습성과의 대표적인 사례는 학습팀 활동을 이야기 형식으로 자세하게 기록하는 '스토리텔링'으로 표현된다. 성공

사례에 대한 이야기 형식의 스토리텔링은 학습성과를 정성적으로 홍보하기 위한 매우 유용한 방법이며, 학습팀을 도입하는 시작 시점에서 의미와 성과를 효과적으로 설명해낼 수 있다. 학습팀 활동이 단기간에 종료되는 경우가 아닌 반복적·지속적으로 진행될 경우 결과성과나 학습성과는 뒤로 갈수록 더 크고 자극적인 성과를 요구 받는다.

4) 운영방법(프로세스)

학습팀의 운영방법(프로세스)은 활동기간과 주기, 학습방식이 어느 정도 구조화되었는지에 관한 것이며, 학습지원조직이 설계하는 것과 학습팀 스스로 설계하는 것으로 구분할 수 있다. 우리는 앞서 학습지원조직이 사전에 수립하는 계획은 세밀한 전략에서 비롯된다고 가정했다. 운영방법을 설계하는 것도 예외가 아니다. 학습팀을 학습지원조직의 계획에 따라 진행하도록 구조화할 것인지 또는 학습팀이 많은 부분을 결정할 수 있도록 유연하게 설계할 것인지를 고려해야 한다. 학습팀 설계에 있어 학습지원조직은 보다 구조화된 틀에서, 개별 학습팀들은 자율적인 책임하에서 스스로 계획하고 실행한다는 것을 전제로 한다. 하지만 어느 정도까지 학습지원조직이 개입하고 조정할 것인가는 학습팀의 목적과 성격에 따라 달라지며, 학습지원조직의 판단에 따라 학습 프로세스의 구조화 정도가 결정된다.

구조화된 프로세스(Structured Process)는 활동기간, 학습주기를 명확하게 확정하거나, 학습의 주제와 방식 또한 학습지원조직이 설계한 대로 진행하도록 하는 것이다. 아울러 학습팀 스스로 수행하는 학습과정 역시 사전 워크숍을 통해 매우 상세하게 협의해야 한다.

유연한 프로세스(Flexible Process) 방식이란 학습지원조직은 최소한의 기준만 제시하고 학습팀 스스로 자율적으로 운영토록 하는 것을 말한다. 예를 들어, 학습주기에 대해 한 달에 2회라는 최소한의 가이드라인만 제시하고 한 달 동안 몇 번을 만나고, 몇 시간을 학습해야 할 것인가에 대한 약속은 학습팀 스스로 결정한다. 그러나 학습주기는 문제의 정확한 이해와 재구성, 역할분담 및 과정보고, 적당한 긴장과 팀워크를 유지하기 위해 최소한 2주에 1회 이상은 되어야 한다.

유연한 운영 프로세스는 액션러닝보다는 전략 커뮤니티를 운영할 때 자주 나타난다. 전략 커뮤니티는 학습지원조직이 주관해야 하는 주요 활동과 행사 정도만 기획하고 많은 부분을 학습팀에게 위임한다. 그러나 아무리 유연한 방식일지라도 처음부터 끝까지 완전히 모든 것을 맡기는 것은 아니다. 학습지원조직은 어느 정도의 학습 프로세스를 체계화해야 하며, 유연하다는 것은 학습팀 스스로 계획하는 학습계획에서 좀 더 많은 자율성을 허용한다는 것을 의미한다.

학습팀 운영 프로세스의 구조화와 유연한 설계 여부는 사실상 두 가지 요소에 의해 좌우된다. 첫째, 학습자의 과제에 대한 이해도이다. 학습자가 과제에 대한 이해도가 낮을수록 운영 프로세스를 구조화할 필요가 있다. 액션러닝(AL)은 정교한 형태의 구조화된 방식이 요구되는데, 과제에 대한 멤버들의 이해가 부족한 상황에서 제한된 기간 내에 과제를 달성해야 하기 때문이다. 이 경우 학습주기와 시간은 정해진 약속에 따른다. 초기에는 학습주제와 학습방식 역시 교수방법과 콘텐츠, 단원별 학습과제와 진도를 체계적으로 점검해야 한다. 둘째, 과제의 성과지향성이다. 반드시 그런 것은 아니지만 과제가 성과지향적일수록 운영 프로세스는 구조화된다. 학습의 자율성은 제한되며, 단기적인 성과달성에 필요한 학습방법과 학습자원이 제공된다.

운영방법(프로세스)은 학습방법과도 관련이 있다. 교수학습, 토론과 대화, 인터뷰, 워크숍, 설문조사 등과 같은 공식적 학습활동과 교실 밖 토론과 대화, 체험, 탐방, 뒤풀이 등 비공식적 학습활동을 포함한다. 운영방법을 구조화할 때는 비공식적 활동도 의도적으로 설계해야 한다. 팀워크와 목표달성의 의지가 강한 팀일수록 스스로 만든 규칙과 약속을 잘 지킨다. 이때의 규칙과 약속은 어떤 외부환경 변화와 어려움 속에서도 학습팀 멤버들을 더 굳건하게 결속시키는 기제로 작동한다. 그리고 이러한 현상은 비공식 학습활동과 깊은 관련이 있다. 학습팀 활동 초기에는 주로 구조화된 프로세스로 설계하고, 후반으로 갈수록 탈구조화된 유연한 방식을 혼용해서 사용하는 경우도 있다.

사람들은 스스로의 행동과 환경을 통제할 수 있을 때 안정된 상태에서 몰입한다. 학습팀이 비즈니스 팀조직과 확연히 다른 점은 운영에 있어서 상대적으로 자율성과 권한의 폭이 넓다는 것이다. 물론 멤버 각자의 역할 인식 부족, 과제의 방향성 부재, 평가와 보상에 대한 명확한 기준 부족, 팀워크 등이 형성되지 못한 상태에서의 자율성은 오히려 멤버의 방관과 무관심만 가져올 수 있다. 반대로 지나치게 세부적인 계획과 구조화된 프로세스만 준수할 경우 팀 창의성이 제한되고 스스로 제안하고 실행해보는 과정에서 상승되는 흥분과 매력이 반감되게 마련이다.

5) 스폰서십

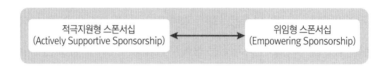

마쿼트(Michael J. Marquardt)는 "스폰서란 프로그램의 성격을 이해하고, 프로그램의 중요성을 이해하고 있으며, 그룹이 필요한 정보를 얻을 수 있도록 영향력을 발휘하는 사람이다. 스폰서는 프로그램의 인지도와 수용도가 높아지도록 노력한다. 스폰서는 액션러닝 그룹의 수호자와 같은 역할을 한다."라고 했다. **학습팀 활동에 직·간접적인 영향력을 행사하는 경영진 또는 임원을 스폰서(Sponsor)라고 한다. 스폰서는 학습팀 운영 전반에 대한 의사결정에 참여하며, 필요한 물적·인적 자원을 제공한다.** 스폰서(임원)는 보통 학습팀의 조력자로서 기여함과 동시에 최종 평가자의 역할을 수행할 수도 있다. 학습팀의 스폰서는 학습팀 멤버들의 일상업무를 직접 관리하거나 평가에 영향력을 가지고 있는 사람이 되기도 한다. 학습팀의 과제가 스폰서의 해당 업무와 관련이 있는 경우이거나, 본인 소속의 구성원들이 참여할 경우 스폰서는 학습팀 활동에 막강한 영향력을 행사한다. 간혹 최고경영자(CEO)가 학습팀의 최종 평가자가 되기도 하는데, 이 경우 스폰서는 경영진 또는 임원이 맡게 된다. 이처럼 스폰서가 자신보다 높은 상사에게 보고해야 할 경우 학습팀의 성공을 위해 적극적으로 과제해결에 개입하게 된다. 최고경영자가 최종 평가자로서 역할을 하는 경우를 보면 학습팀 참여자들이 '경영자 후보 또는 핵심직무 수행자인 경우'이거나 '학습팀이 전사적으로 추진'될 때이다.

스폰서십의 성격은 과제(목표) 달성을 위해 적극지원형 스폰서십이 필요한지 아니면 위임형 스폰서십이 필요한지에 따라 두 가지로 구분할 수 있다. 적극지원형 스폰서십이란 스폰서가 학습팀 활동과 의사결정에 적극적으로 개입하는 경우이다. 학습주제, 운영 프로세스, 학습 및 성과창출 방법 등 활동 전반에 스폰서의 의견이 적극적으로 반영된다. 반면, 위임형 스폰서십은 가능하면 활동 전반에 대해 학습지원조직 또는 학습팀에게 위임하고 본인은 활동의 장애요소 제거 또는 지원이 필요한 부분에 대해서만 부분적으로 개입한다. 어떤 스폰서십이 올바른지에 대한 답은 없다. 적극지원형 스폰서십을 발휘함으로써 결과에 대한 책임을 함께 공유하는 경우도 있고, 위임형 스폰서십을 통해 구성원들이 최대한 창의적이면서 자발적으로 행동하도록 독려해야 하는 경우도 있다.

적극지원형 스폰서십이 필요한 경우는 주로 활동이 종료된 후 결과성과가 학습팀의 성공 여부를 판단하는 데 있어 중요할 때이다. 또는 조직의 중요한 경영의사결정이나 핵심이슈를 단기간의 과제로 선택할 경우이다. 이때 스폰서는 해당 과제에 대한 전문성뿐만 아니라, 필요할 경우 의사결정에 많은 권한을 가지고 있어야 한다. 과제 전문가로서 큰 방향을 제시해줄 수 있고, 적절한 코칭을 통해 해당 분야에 대한 이해를 넓히도록 해야 한다. **위임형 스폰서십이 필요한 경우**는 멤버들이 과제/목표에 대한 전문성을 보유하고 있거나, 스폰서 스스로 과제 전문가가 아닌 경우이다. 학습팀이 해당 분야에 대한 전문성을 가지고 있는 사람들로 구성되어 있는 경우 스폰서가 과도하게 개입한다면 학습팀원들이 관심 있어 하거나, 하고 싶어 하는 일에 방해가 된다고 생각할 수도 있다. 이 경우 오히려 스폰서가 도움이 되기보다는 팀원들의 반발을 사게 될 것이다. 스폰서는 활동에 대한 지원과 관심은 지속하더라도 학습 방향과 과제에 대해서는 어느 정도 자율성을 보장해주는 것이 좋다.

전략 커뮤니티처럼 학습팀 참여자들이 대부분 해당 직무에 종사하는 구성원들로만 구성될 경우 스폰서는 또 다른 성과창출조직으로 운

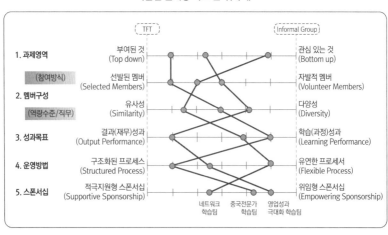

학습팀 플래닝 믹스 전략(예시)

영하고 싶은 욕구가 생기는 경우도 있다. 학습팀의 스폰서이기 이전에 경영진의 입장에서 해당 분야의 전문가 혹은 팀원들이 모여 있는 비공식 조직을 또 다른 업무창출의 기회로 활용하고 싶을 것이기 때문이다. 이때의 스폰서는 학습팀 본연의 목적과 성과창출이라는 기대 사이에서 균형을 유지할 수 있어야 한다.

4

학습팀 성공 사례 탐구하기

1. 영업성과 극대화 전략 커뮤니티(영업역량 강화 프로그램): 학습효과를 재무적 성과로 측정하라!

영업성과 극대화 커뮤니티는 영업직무를 수행하고 있는 고성과자의 지식과 영업 노하우를 중·저성과자에게 전수하고, 그들이 습득한 지식과 기술에 대한 '학습효과를 재무적인 영업성과로 측정하는 것'이라고 정의할 수 있다. 우선 고성과자로 선발된 리더는 정해진 학습활동 기간(7개월) 안에 중·저성과자에게 본인이 가지고 있는 지식과 경험을 집중적으로 전수하고, 영업성과를 향상시킬 수 있는 방법을 코칭함으로써 학습팀 멤버들을 단기간에 육성시켜야 할 임무를 부여받는다. 커뮤니티의 리더인 고성과자는 팀조직의 리더처럼 리더십을 발휘해야 하며, 한 달여의 기간 동안 '집중 교수학습'뿐만 아니라 완전한 팀을 만들어야 한다. 이때 고성과자는 직접 자신이 가르칠 학습내용에 대해 커리큘럼을 만들고, 초기 학습기간 동안 강의 형태로 영업지식을 전수한다. 이후 나머지 5개월 동안은 실제로 습득한 지식과 시행착오를 경험하면서 겪은 지식을 학습활동을 통해 다시 토론해보며, 다시 영업현장에 실천적으로 적용해보는 과정을 반복함으로써 교재를 통한 학습만으로는 습득하기 어려운 영업 노하우[암묵적인 지식(Tacit Knowledge)]를 체득하는 것이다.

영업직무는 다른 직무와는 달리 역량에 대한 평가기준이 대체로

영업성과 극대화 전략 커뮤니티

분류	내용
영업성과 극대화 커뮤니티	• 영업부문을 대상으로 고성과자의 지식과 영업 노하우를 중 · 저성과자에게 전수 • 팀원 간 상호학습 및 실천학습에 대한 교육효과를 재무적인 성과로 측정
1. 과제영역/ 학습주제	• **과제(목표)는 부여된 것이지만, 합의를 통해 조정** 　– 사전 합의한 재무적(영업) 목표를 학습팀 멤버들이 달성하는지 여부 • 학습주제 　– 활동 초기: 리더가 팀원 육성과 성과 달성에 필요한 학습계획서 수립 　– 활동 중 · 후반기: 학습팀이 자율적으로 학습주제 및 사례 선정
2. 멤버구성	• **선발된 멤버와 자발적으로 참여한 멤버로 구성** 　– 영업직무 종사자: 한 팀은 6~7명으로 구성, C사(통신) 6개팀/J사(제약) 7개팀 　– 고성과자(리더) 1명 + 중 · 저성과자(멤버) 5~6명 • 리더(고성과자) 　– 조직장의 추천 및 심사를 통해 선정 　– 대상: 영업실적이 탁월한 고성과자이면서 리더 후보자 중에서 선정 (학습팀 종료 후 리더십 검증 자료로 활용) 　– 권한: 비공식 조직의 팀장 같은 역할 수행 • 중 · 저성과자 　– 육성이 요구되는 구성원을 조직장이 추천 또는 자발적으로 지원 　– 학습 시너지를 위해 필요한 멤버를 학습팀 리더가 직접 선출
3. 성과목표	• **재무적 목표 달성 여부** 　– 목표 합의: 영업기획팀과 학습팀 멤버가 최종 영업목표에 대해 합의 　– 성과평가: 개인의 영업실적과 목표를 기반으로 활동 종료 시 멤버 전체의 영업목표의 합(S: 150%, A: 130%, B: 110%)
4. 운영방법	• **구조화 & 유연한 프로세스** 　– 활동기간: 7개월[고성과자의 지식과 노하우를 팀원들에게 전수 및 상호 학습(1개월) + 학습된 지식의 실제 현장적용을 통한 성과창출 (6개월)]
5. 스폰서십	• **위임형 스폰서십** 　– 학습팀 활동의 자율성(학습시간과 영업방식)을 최대한 보장 　– 팀원 각자에게 목표를 정확하게 인식시키는 임무 부여

명확하다는 특징이 있다. 구성원들의 역량수준을 명확한 재무적 성과로 측정할 수 있다. 반면 영업을 제외한 대부분의 직무는 개인의 역량을 판단할 수 있는 평가기준이 상당히 정성적이다. 기준에 대한 객관화된 지표가 명확하지 않다는 것은 평가와 해석에 있어 논란의 여지가 있다는 것을 말한다. 이에 비해 영업사원들은 (비록 완벽한 평가기준은 아니라고 할지라도) 개인들의 역량을 영업성과라는 재무적인 숫자로 평가 받는다. 재무적인 성과가 높은 구성원이 곧 고성과자인 것이다. 물론 영업환경은 지역마다 다르며, 동일 제품이라도 시장 환경의 변화, 고객 성향 및 고객세분화에 따른 편차 등과 같은 외부적 변수에 따른 차이가 없는 것은 아니다. 그러나 일반적으로 영업을 총괄하는 영업기획팀은 이러한 외부 환경과 조건을 최대한 반영하여 당해 영업목표를 결정하고 실적을 평가하며, 그 결과는 반드시 객관적인 재무 수치로 공개하고 있다.

영업성과 극대화 커뮤니티는 이처럼 재무적인 성과를 개인의 핵심성과지표(KPI)로 가지고 있는 영업사원이 대상이다. 이들의 학습효과에 대한 판단기준이자 목표는 고객과의 관계와 영업활동을 통해 결과적으로 나타나는 재무성과로 측정하게 된다. 총 7개월 동안 진행되는 학습팀 활동은 종료시점에 미리 합의한 재무적인 성과목표를 달성했는지 여부에 따라 구성원들이 습득한 지식과 역량을 검증했다. 고성과자는 마치 기술장인이 견습공에게 기술을 전수하는 도제(Apprentice)처럼 중·저성과자에게 지식을 전수했으며, 동일 직무(영업)를 수행하는 구성원들로 구성되었으므로 전략 커뮤니티(SCoP) 방식으로 운영했다. 우선 학습지원조직은 고성과자인 리더를 선발하고, 선정된 리더에게 직제조직과는 다른 가상의 팀(영업성과 극대화 학습팀)을 만들어주었다. 학습팀 멤버는 영업직무를 수행하는 일반 조직구성원들이며, 한 팀의 멤버가 아닌 여러 부서의 다른 팀에 속해 있는 사람들로 구성한다. 고성과자는 중·저성과자로 구성된 팀원들을 데리고 개인의 목표를 훨씬 뛰어넘는 학습팀의 새로운 영업목표(자신의 본래 목표와 동일한 대상, 지역, 분야이지만 개인 목표를 초과하는 목표)를 달성하기 위해 지식과 노하우를 공유하며 함께 학습했다. 학습팀 멤버들은 학습기간 동안 다양한 영업 아이디어를 교환하고 도전적인 목표달성을 위해 더 나은 방식이 무엇인지를 토론하며 학습된 결과를 실제로 자신의 고객에게 직접 시도해보는 것이다.

본 커뮤니티 방식의 학습팀은 C사(통신사)와 J사(제약사)에 적용해보았다. 두 회사 모두 영업부문이 기업의 성과에서 차지하는 비중이 높았으며, 경쟁사와 비교해볼 때 제품경쟁력은 거의 차이가 없다는 특징이 있다. 어떤 산업이건 탁월한 신제품 개발역량을 보유하고 있거나, 원가 경쟁력이 있다면 영업의 중요성은 크지 않을 것이다. 대부분의 기업은 경쟁사를 압도할 만한 제품경쟁력을 가지고 있지 않다고 보는 것이 옳을 것이다. 설령 가지고 있다고 하더라도 결국 언젠가는 새로운 경쟁업체의 등장으로 영업역량이 중요해지는 구조로 바뀌게 마련이다.

C사(통신사)의 경우 이동통신사들 간의 막대한 자금력을 가진 치열한 마케팅 전쟁 속에서 살아남기 위해 고군분투하고 있었다. 경영진은 지역밀착형 전략으로 차별화된 경쟁력을 확보하는 것이 시급하며, 통

신시장에서의 확고한 포지셔닝을 확보하기 위해 무엇보다 탁월한 영업 경쟁력이 필요하다는 것에 인식을 같이하고 있었다. J사(제약사) 역시 대부분의 제약회사가 처한 여건 속에서 어려움을 겪고 있었다. 제약산업은 수백 개의 제약회사가 난립하고 있으며, (특허경쟁력이 거의 없기 때문에) 복제품시장에서 치열하게 다투고 있는 독특한 경쟁환경이다. 두 기업 모두 차별화된 영업역량이 중요한 경쟁력인 셈이다.

열악한 영업환경에서도 독보적인 역량을 가지고 남들보다 뛰어난 성과를 보여주는 고성과 사원은 항상 존재하게 마련이다. 그리고 이들은 분명히 무언가 다르다. 기업은 이들에게서 나타나는 지식과 경험의 공통적인 특성을 자료화하고 교육 프로그램화함으로써 그들의 지식과 경험을 전파하려고 노력한다. 때로는 사례를 통해 현장을 재현하거나 그들이 보여주는 행동특성과 역량을 세분화하여 반복적으로 학습하고 적용할 수 있도록 구조화하기도 한다. 그러나 암묵적으로 존재

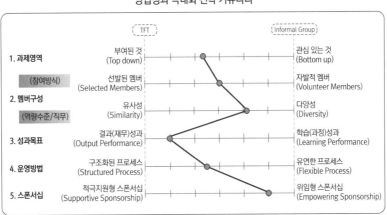

영업성과 극대화 전략 커뮤니티

하는 잠재적인 역량과 재현하기 어려운 미묘한 사람 간의 차이로 인해 완벽하게 전이시키는 것은 쉽지 않은 것이 현실이다. 영업성과 극대화 커뮤니티는 이러한 노력의 일환으로 탄생했다. 설계의 주요 포인트는 학습과 적용의 반복적인 실행에 있었으므로 전수학습 기간 동안 고성과자들이 만들고 활용한 자료들이 공유될 수 있도록 지식화할 뿐만 아니라, (머리로만 아는 것이 아니라) 현장에서 직접 실험해봄으로써 영업역량을 효과적으로 향상시킬 수 있도록 구조화했다.

1) 학습팀 플래닝 믹스 전략: C사(이동통신)/J사(제약)

(1) 과제영역

학습팀의 성격이 영업역량 향상이라는 전략적인 목적을 가지고 있으므로 단기간 육성과 성과 달성이라는 목표에 따라 경영진과 학습지원조직은 좀 더 도전적 목표(Stretch Goal)를 부여했다. 그러나 과제목표를 도전적으로 부여하더라도 목표 설정은 반드시 협의과정을 거치도록 했다.

영업성과 극대화 커뮤니티는 '영업목표를 부여하는 것'이 곧 과제이다. 따라서 학습지원조직이 목표관리(MBO) 과정에서 '학습팀에게 목표를 얼마나 잘 부여하느냐'와 '팀원들을 얼마나 잘 몰입시키는가'에 따라 성공 여부가 좌우된다고 해도 과언이 아니다. 우선 학습팀의 목표는 멤버 개인의 소속팀에서의 영업목표가 새로 합의할 목표의 기준이 된다. 멤버 모두의 영업목표를 기준으로 학습팀의 새로운 목표, 즉 고성과자의 지식 전수 및 전수된 지식의 실행을 통해 달성할 목표를 결정하는 것이다. 학습팀에서의 새로운 영업목표는 S(최고성과), A(성과), B(목표달성)로 구분했다. 여기서 B(목표달성)의 수준은 최소한 현재 본인의 영업목표보다 높아야 한다. 예를 들어 개인의 영업목표 100%를 기준으로 할 때, 학습팀에서 달성해야 할 개인 목표는 S가 150%, A는 130%, B는 110%이다. 팀원들의 개인목표의 합이 학습팀의 목표가 되며, 학습팀 멤버들의 최종 성과의 합이 B수준까지 도달할 경우 이것은 곧 성공의 기준이 된다. 또한, 한두 사람만의 달성 목표의 합이 학습팀 평균에 큰 영향을 주지 않도록 최소한 이 조건에 도달한 개인의 수가 최소 50%(8명이면 4명 이상이 동일 조건에 도달)가 되어야 성공적인 활동이 되었다고 판단했다. 물론 이 목표는 기준일 뿐이며, 합리적인 수준의 목표달성인지는 최종 결과를 보고 조정할 수 있도록 했다. 또한, 달성목표는 너무 낮거나 너무 높지 않도록 객관적인 시각을 가지고 협의할 수 있는 제3자(영업기획팀장)가 합의와 중재를 통해 최종 결정했다.

학습팀 활동이 결과지향적일수록 목표합의 과정은 무엇보다 중요하며, 합리적인 동시에 받아들일 수 있는 목표가 될 수 있도록 세심한 노력을 기울여야 한다. 목표가 높을 수밖에 없는 이유를 설명하고, 팀원 모두가 자신의 목표가 온전히 자신의 것으로 인식될 수 있을 때까지 '합의'와 '협의' 과정을 통해 끊임없이 커뮤니케이션 해야 한다. 목표가 너무 낮으면 쉽게 달성하므로 새롭게 습득할 수 있는 학습효과가 적을 것이며, 반대로 너무 높으면 도전 자체를 무의미하다고 생각하고 시도하려고 하지 않을 수도 있다. 합의의 과정은 어렵고 힘들지만 가장 중요한 과정이다. 목표를 합의하는 과정 속에서 비로소 멤버들은 자신의 목표를 정확하게 인식하게 되며 목표를 자신의 것으로 받아들이게 된다. 그리고 이 과정을 거친 후에 비로소 팀원들은 목표를 어떻게 달성할지에 대해 고민하는 단계로 넘어가게 된다. 이것이 바로 '목표의 자기동기화' 과정이다. 목표달성은 곧 개인 영업실적의 보상으로 이어지고, 활동이 종료된 후 동기부여를 위해 달성된 목표에 대한 포상을 어떻게 할 것인지도 결정하고 이 또한 멤버들과 합의하는 과정이 중요하다.

> "우리 팀은 이미 150% 달성을 목표로 모든 것을 생각했다. 150%를 달성하려면 기존의 방식을 확장하는 수준으로는 절대 도달할 수 없다. 패러다임을 바꾸고, 모든 팀원이 한 몸처럼 움직일 때 비로소 달성할 수 있는 것이다."
>
> - 리더의 성공 소감

(2) 멤버구성

영업성과 극대화 학습팀은 멤버를 구성할 때도 일방적으로 선발된 멤버를 구성하는 것이 아닌 합의 절차를 중요시했다. 보통 한 팀이 6~7명으로 구성된다고 가정할 때, 한 개의 학습팀은 같은 소속 팀 내의 구성원으로 구성하지 않고, 여러 팀에서 골고루 선정했다. 학습팀을 영업부서 한 팀의 멤버로만 구성하지 않는 데는 이유가 있다.

첫째, 다른 여러 팀의 구성원들을 학습팀 멤버로 구성함으로써 고성과자의 지식을 조직 전체로 확산시킬 수 있다. 학습팀의 또 다른 목적이 개인 역량을 넘어 조직역량을 향상시키는 데 있기 때문이다. 멤버들은 네트워크 커뮤니티처럼 학습한 지식을 본인이 소속한 팀의 공식적인 회의에서 구성원들에게 유용한 지식의 전파를 위해 재학습시킴으로써 조직 전체의 영업 경쟁력 향상에 기여할 수 있다. **둘째, 보상의 공정함을 위해서이다.** 영업성과 극대화 학습팀은 조직 내 학습팀 간의 건전한 경쟁을 촉진시키기 위한 목표를 달성할 경우 어떻게 보상을 할 것인지에 대해 반드시 고려하도록 했다. 그러나 학습팀에 대한 보상이 학습팀 간의 과다한 경쟁을 촉발하기도 한다. 이 경우 학습팀이 여러 팀의 멤버들로 구성된다면 특정팀 멤버에게 실적을 몰아주거나 프로모션을 지원하는 것과 같이 공정한 경쟁을 방해하는 도움과 여지를 사전에 차단할 수 있다.

학습팀의 리더를 선정할 때는 객관적인 기준에 의해 영업부문의 탁월한 고성과자이면서 리더십을 가지고 있다고 판단되는, 누구나 인정하는 구성원이어야 한다. 고성과자는 상사, 동료, 부하사원의 어떤 계층이 보더라도 역량을 판단하는 기준과 눈높이가 크게 차이가 나지 않아야 한다. 하지만 단순히 고성과자라고 해서 이들을 리더로 선정하는 것은 올바르지 않다. 일반적으로 팀조직의 리더를 선정할 때 개인의 리더십을 보는 것처럼 팀을 잘 이끌어갈 것으로 판단되는 역량을 함께 고려해야 한다.

멤버를 구성할 때의 원칙은 조직장의 판단에 따라 육성이 필요하다고 판단되는 구성원(예: 신입사원)을 반드시 포함시키되, 참여를 원하는 사람은 자발적으로 지원할 수 있도록 했다. 아울러 리더(고성과자)가 단기간 목표달성을 위해 필요하다고 판단되는 멤버의 일부를 직접 선정할 수 있도록 권한을 부여했다. 이 경우 리더는 다른 팀 소속의 인원 중에서 학습팀의 멤버를 선정할 수도 있다. 리더는 자신만의 멤버를 구성하기 위해 동료들의 평판을 통해 추천을 받을 수도 있으며, 공개적인 모집을 통해 선정하기도 한다. 팀원을 구성할 때는 무엇보다 신중을 기해야 한다. 달성해야 할 목표와 팀워크에 영향을 미치기 때문이다. 원칙적으로 영업성과 극대화 학습팀은 한 명의 고성과자가 나머지 학습팀 멤버들을 지식전수와 팀 리더십 발휘를 통해 주도적으로 육성하는 데 있다. 하지만 중 · 저성과자가 아니더라도 고성과의 역량을 보유한 영업사원을 포함해서 구성할 수도 있다. 이들은 각자 다른 방식의 영업 스킬과 노하우를 보유하고 있기 때문에 서로의 영업 노하우를 공유하는 것만으로도 배우며 배운 것을 성과로 쉽게 연결시킬 수 있다. 그렇다면 영업성과 극대화 학습팀을 구성할 때 단기적인 성과목표 달성이 유리하도록 중 · 고성과자 위주로 구성하는 것이 바람직할까? 꼭 그렇지는 않다. 고성과자의 경우 성과목표가 높기 때문에 단기간에 목표를 기대 이상으로 향상시키는 것이 저성과자에 비해 어렵다. 최소한 개인 목표의 110% 이상을 달성해야 한다는 점에서 팀원들의 성과가 높다면 오히려 팀 전체의 목표달성에 부담이 된다.

대부분의 학습팀 활동이 팀워크를 중시하지만 영업성과 극대화 학습팀은 특히 더 팀워크를 강조해야 한다. 활동이 매우 단기적이며 학습성과보다는 영업성과 달성에 많은 비중을 두고 목표달성에 집중하는 활동이기 때문이다. 단기간에 최대한의 재무적인 성과를 달성한다는 것은 협력과 지원을 바탕으로 단단한 팀워크가 형성될 때라야 가능하다.

리더 선정기준

① 필수요건: 대리~과장급으로 팀장이 팀당 1명을 추천
② 자격요건: 높은 역량 보유자로서 해당 분야의 전문 경험을 갖추고 있다고 판단되어 부서장이 추천함
③ 보유역량
- 업무에 대한 이해력과 분석력
- 타사 동향/상품에 대한 높은 이해와 시장 예측력
- 구성원들을 한 방향으로 이끌 수 있는 리더십
- 회사에 대한 강한 로열티(Royalty) 보유
- 일에 대한 열정(Passion)
- 지속적인 변화관리(Change Management) 역량
- 최고 성과창출의 잠재적(Potential) 역량 보유

(3) 성과목표

영업성과 극대화 커뮤니티는 다른 어떤 학습팀보다 결과(재무성과) 지향적인 활동이다. 우선 재무적인 성과를 설계할 때는 반드시 공정하고 누구나 인정할 수 있는 지표와 기준을 제시해야 한다. 따라서 기본적인 성과목표(S: 150%, A: 130%, B: 110%)가 달성되더라도 학습팀 활동의 최종결과(목표)의 성공은 다음의 두 가지 기준으로 판단했다.

첫째, 성과지표의 기준으로 학습팀 활동에 참여한 멤버와 참여하지 않은

멤버 간의 목표달성 결과의 차이를 규명하도록 했다. 학습팀에 참여한 멤버들의 영업목표가 아무리 탁월한 실적을 보인다고 하더라도 학습에 참여하지 않은 일반 구성원, 즉 비활동 벰버의 영업실적과 비교해볼 때 차이가 크지 않다면 성공적인 활동의 결과라고 판단하기 어렵다. 영업성과 극대화 학습팀이 평균 130%의 목표를 달성했는데, 영업사원 전체 평균 역시 130%를 달성했다면 탁월한 성과라고 볼 수 없기 때문이다. 이러한 경우 두 집단 간에 변별력이 크게 나타나지 않는다는 것은 학습팀 멤버들의 노력의 결실이라기보다는 시장환경 또는 경영환경 같은 외부요인에 의한 것일 가능성이 크다. 반대로 영업성과 극대화 학습팀의 성과가 최소한의 목표인 110% 달성을 밑도는 100%를 달성했더라도 비멤버가 80~90%를 달성했다면 본래 설정한 성과기준에는 못미치더라도 재무적 성과 관점에서는 매우 의미있는 결과일 것이다.

둘째, 학습팀 멤버들의 활동참여 전(前)과 후(後)의 실적을 비교하는 것이다. 활동 참여 전 일정 기간 동안의 영업실적 지표와 활동참여 기간 동안의 영업실적 수치를 비교했을 때 개인들의 영업성과 향상률을 비교해볼 수 있다. 과거 영업실적 패턴과 비교해볼 때 학습팀 참여, 즉 학습활동 및 지식전수 이후 개인의 영업실적이 얼마나 향상되었는지를 수치적으로 검증해보는 것이다. 이 지표 역시 외부환경을 고려해본 후 과거에 비해 뚜렷한 실적 향상이 보인다면 학습활동의 결과라고 유추할 수 있을 것이다. 영업성과 극대화 커뮤니티는 '학습결과의 재무적인 성과 향상'을 목적으로 출발했다. 따라서 영업사원들 간의 비교뿐만 아니라 개인의 시간적 추이에 따른 역량 향상의 정도까지 철저히 검증함으로써 정성적인 성과보다는 정량적으로 수치화된 지표를 보다 정확히 규명하려고 노력해야 한다. 이러한 정량적인 지표는 영업과 직·간접적으로 관련이 있는 사람들에게 있어 민감한 비교의 대상이 되기도 하지만, 향후 학습팀을 지속시키고 효과를 설명하는 데 있어 무엇보다 명확한 근거가 된다.

영업성과 극대화 학습팀 활동의 성패는 재무적 성과에 달려 있다. 그러나 학습팀에서 항상 강조되듯이 재무적 성과만이 학습팀의 성공과 실패를 판단하는 기준이 되어서는 안 된다. 특히 활동을 책임지고 운영하는 학습지원조직은 과정성과에 대한 학습과 육성, 조직성과의 의미를 놓치지 말아야 한다. 영업성과 극대화 커뮤니티는 재무적 성과만을 위한 활동이 아니며, 재무적 성과 못지 않게 무형적 가치인 비재무적 성과와 관계적 성과 역시 큰 의미가 있다. 후배사원은 고성과자의 지식과 성과창출 노하우를 배우는 과정에서 인간적으로 더 친밀해지며 이것은 조직에 대한 로열티에도 영향을 준다. 이러한 유대감은 학습팀 활동이 종료되더라도 계약적인 관계처럼 종료되는 것이 아니다. 선후배 또는 동료들 간에는 언제라도 다시 도움을 주고받을 수 있는 지식 네트워크가 형성된다. 학습조직은 개인 또는 조직이 학습하는 조직이기도 하지만 학습에 장애가 되는 경계가 없어 지식의 흐름이 원활한 조직을 말하기도 한다. 영업성과 극대화 커뮤니티의 지속적인 운영은 학습의 조직문화를 뿌리내리고, 조직경쟁력이 굳건해지는 발판이 된다. 재무적 성과를 추구하지만 오히려 비재무적 성과의 중요성이 강조되는 특성이야말로 이 과정의 핵심가치이며 우리가 주목해야 하는 이유이다.

(4) 운영방법

대부분의 경우 영업성과 극대화 커뮤니티처럼 학습팀의 성격이 결과에 치중하는 성과창출 지향적 활동일수록 프로세스 역시 구조화될 수밖에 없다.

처음 1개월은 고성과자의 지식전수 및 영업성과 달성에 필요한 전략 수립을 위한 워크숍, 그리고 팀워크 형성을 위한 시기이다. 짧은 기간 동안 집중적인 지식전수가 될 수 있도록 매주 학습을 진행했으며, 학습계획서는 고성과자가 직접 작성한다. 고성과자는 이를 바탕으로 세부적인 커리큘럼과 학습체계를 구축하였으며, 지식의 전달방법에 있어서도 보다 효과적인 학습을 위해 학습지원조직과 협의하도록 했다. 핵심적인 학습모듈의 경우 과정개발(Course Development)을 통해 체계적으로 학습을 지원했다. 매주 1회 함께 모여 학습하는 시간은 최대한 많은 시간을 확보하도록 강제화했다. 이 시기에는 학습뿐만 아니라, 개인적인 이야기 또는 업무 외적인 주제에 대해서도 충분히 대화할 수 있도록 했다. 학습팀 활동 기간 전체로 볼 때 후반으로 갈수록 학습보다는 성과창출에 집중하므로 온전히 학습을 위한 시간은 활동 초기에 집중할 필요가 있다. 이 기간 동안에는 팀워크 형성을 위한 팀빌딩 시간으로도 중요한 의미를 가지고 있다. 단기간의 성과지향적 활동에 있어 팀워크는 선택이 아니라 필수이다. 아울러 처음 1개월간의 활동은 팀원들 스스로 최종 목표와 실행과제를 정확히 인식하는 시기이기도 하다. 학습팀 전체의 목표는 리더와 영업기획팀 또는 영업지원팀의 워크숍을 거쳐 협의하여 결정하더라도 개인이 달성해야 할 세부적인 실행과제와 각자의 책임까지 명확하게 인지하지 못할 수도 있다. 이 경우 개인에게 구체적인 달성목표와 과제를 명확히 인식시키고 책임감을 부여함으로써 활동의 최종 결과에 대한 책임이 고성과자인 리더만의 것이 아닌 팀 모두의 것임을 알게 해준다. 이 시간이 지나면 학습팀의 모임은 자연스럽게 문제상황을 해결하기 위한 토론의 시간으로 채워지게 된다. 이후 6개월은 격주로 학습모임을 하며, 습득된 지식을 현장에 적용 및 실행해보고, 그 결과를 함께 토론, 피드백 해봄으로써 보다 도전적인 학습이 될 수 있도록 멤버들을 몰입시키는 시간이다. 학습주기는 격주 1회를 원칙으로 하지만 반드시 해야 하는 것이라기보다는 일종의 가이드라인이다. 이슈가 있거나 성과에 도움이 되기 위해서는 짧은 시간이라도 자주 학습모임을 실시하는 것이 중요하다. 학습주기가 너무 길면 현장의 문제에 우선순위가 밀려 학습팀 활동이 소홀해지고 팀원들 간의 관계도 느슨해진다.

영업성과 극대화 학습팀의 학습주기와 형태를 보면 정교한 틀(Frame) 안에서 진행되었다는 것을 알 수 있는데, 이는 학습팀의 독특한 성과지향적 특성 때문이다. 학습팀이 성과를 우선시할수록 집중력을 필요로 하며, 실행의 주체와 지원팀 모두 긴장감 속에 놓이곤 한다. 그러나 학습팀이 성공하기 위해서는 성과만을 목표로 틀을 강제화하기보다는 자신들의 학습방식을 존중해주어야 한다. 학습팀마다의 성과창출 전략과 지식전수 및 실천계획, 팀원들의 다양한 전술이 접목되어야 성공할 수 있다. 학습팀은 고성과자의 영업 노하우 학습과 역량 향상이 우선적으로 요구되었으므로 '학습'을 소홀히 하지 않도록 시간과 장소를 제공하는 데도 노력을 기울였다. 학습주제의 경우 초기에는 고

학습 프로세스

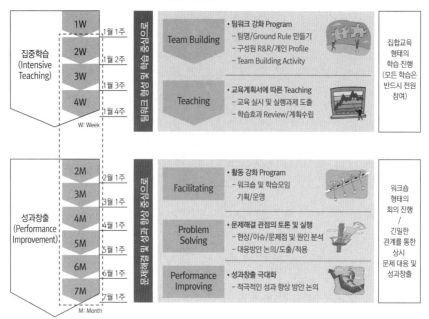

성과자인 리더가 주도적으로 선정했지만, 중·후반으로 갈수록 팀원 스스로 주제를 발췌해보고 발표와 토론을 통해 학습에 적극적으로 참여하도록 했다. 실제로 일방적인 학습전수뿐만 아니라 상호학습을 유도했을 때 더 효과적인 경우가 자주 목격되었다. 영업활동에서 부딪치는 다양한 사례를 토론방식으로 학습(Case Study)했으므로 학습의 주체는 리더에게서 학습팀 전체 멤버로 쉽게 이동될 수 있었다. 결과적으로 학습이 진행되는 동안 학습팀마다 자신들의 여건에 맞는 다양한 방법을 도입했는데, 예를 들어 단순한 사례학습을 넘어 실제 대응방안을 마련하고 학습과 적용을 반복하는 실습형 학습, 멘토와 멘티의 밀착형 동행영업을 통한 고성과자의 시범과 같은 것이 그것이다. 이러한 창의적인 학습방법이 만들어진 것은 누가 알려줘서가 아니라, 학습방법에 대한 선택이 그들에게 있었기 때문이다.

(5) 스폰서십

영업성과 극대화 학습팀의 스폰서십은 적극적인 개입보다는 자율적인 위임(Empowerment) 형태의 유연한 스폰서십이 필요하다. 영업성과 극대화 학습팀 멤버들은 영업이라는 공통의 직무를 수행하는 구성원들이기 때문이다. 팀원 모두는 스스로 무엇을 학습하고 실행해야 하는지 누구보다 더 잘 알고 있었고, 학습계획과 추진전략을 수립하는 데도 크게 어려움이 없었다. 스폰서가 영업 전문성을 보유한 경영진이라고 하더라도 과도하게 개입하려 할 경우 학습팀 스스로 토론과 협의를 통해 수립한 전략과 실행계획을 추진하는 데 있어 오히려 방해가 되는 경우를 자주 목격할 수 있었다. 또한 (자기주도적인 학습이 가능한) 전략 커뮤니티 형태의 학습팀에게 조직의 요구사항을 강요하거나 과제를 가중시킬 경우 역시 팀원들은 부정적으로 반응할 가능성이 높다.

스폰서는 활동에 관여하기보다는 오히려 팀원 개개인에게 목표를 자기의 것으로 인식시키는 '목표의 자기동기화' 과정에 더욱 관심을 가져야 한다. 팀원들 스스로 만든 목표가 학습팀 전체에 공유되고 합의되면 목표를 달성하고자 하는 의지를 더욱 강력하게 팀 내로 끌어들이기 때문이다. 설사 스폰서가 개입하더라도 학습팀이 회사의 전략과는 다른 방향으로 가고 있거나 완전히 잘못된 방법으로 진행되지 않는다면 가벼운 조언 정도가 적당하다. 스폰서(임원)는 활동에 (직접 개입하기보다는) 기대와 관심을 지속적으로 표명하고, 팀원들이 보다 자유롭게 활동할 수 있도록 그들이 속해 있는 소속 팀장들에게 영향력을 행사하는 것이 도움이 된다. 팀원들이 자율적으로 학습할 수 있는 시간을 확보해주는 것과 같이 학습환경을 제공해주는 것만으로도 의미 있는 스폰서십을 발휘하는 것이다.

짧은 시간 안에 개인의 영업목표를 크게 상회하는 목표를 달성하기 위해서는 두세 배의 노력이 필요하다. 스폰서는 도전 그 자체가 의미 있는 행동임을 인식시키고 격려해주어야 한다. 어렵지만 한번 도전해보자는 메시지를 지속적으로 던져주며 필요한 지원을 아끼지 말아야 한다. 물론 이러한 지원이 학습팀 멤버가 아닌 일반 구성원들과 비교해볼 때 형평성에 어긋나서는 안 된다. 성과가 무엇보다 중요한 기업환경에서 누군가의 성공을 지원하기 위해 가르쳐주고 이끌어주는 문화를 만드는 것이 쉬운 일은 아니다. 영업 극대화 전략 커뮤니티의 성공을 위해서는 고성과자들의 역할이 무엇보다 중요하

> "이 프로그램을 통해 팀원이 학습팀의 목표를 정말 온전히 자기의 것으로 생각하고 달성하려는 의지를 보았다. 이것은 너무나 중요한 메시지다. 목표를 본인 자신의 것으로 인식하고 있다면 이제 도달할 방법에 최선을 다할 것이기 때문이다. 목표의 자기동기화에 성공하면 이미 절반은 성공한 것이다."
>
> - 영업성과 전략 커뮤니티 스폰서

다. 학습팀이 조직되기 전에 우선 해야 할 것은 고성과자들을 진심으로 존중해주는 감정적인 공감이다. 당장의 금전적인 보상보다 그들이 보유하고 있는 지식과 경험이 소중한 자산임을 인정해주고 조직의 핵심인재로서 자신의 것을 기꺼이 나누어주는 것이 더 가치 있는 것임을 알려주는 것이다. 그들이 진정한 챔피언이라는 인식을 모두가 공감할 때 그들은 기꺼이 희생을 감수할 수 있다. 그리고 멤버의 헌신과 기여를 이끌어내는 역할은 스폰서의 가장 중요한 사명이다.

2) 영업성과 극대화 커뮤니티의 의미와 시사점

(1) 도제학습: 상호학습을 통한 지식공유의 힘

> "리더와 내 지역의 전략을 같이 분석하고, 가망고객을 분류하고, 동행 영업을 하면서 마치 멘토처럼 움직였다. 때로는 나의 문제점에 대해 개선하도록 가르쳤고, 본인이 직접 시범을 보여주었다."
>
> - 영업성과 전략 커뮤니티 멤버

영업성과 극대화 커뮤니티의 목적은 재무적인 성과달성을 목표로 하는 학습팀으로서 고성과자를 중심으로 단기간에 학습효과를 극대화하는 것이다. 전문가와 초보자(중·저성과자)가 함께 팀을 만드는 일종의 도제학습이며, 영업직무 종사자들이 상호학습을 통해 성과를 창출할 수 있도록 기획된 학습조직 사례이다. 중·저성과자는 고성과자가 학습시킨 내용을 주어진 기간 안에 실질적인 성과로 연결시키기 위해 실전처럼 연습해보고, 고객과의 영업현장 미팅에서 실행과 적용을 반복해본다. 학습기간 동안 참여자들은 고성과자와 팀원들의 조언으로 자신의 문제를 정확히 알게 되며, 그들의 노하우를 빠르게 습득할 수 있었다.

리더는 우선 본인 스스로 먼저 가지고 있는 지식을 모두 내놓고 솔직해져야 한다. 내 것을 먼저 공유하지 않는다면 팀원들 역시 기꺼이 마음을 열거나 헌신을 기대하기 힘들다. 학습팀들은 단기간에 영업성과를 극대화시킬 수 있는 다양한 전략을 세우며, 고성과자는 저성과자의 목표와 고객을 함께 분석하고 문제를 보완했다. 가장 인상적인 활동은 멘토와 멘티가 함께 고객사를 방문하는 동행 영업이었다. 이는 고성과자 또는 학습팀 멤버들이 저성과자나 영업에 어려움에 처한 다른 팀원을 위해 함께 고객사(社)를 방문하거나, 고성과자가 직접 시범을 보여주는 것이었다. 영업의 주요 성공 포인트와 핵심사항을 자신이 직접 보여주고 쉽게 따라 할 수 있도록 배려해주는 것이다. 고성과자들은 실제 저성과자의 영업 현장에 함께 방문해서 글로 보거나 들어서는 알 수 없는 암묵적 영업지식을 직접 고객과 대화를 통해 실천해보임으로써 체험적으로 전수할 수 있었다. 고성과자의 동행 영업은 형식적인 보여주기식 행위가 아니라 당장 주어진 성과를 달성해야 하는 영업 초보들에게 있어 무엇보다 소중한 시간이 된다.

여기서 주목해야 할 것은 영업성과 극대화 커뮤니티는 고성과자의 일방적인 지식전수 프로그램이 아니라는 점이다. 학습은 고성과자를

"영업사원으로 7년을 근무하면서 항상 나만의 방식이 최고라고 생각했다. 이 활동을 통해 누구에게라도 배울 것이 있음을 알았고, 생각이 완전히 바뀐 계기가 되었다. 업무공유를 하다 보면 이미 다른 지점에는 일반화된 방법이라도 우리에게는 새롭고 적용해볼 만한 사례였고, 결국 성과로 연결될 수 있었다."

"팀장님이 이것저것 지적하면서 실행하도록 강요할 때는 명령이나 지시로만 들렸다. 그러나 학습팀 동료가 충고가 아닌 제안과 자신의 성공사례를 공유했을 때는 '그래, 나도 한번 그렇게 해볼까?' 하는 생각이 들었다."

- 멤버의 활동 소감

중심으로 진행되지만 목표달성의 아이디어는 그들만 가지고 있는 것이 아니기 때문이다. 학습이 고도화될수록 중·저성과자들도 제안과 의견을 자유롭게 나누었으며, 이들의 다양한 아이디어의 충돌은 새로운 실행 아이템을 만들어내곤 했다. 혼자 고민하기보다는 함께 고민하고, 자신의 방식을 고집하기보다는 전향적인 자세로 다른 사람의 조언에 진심으로 귀 기울여 듣고 생각의 전환과 영업방식의 변화를 꾀하려 할 때, 기대 이상의 높은 성과를 달성할 수 있다.

(2) 혁신적인 영업성과: 탁월한 재무적 성과와 완벽한 팀워크

영업사원들의 역량 향상과 재무적 성과달성을 목표로 만들어진 영업성과 극대화 커뮤니티 프로그램의 결과는 실로 놀랄 만하다. 학습팀에 따라 조금씩 편차가 있었지만, 개인 영업목표 대비 '평균 20% 이상 달

C사(통신) 성과

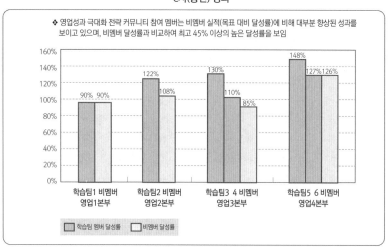

❖ 영업성과 극대화 전략 커뮤니티 참여 멤버는 비멤버 실적(목표 대비 달성률)에 비해 대부분 향상된 성과를 보이고 있으며, 비멤버 달성률과 비교하여 최고 45% 이상의 높은 달성률을 보임

J사(제약) 성과

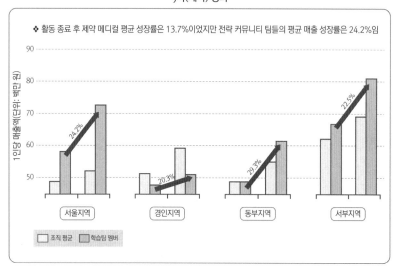

❖ 활동 종료 후 제약 메디컬 평균 성장률은 13.7%이었지만 전략 커뮤니티 팀들의 평균 매출 성장률은 24.2%임

144

"리더로서 나는 정말 한 것이 없다. 다만 자유롭게 이야기를 할 수 있는 마당[場]을 만들려고 노력했을 뿐이다. 우리 팀의 원칙은 아무리 사소한 아이디어, 제안이라도 소중하게 논의하자는 것이었다. 결과는 놀라웠다. 신입사원도 혁신적이고 참신한 많은 아이디어를 제안했고, 우리는 바로 실행했다."

- 리더의 성공 소감

성'이라는 놀라운 성과를 거두었다. 학습팀 중에는 팀원 평균이 무려 150%의 성과를 달성한 팀도 있었다. 영업성과 극대화 커뮤니티는 학습팀의 강점(소속감, 열정과 몰입, 멘토링, 목표의 자기동기화, 지식과 경험의 공유, 학습과 실행)을 단기간 발휘함으로써 폭발적인 성과를 일궈내었다.

영업성과 극대화 전략 커뮤니티에서 볼 수 있듯이 학습팀은 리더의 신뢰와 학습팀 참여자들의 열정이 서로 교차될 때 큰 힘을 발휘한다. 수평적인 리더십 아래 팀원 간 신뢰와 협력, 동료에 대한 믿음으로 완벽한 팀이 된다. '우리'라는 소속감이 형성될 때 최고의 학습팀이 만들어지며, 열정이 발휘되는 순간을 경험하게 된다. 혼자만으로는 자신의 한계를 넘을 수 없더라도 팀에서는 가능하다. 학습팀 멤버 모두는 할 수 있다는 의지와 도움으로 자신의 한계에 도전할 수 있었다. 고성과자의 지식전수, 팀원들의 목표달성에 대한 집념, 학습과 실행의 균형을 통해 놀랄 만한 성과를 보여주었다. 성과달성에 대한 압박, 신규 시장 창출 시도에 대한 부담이 있었지만 멤버들은 함께 어려움을 헤쳐나갔다. 학습팀을 성공적으로 이끈 팀들을 보면 적극적으로 팀워크 증진 활동에 참여하며, 그들만의 독특한 문화와 차별화된 경쟁력을 만든다는 것을 알 수 있었다. 단지 지식과 경험을 공유하는 차원을 넘어 목표달성을 위해 개인의 희생을 자처했으며, 필요한 시간과 자원을 아낌없이 제공했다. 이런 팀들에게 영업 노하우를 감추려고 하거나 저성과자이기 때문에 위축되는 모습은 볼 수 없다.

(3) 리더 육성 프로그램: 리더의 직접 경험

"리더가 왜 힘든지 알겠다. 목표달성을 위해 전략을 수립하고, 다양한 아이디어를 검토한 후 실행해보고, 팀원을 육성시켜야 하는 리더의 역할을 해본 소중한 경험이었다."

- 리더 활동 소감

"이 프로그램을 통해 막연히 알고 있던 구성원 중에 정말 리더로서 자격이 있는 사람이 누구인지 알게 된 계기가 되었다. 향후 리더가 되어야 할 사람은 반드시 이 활동에 참여하고 리더십을 보여주어야 한다."

- 영업본부장(스폰서) 활동소감

영업성과 극대화 학습팀은 또 다른 측면에서 차세대 리더를 육성하기 위한 리더 육성 프로그램으로 활용할 수 있다. 학습팀을 이끌고 있는 고성과자는 현재 조직의 리더는 아니지만 향후 리더 후보(Leader Successor)이면서 핵심인재(Talent Member)라고 할 수 있다. 이들은 영업부문에서는 탁월한 성과를 거두고 있는 고성과자이긴 하지만, 조직장(長)이 아니므로 팀원들을 이끌거나 실제로 팀을 운영해본 경험이 없었다. 리더십을 경험해보지 못한 상태에서 자신만의 리더십 철학과 원칙을 만든다는 것은 쉬운 일이 아니다. 학습팀 활동은 공식적인 팀조직은 아니지만 비공식 조직의 팀 리더로서 '리더십'을 간접적으로 경험해볼 수 있는 장점이 있다. 특히 리더로서 갖추어야 할 기본적인 매니지먼트 스킬 전반에 대해 학습할 수 있다. 예를 들면 목표 및 성과관리, 동기부여와 같이 향후 조직의 리더가 되었을 때 필요한 역량과 스킬을 실제로 경험해보는 것이다. 학습팀은 가장 이상적인 리더십이 발휘할 될 수 있도록 6~7명의 영업사원들을 한 팀으로 구성했다. 학습팀의 리더는 직접 이들 가상의 팀을 운영해보도록 했기 때문에 학습기간이 끝나고 소감을 물어보면 대부분 왜 리더가 어려운지에 대해 이해할 수 있었다고 말하곤 했다.

리더는 멀티플레이어(Multiplayer)가 되어야 한다. 지식을 전수하고 전략을 수립하는 것뿐만 아니라, 팀원들을 활동기간 내내 동기부여 시켜야 한다. 필요하다면 술자리, 문화활동 같은 비공식적 참여도 마다하지 않았으며, 성과달성의 의지를 다지기 위해 1박 2일로 워크숍도 실시했다. 어떤 방식으로든 서로가 끊임없이 이야기를 나눌 때 비로소 성과라는 열매를 얻게 된다. 리더십이란 나만 잘하면 되는 것이 아니라는 것, 스스로 역량을 보여주면서도 팀원들을 배려하는 따뜻한 마음이 필요하다는 것, 저성과자일지라도 포기하고 방치하는 것이 아니라 육성시키고 동등하게 기회를 주는 것 임을 배우는 것이다. 설령 학습팀 활동에서 자신의 '리더십'을 확실히 보여주지 못했다고 하더라도 향후 조직의 리더가 되었을 때 어떻게 리더로서 역량을 발휘해야 하는지 스스로 알 수 있는 계기가 되었다면 그것만으로도 훌륭한 '리더십' 경험이다.

2. 중국지역 전문가 액션러닝: 국내에서 중국을 이해하고 학습할 수 있도록 준비하라!

국내 최고의 식품제조업 및 외식 프랜차이즈 기업인 S그룹의 최근 화두는 해외시장 확대를 통한 글로벌 경영전략이다. 고령화에 따른 수요 위축, 치열한 경쟁업체의 난립으로 인해 국내보다는 성장하고 있는 중국에서 새로운 도약의 발판을 만들고자 고군분투하고 있었다. 중국시장에 대한 높은 관심은 자연스럽게 글로벌 사업 성공을 위해 반드시 필요한 지역전문가 육성의 요구로 이어졌다. 대부분의 해외진출 기업이 그렇듯이 경영환경이 근본적으로 다른 글로벌 지역에서 사업을 한다는 것이 결코 쉬운 일은 아니다. 현지에 성공적으로 진입하기 위해서는 무엇보다 시장의 차이에 따른 시행착오를 최소화할 수 있는 철저한 준비가 필요하다. 이것은 해외로 파견되는 개인에게 있어서도 마찬가지이다. 자신의 직무경험과 노하우가 국내와 동일하게 발휘될 수 있으려면 더 많은 사전준비와 노력이 필요하며, 직무전문성 이상의 새로운 역할과 역량이 요구된다. 글로벌 지역전문가 육성을 위해 가장 좋은 방법은 단기간 현지로 파견하거나 주재원으로 직접 중국에서 근무하면서 경험하도록 하는 것이다. 실제 자신이 근무할 환경에서 어려움을 헤쳐나가고 경험해보는 것만큼 좋은 교육은 없다. 그러나 교육만 하기 위해 현지에 직접 보내기에는 비용이 많이 소요될 뿐만 아니라

중국지역 전문가 액션러닝

분류	내용
중국지역 전문가 액션러닝	• 중국지역의 글로벌 파견대상자(Global Pool) 육성 • 중국과 주요 거점지역의 사업환경, 역사, 경제, 문화 전반에 대한 이해 향상
1. 과제영역/ 학습주제	• 중국의 주요 거점지역 관련 사업 과제 　– 중국 주요 지역으로 팀을 세분화하여 팀과제 수행 　　지역별 음식문화, 기업가 성공기, 지역별 상관습 및 문화(풍습 및 축제) 연구, 국내에서 유통되는 중국 지역별 제품(Made in China) 탐방 등 　– S그룹 관련 비즈니스 관점의 지식과 적용 포인트 발표 　　지역별 상관습 및 역사/정치/경제/사회/문화/인물/이슈/최근 주요 사건
2. 멤버구성	• 중국에 대한 높은 이해가 요구되는 구성원으로 선발 　– 그룹 내 글로벌 파견대상자 • 중국의 핵심지역별로 총 5개팀으로 구성: 팀당 4~5명으로 구성 　– 1팀(베이징): 北京烤鴨(베이징 카오야) 　– 2팀(사천성): 大熊貓(따슝마오) 　– 3팀(광동성): 廣府人(광푸인) 　– 4팀(상하이): 阿拉上海人(알라 상하인) 　– 5팀(산동성): 泰山之氣(태산지기)
3. 성과목표	• 지역별 심층연구 발표 및 학습성취도 평가 　– 개인평가(지필시험): 중국에 대한 기본적인 이해와 지식 평가 　– 팀평가(과제발표): 중국 주요 지역에 대한 세부연구, 조사 및 발표
4. 운영방법	• 구조화된 프로세스: 총 3개월[매주 전문가 강의(주 1회) + 팀학습(주 1회)] 　– 개인학습: 중국에 대한 기본적인 이해 증진을 위해 분야별 도서, 동영상, 보고서, 자료 등을 제공, 자기주도학습 실시 　– 전문가 강의: 심층적인 지식습득을 위해 중국의 분야별 강의 및 전문가가 직접 팀별로 학습주제 제시 　– 팀과제 발표: 해당 주제에 대한 팀조사 결과 공유, 전문가가 팀 발표를 청취한 후 피드백
5. 스폰서십	• 위임형 스폰서십 　– 학습 모니터링과 간담회를 통해 학습팀의 애로사항에 대한 해결 및 지원 　– 과정 종료의 축하와 향후 지속적인 학습을 독려하는 메시지 전달

육성해야 할 대상도 너무 많다.

중국의 현지 전문가들이 공통적으로 하는 이야기는 다음과 같다. "지역에 대한 이해와 이를 통한 사업의 기회는 자신이 알고 있는 것만큼 보이게 마련이다. 글로벌 지역에서 사업을 하려면 기초적인 것부터 충분히 준비되어 있어야 하며, 해당 지역에 대한 정보와 지식을 가지고 있을수록 더 많이 관심을 가지게 된다. 기업이 현지에 뿌리 내리고, 새로운 기회를 사업으로 연결시키기 위해서는 최소한의 지식과 간접경험이 선행되어야 한다. 그렇지 않다면 반드시 그 이상의 비용을 지불해야 한다. 이를 위해 **주재원으로 파견 예정인 대상자들에게 가장 필요한 교육은 해당 국가의 '언어와 지역에 대한 이해'라고 할 수 있을 것이다.**" 언어의 경우 (파견지역이 중국이므로) 국내에서도 다양한 학습경로와 교재를 활용함으로써 본인 수준에 맞는 교육과정을 이수하거나 자기학습이 가능하다. 반면 지역마다 다른 식생활과 문화적 차이, 상관습 및 정책 같은 비즈니스에 필요한 세부적인 지식들은 개인이 혼자 배운다는 것이 쉽지 않다. 글로벌 파견 대상자들은 일반적으로 기업이 원하는 업무역량은 이미 갖추고 있다. 이들에게는 업무지식보다 파견될 '지역에 대한 이해'가 무엇보다 중요하다.

중국지역 전문가 액션러닝 과정의 목적은 해당 글로벌 지역(중국)을 방문하지 않고, 가용 가능한 모든 학습자원(전문가 강의, 2차 자료를 통한 연구 및 조사, 인터뷰 등)을 활용하여 국내에서 현지에 대한 이해와 지식을 습득시키는 데 있었다. 국내에서 본인의 업무를 수행함과 동시에 파견 예정인 글로벌 지역에 대한 지역별·분야별 이해뿐만 아니라, 트렌드와 소비패턴 등과 같은

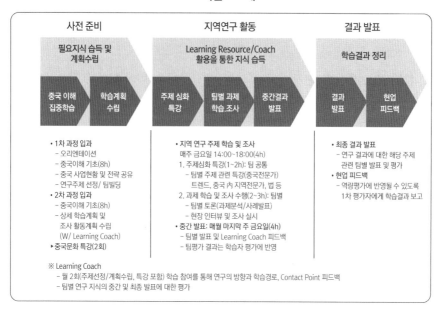

학습프로세스

사전 준비	지역연구 활동	결과 발표
필요지식 습득 및 계획수립	Learning Resource/Coach 활용을 통한 지식 습득	학습결과 정리
중국 이해 집중학습 / 학습계획 수립	주제 심화 특강 / 팀별 과제 학습.조사 / 중간결과 발표	결과 발표 / 현업 피드백

- 1차 과정 입과
  - 오리엔테이션
  - 중국이해 기초(8h)
  - 중국 사업현황 및 전략 공유
  - 연구주제 선정/팀빌딩
- 2차 과정 입과
  - 중국 이해 기초(8h)
  - 상세 학습계획 및 조사 활동계획 수립 (W/ Learning Coach)
- ▶중국문화 특강(2회)

- 지역 연구 주제 학습 및 조사
  매주 금요일 14:00~18:00(4h)
  1. 주제심화 특강(1~2h): 팀 공통
     - 팀별 주제 관련 특강(중국전문가) 트렌드, 중국 內 지역전문가, 법 등
  2. 과제 학습 및 조사 수행(2~3h): 팀별
     - 팀별 토론(과제분석/사례발표)
     - 현장 인터뷰 및 조사 실시
- 중간 발표: 매월 마지막 주 금요일(4h)
  - 팀별 발표 및 Learning Coach 피드백
  - 팀평가 결과는 학습자 평가에 반영

- 최종 결과 발표
  - 연구 결과에 대한 해당 주제 관련 팀별 발표 및 평가
- 현업 피드백
  - 역량평가에 반영될 수 있도록 1차 평가자에게 학습결과 보고

※ Learning Coach
 - 월 2회(주제선정/계획수립, 특강 포함) 학습 참여를 통해 연구의 방향과 학습경로, Contact Point 피드백
 - 팀별 연구 지식의 중간 및 최종 발표에 대한 평가

문화까지 학습함으로써 해당 지역 파견 시 빠른 현지적응과 이해를 도모하고자 기획되었다. 온라인 및 오프라인 학습, 개인 및 팀학습 등 다양한 학습경로를 모두 활용하는 동시에 액션러닝(AL) 방식의 팀과제를 함께 수행하도록 했다. 학습은 4가지 방향에서 진행되었다.

첫째, 중국에 대한 기초적인 지식습득이 필요하다고 판단되는 분야(정치/경제/사회/문화/이문화/그룹 진출 현황)를 선정하여 매주 월요일 각 분야의 해당 전문가 특강을 실시했다.

둘째, 매주 전문가 강의가 끝날 때는 해당 분야 전문가는 팀학습을 위해 학습팀에게 과제를 부여했다. 학습팀은 대략 1~2주 동안의 팀학습 및 과제수행의 시간을 통해 과제발표를 준비한다. 과제발표 시에는 다시 해당 분야의 전문가가 다시 참석하여 직접 워크숍을 진행함으로써 수행된 과제를 심층적으로 논의하고 피드백을 해주었다.

셋째, 팀학습과 함께 개인별로 과제를 부여함으로써 개인학습과 팀학습을 분리했다. 분야별 전문가가 제시한 연구주제는 팀학습으로 진행했다면, 이후 해당 분야의 참고자료 또는 도서를 제공한 뒤 느낀 점과 시사점을 정리하는 것은 개인학습 과제였다. 아울러 중국과 관련된 정보와 외부 강의들은 온라인을 통해 동시에 학습하는 블렌디드 러닝(Blended Learning) 방식을 병행했다. 정치, 사회, 경제, 대중문화와 같이 중국지역의 이해를 돕기 위한 기반지식은 개인별 과제로, 중국에 대한 세부적인 이해를 필요로 하는 주제는 팀학습을 실시했다.

마지막으로는 팀별로 중국의 세부 지역을 학습하고 연구한 내용을 비즈니스 관점에서 새로운 사업 기회를 탐색하고 적용할 수 있는 시사점을 도출하여 발표하도록 했다. 학습팀원들의 소속 회사에서 중국 진출을 위해 고민하고 있는 과제를 직접 가져와 함께 문제를 해결해보도록 했다.

중국은 4개의 직할시(直轄市)와 22개의 성(省), 5개의 자치구(自治區)로 이루어진 거대한 국가이다. 하나의 성이 곧 국가라 할 정도로 시와 성에 따라 사람들의 기질과 문화적 특성들이 다양하다. 이런 중국을 하나의 국가로만 분류하여 이해하고 시장 진출전략을 수립한다는 것은 대단히 위험하다는 것이 전문가들의 견해였다. 따라서 중국을 세부지역으로 나누어 해당 지역에 대한 심층 연구를 팀에서 맡도록 했다. 팀은 중국의 대표도시인 베이징, 상하이와 서부의 대표도시 사천성, 남부의 대표도시 광동성, 동부의 대표도시 산동성으로 편성하여 세부적인 연구가 진행될 수 있도록 했다. 물론 이들 지역은 모두 S그룹이 진출해 있는 곳이다.

　중국지역 전문가 액션러닝의 팀원으로 참여하기 위해서는 자발적인 의지보다 본인들이 실제 해외로 얼마나 빨리 파견되느냐가 더 중요했다. 팀원 중에는 빠른 시간 내에 중국으로 파견될 사람도 있었으나, 글로벌 후보(Global Pool)에만 있을 뿐 언제쯤 파견될지 정확하게 모르고 있는 경우도 있었다. 파견이 결정된 사람은 그렇지 않은 사람들에 비해 동일하게 학습팀에 참여하더라도 참여동기와 의지, 몰입도가 높을 수밖에 없다. 참여동기와 의지는 개인학습에서보다는 팀학습으로 이동, 전개될 때 더 크게 영향을 미친다. 멤버 간에 '학습동기의 차이'로 인한 영향력을 줄이기 위해 학습지원조직은 파견 전 사전학습의 중요성을 강조하고, 학습에 임하는 자세와 인식 전환에 많은 정성을 기울여야 했다. 이를 위해 실제 학습자가 중국에 파견되었을 때 어떤 비전과 목표를 가져야 하는지도 교육과정에 포함시켰다. 이처럼 학습

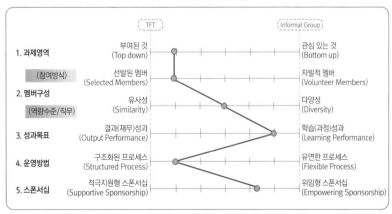

중국지역 전문가 액션러닝

	TFT							Informal Group
1. 과제영역	부여된 것 (Top down)							관심 있는 것 (Bottom up)
(참여방식)	선발된 멤버 (Selected Members)							자발적 멤버 (Volunteer Members)
2. 멤버구성								
(역량수준/직무)	유사성 (Similarity)							다양성 (Diversity)
3. 성과목표	결과(재무)성과 (Output Performance)							학습(과정)성과 (Learning Performance)
4. 운영방법	구조화된 프로세스 (Structured Process)							유연한 프로세스 (Flexible Process)
5. 스폰서십	적극지원형 스폰서십 (Supportive Sponsorship)							위임형 스폰서십 (Empowering Sponsorship)

팀 참여자들의 학습동기가 다르고 학습수준이 다를 경우 학습환경 조성에 더 많이 관심을 가져야 한다.

1) 학습팀 플래닝 믹스 전략: S그룹(식품제조업 및 외식 프렌차이즈)

(1) 과제영역

중국지역 전문가 액션러닝의 과제 및 목표, 학습주제 및 학습자원에 관한 일체의 것은 학습지원조직이 직접 부여했다. 학습자들이 중국에 대해 잘 알고 있거나 향후 중국에서의 비즈니스가 학습자 본인의 직무 또는 비전과 일치되었다면 활동 시작 전 학습의 방향과 목표를 충분히 협의하거나 조정할 수 있었을 것이다. 그러나 학습자들이 중국에 대해 기초지식과 이해가 높지 않기 때문에 학습지원조직이 과제를 부여할 수밖에 없었다. 아울러 지식습득의 실천적 경험, 경험으로부터의 성찰을 반복함으로써 단기간 육성을 효과적으로 수행할 수 있는 액션러닝(AL) 방식의 틀을 가져오는 것이 바람직하다고 판단했다.

우선 앞서 언급했듯이 중국 내 주요 지역으로 팀을 세분화하여 팀 과제를 수행하는 것을 원칙으로 했다. 연구주제는 중국 근현대사와 변화, 정치 체계, 사회주의 시장경제, 지역별 상관습 및 문화(풍습 및 축제), 중국기업가 연구 등 중국을 이해하기 위한 일반적인 주제와 국내에서 유통되는 중국 지역별 제품(Made in China)에 대한 탐방, 차/술/식문화 및 접대문화의 이해를 위한 지역별 음식문화 체험과 같이 실천적 경험이 가능한 주제에 이르기까지 포괄적인 내용을 다루었다. 과제는 매주 제시되고 팀원들은 서로 역할을 나누어 과제를 해결하는 방식을 반복했다.

최종 과제에 대한 발표는 두 가지로 나누었다. 우선 중국 관련 지식을 망라하여 그동안 배운 내용을 기반으로 S그룹과 관련된 비즈니스 관점에서 새로운 지식과 적용 포인트를 발표했다. 각 팀은 본인 팀이 맡은 지역의 세부적인 정보(지역별 상관습 및 역사/정치/경제/사회/문화/인물/이슈/최근 사건)를 포함하여 최종 결과로 발표함으로써 향후 해당 지역에 대한 세부적인 정보를 필요로 하는 액션러닝 팀 혹은 비즈니스 관련자들이 볼 수 있도록 자료화했다. **가장 중요한 최종 과제는 소속 회사에서 중국 진출을 위해 고민하고 있는 과제를 학습팀 과제로 채택했다.**

학습주제는 내·외부 중국 전문가의 의견을 반영하여 매주 선정했으며, 그들을 러닝코치로 활용했다. 외부 전문가의 경우 중국에 대한 깊은 통찰력과 다양한 타사 사례를 소개해 주었으며, 내부 전문가는 해당 산업과 진출 지역에 대한 깊은 이해를 바탕으로 주제와 깊이를 조정해줄 수 있었다. 중국지역 전문가 액션러닝은 팀이 수행해야 하는 과제 또는 학습주제를 스스로 결정할 수 있는 폭이 그리 넓지 않았다. 매주 수행해야 할 학습주제 역시 구조화되어 있어 정해진 커리큘럼에 따라 학습하도록 했다. 그러나 학습의 방향과 주제를 정해준다고 해서 학습팀 스스로 찾아야 할 지식의 깊이와 폭까지 정해주는 것은 아니다. 결국 과제는 학습팀 팀원들이 직접 완성해야 한다.

(2) 멤버구성

S그룹의 경우 글로벌 진출에 필요한 대상인원을 핵심인재처럼 일정 규모의 파견 후보(Global Pool)를 선정해놓고 별도로 관리하고 있다. 글로벌 후보들은 개인의 의지보다는 기업의 필요에 의해 선정되므로 각 사(社)에서 육성이 필요하다고 판단되는 인원이 자연스럽게 학습팀의 멤버로 구성될 수밖에 없었다.

학습팀 멤버는 한 팀을 4~5명으로 구성했고, 팀을 구성할 때 학습자 본인의 관심분야와 관심지역을 스스로 선택했다. 본인이 파견될 지역을 미리 학습할 수 있도록 최대한 개인의 의견을 반영했다. 아울러 본인이 속한 기업의 이슈에 부합하는 주제, 즉 향후 기업이 진출할 가능성이 높은 중국 내 거점지역을 학습팀 과제와 묶어줌으로써 학습몰입도를 높일 수 있도록 했다. 중국의 핵심지역 5곳을 선정하여 한 개 지역을 한 팀이 담당하도록 했으며, 팀원들은 자신들이 맡은 지역을 보다 깊이 있고 심층적으로 연구조사하고 발표함으로써 이해를 높일 수 있었다. 또한, 각각의 팀 이름은 지역을 대표하는 상징적인 의미를 부여했다.

- 1팀(베이징): 北京　鴨(베이징 카오야)
- 2팀(사천성): 大熊　(따숑마오)
- 3팀(광동성): 廣府人(광푸인)
- 4팀(상하이): 阿拉上海人(알라 상하인)
- 5팀(산동성): 泰山之氣(태산지기)

팀원들을 구성할 때 관심지역과의 연계와 더불어 중요하게 생각했던 것은 '중국어'를 어떻게 극복할 것인가에 관한 것이었다. 팀원들 중에는 중국어를 전혀 이해하지 못하는 학습자들이 있었으며, 이 경우 과제를 해결할 때 제한된 정보를 가지고 접근할 수밖에 없는 한계를 가지고 있었다. 이를 위해 팀원을 구성할 때 중국에 대한 이해가 높고, 중국사업에 대한 비전을 가지고 있는 학습자들을 의도적으로 팀마다 1~2명씩 배정했다. 이들은 중국어에 능통하거나 중국어를 지속적으로 학습하고 있었기 때문에 자료 검색과 해석에 어려움이 없었으며, 전체 팀원의 학습수준을 끌어올리고 팀 활동에 활력을 불어 넣었다. 이들의 또 다른 중요한 역할은 내부 러닝코치였다. 활동기간 동안 내부 러닝코치로 육성되어 마지막 과제를 수행할 때는 최종 과제를 더 깊이 있게 탐구할 수 있도록 미션을 부여받았다.

최종 과제를 수행하는 마지막 기간 동안에는 팀을 결속시키기 위한 방법으로 학습팀의 리더를 별도로 선정하여 활동이 종료되더라도 지속적인 만남을 통해 필요한 정보와 지식을 연결해줄 수 있도록 역할을 부여했다. 각 팀의 리더들을 중심으로 정기적인 모임을 주관하여 중국을 연구하는 네트워크 공동체를 형성하도록 한 것이다.

(3) 성과목표

앞서 우리는 학습팀 활동의 참여자들이 과제에 대한 이해가 낮고, 결과(Output)에 대한 압박이 클 경우 과정에 충실하기보다는 최종 성과에 더 관심을 갖고 몰입하게 된다고 언급했다. 이런 점에서 **중국지역**

전문가 액션러닝은 무엇보다 성과 때문에 학습의 본질을 잊어버리지 않도록 주의를 기울였다. 학습자들에게도 학습성과만 반복적으로 강조했으므로 학습팀에 참여하거나 본인 업무와 학습과제를 병행하는 것에 크게 부담이 없도록 했다. 최종 평가자(스폰서)와 협의를 통해 중국지역에 대한 이해 제고와 지식습득이 목적임을 분명히 했고, 과제를 부여하더라도 온전히 학습성과 관점에서만 평가하도록 했다. 학습팀의 최종 과제가 불가피하게 전략 보고서의 형태이긴 하지만, 학습과정을 통해 심도 깊게 연구하고, 직접 체험한 결과들이 자신의 업무에 어떤 영향과 의미가 있었는지를 찾아보는 것이 더 큰 목적이었다. 최종 과제의 경우 소속 회사에서 직접 가져온 것이었으므로 문제의 해결방안과 적용의 아이디어는 (학습자들의 부담을 덜어주기 위해) 별도의 발표 없이 해당 부서에서만 공유하도록 했다.

결과성과에 대한 눈높이와 기대수준은 참여자와 러닝코치 또는 퍼실리테이터, 학습지원조직의 행동에 영향을 준다. 참여자가 재무적 성과를 도출해야 한다면 그 순간 학습의 눈이 아닌 성과의 눈을 가지고 보게 된다. 전략 커뮤니티처럼 일정 수준 이상의 직무 전문성이 있는 경우라면 도전적 성과를 목표달성과 과정을 통해 학습효과를 기대할 수 있지만, 액션러닝의 참석자들처럼 기본 지식 자체가 부족하다면 성과지향적 목표는 오히려 역효과를 가져올 수 있다. 빠른 결과 도출을 위해 필요한 역량을 집중시키다 보면 학습에는 반드시 필요하나, 성과에 영향을 미치지 않는 학습요인들을 스스로 제거해버린다. 러닝코치(Learning Coach) 또는 퍼실리테이터(Facilitator) 역시 직접적으로 성과에 영향을 미치는 학습자원과 방법에 대해 우선적으로 지원하려고 할 것이다.

중국지역 전문가 액션러닝 과정은 학습자들의 체험적 학습, 과제 수행과 전문가 피드백을 통해 팀 스스로 수행한 과제를 점검 받는 일련의 과정 자체가 평가이다. 물론 학습성과를 우선 고려한다고 해서 발표자료를 작성하기 위한 자료조사와 과정이 소홀한 것은 아니다. 오히려 명확한 성과결과를 보여줄 수 없기 때문에 평가의 기준을 엄격히 해야 하며, 더 다양한 학습효과에 대한 증거들을 보여주어야 한다. 개인평가(습득된 지식에 대한 지필평가), 팀학습을 통해 기여한 정도에 대한 동료평가(Peer Assessment)와 팀과제평가(타 팀 평가 및 경영진에 대한 발표 평가) 수행을 통해 참여자들에게 학습몰입에 필요한 긴장을 주었다. 팀별 과제는 최종 산출물에서 기대하는 기준을 엄격하게 제시했으며, 팀 스스로 창조적인 아이디어와 제안을 만들어내도록 했다. 3개월 동안 개인학습, 전문가의 강의, 팀학습을 통해 배운 지식을 바탕으로 비즈니스 관점의 지식 및 적용 포인트를 본인이 속한 기업의 사업과 연관시켜 봄으로써 다양하고 의미 있는 아이디어와 지식들이 도출될 수 있도록 했다.

(4) 운영방법

학습팀 운영방법은 구조화된 프로세스로 설계했다. 과제영역에서처럼 학습형태 역시 학습자들이 수행과제에 대한 전문성이 낮고, 다양한 부문의 직무수행자들이 참여하고 있기 때문에 전략 커뮤니티(SCoP)보다는 액션러닝(AL) 방식이 적합했다. 매주 월요일은 내·외부 전문가를 초청하여 해당 주제에 대한 특강(3시간)을 마련했다. 특히 외부 전문가 강의는 S그룹에서 중국에 관심이 있는 사람들이라면 누구나 들을 수 있도록 개방했다. 외부 전문가는 강의를 마치고, 학습팀에게 별도로 팀학습을 통해 연구해야 할 주제를 제시했다. 학습팀들은 매주 1회 모여 해당 주제에 대한 역할 분담과 발표준비를 했으므로 내용은 팀 토론을 통해 더 구체화되거나 추가적인 조사로 이어질 수 있었다. 주제의 난이도와 범위에 따라 1~2주에 걸쳐 연구 및 조사에 필요한 시간을 주었고, 팀 과제는 해당 분야 전문가를 다시 방문해 팀 발표를 듣도록 했다. 팀 과제는 학습팀 멤버들만을 대상으로 공유했으며, 발표가 끝나면 그 자리에서 바로 전문가의 피드백을 받았다.

중국지역 전문가 액션러닝은 일반적인 정규교육과정과 동일한 형태의 학습 프로그램으로 설계했다. 주 2회 진행되는 학습은 정식 커리큘럼의 입과 형태로 참여하므로 과정수료의 기준이 된다. 매주 진행되는 과제와 도출해야 하는 과제를 구체적이고 상세하게 제시하고, 다양한 학습자원을 제공해주었다. 개별 모듈이 종료될 때에는 팀이 배운 것을 성찰의 시간을 통해 다시 한 번 공유하도록 했다. 중국지역 전문가 액션러닝의 특징은 일반적인 교수학습과 체험학습, 개인학습과 팀학습을 적절히 조화시킨 데 있다. 학습자에게는 전문가의 교수학습을 통해 전문지식을 전달하고, 팀에게는 스스로 연구하고 학습을 주도할 수 있는 권한을 더 많이 부여했다.

만약 누군가가 중국지역 전문가 액션러닝과 유사한 학습팀을 자신의 기업에 도입한다고 가정해 보자. 경영진이라면 학습팀에게 어떤 기대와 목표를 가지고 있을까? 아마도 대부분의 경우 성과지향적인 과제를 수행하도록 요구하지 않을까. 중국이라는 넓고 낯선 지역에 진입하기 위해 필요한 지식과 정보, 중요한 의사결정에 기여할 수 있는 좋은 기회가 될 수 있기 때문이다. 학습팀이 이처럼 성과지향적으로 운영된다면 우리가 살펴 본 사례와는 다르게 (학습지원조직은) 전략과 운영 프로세스 전반에 걸쳐 좀 더 공격적인 접근을 해야 할 것이다. 과정 초기에 학습자원을 최대한 지원해야 하며, 시간적 제한과 한정된 자원을 감안해 볼 때 과제해결과 관련된 실질적인 도움을 제공할 수 있어야 한다. 필요하다면 국내외 전문가 섭외 뿐만 아니라 실질적인 시장조사를 위해 중국에 직접 방문하는 것도 방법이다. 해당 국가에 대한 이해 수준으로 머물지 않고 진출 예정지역에 대한 신시장 전략 또는 기존 사업의 확장관점에서 필요한 가시적 성과를 도출해야 할 것이다. 연구조사 방법, 과제선정 및 멤버구성에 있어서도 보다 정교한 설계가 필요하다.

(5) 스폰서십

스폰서십은 학습자 스스로 많은 것을 결정할 수 있도록 위임하는 유연한 방식을 선택했다. 스폰서의 역할은 학습팀원들이 학습과 성과 창출에 몰입할 수 있는 환경을 제공하는 것이었다. 스폰서를 통해 참여자들이 학습에 즐겁게 참여하고 많은 것을 경험할 수 있는 기회가 될 수 있음을 강조하도록 했다. 또한 학습의 장애와 어려운 점이 있는지 여부를 체크하여 이를 해결해주는 이른바 조력자로서만 기여하도록 했다. 스폰서는 과정이 진행되는 동안 학습의 중요성을 수시로 이야기할 수 있도록 학습 모니터링과 간담회를 통해 애로사항을 듣고 필요한 지원을 아끼지 않았다. 본 과정은 최종 평가자와 스폰서가 동일했으므로 스폰서는 활동 종료시점의 결과발표에 참석하여 과정 종료의 축하와 향후 지속적인 학습을 독려하는 메시지를 직접 전달했다.

앞서 학습팀 운영방법에서처럼 학습팀의 목표가 성과지향적일 경우 스폰서십의 역할은 바뀌어야 할 것이다. 위임형보다는 적극지원형 스폰서십이 바람직할 것이다. 물론 스폰서십의 성격이 성과지향성 여부에 따라 결정되는 것은 아니지만 학습팀이 성과지향적일수록 구조화된 프로세스와 성과창출에 몰입할 수 있는 스폰서의 지원이 필요하다. 우선 스폰서의 선정과 역할부터 달라져야 한다. 스폰서를 중국지역 전문가로 선정하여 학습팀이 겪을 수 있는 시행착오를 줄이고, 과제의 방향을 명확히 제시할 수 있어야 한다. 아울러 과제해결에 필요한 인적·물적 자원을 충분히 빠르게 제공할 수 있어야 한다. 스폰서(지역전문가)는 결과의 성공을 위해 지속적으로 개입할 것이고, 스폰서 본인이 가지고 있는 지식과 필요한 자원을 적극적으로 제공해야 할 것이다. 스폰서는 단지 조력하는 역할이 아닌 적극적인 참여자가 되어야 한다. 결과적으로 스폰서는 최종보고 시 본인의 의사결정 참여와 기여의 폭만큼 학습팀을 보호하는 역할을 수행하게 된다.

2) 중국지역 전문가 액션러닝의 의미와 시사점

(1) 창의적인 접근의 학습방법: 국내에서 학습하는 중국, 중국인

중국지역 전문가 액션러닝의 차별화된 장점은 학습시간과 공간의 창의적인 활용을 통한 '팀 기반의 체험학습'으로 요약할 수 있다. 가능하면 국내에서 주제별로 중국의 모든 것을 학습하도록 기획함으로써 글로벌지역에 대한 이해를 심화시킬 수 있도록 했다. 일반적인 학습방법처럼 단지 자료만 연구하고 팀별로 정리한 뒤 발표에 그친다면 깊이 있는 학습이 되기가 어렵다고 판단했다. 실제로 과정이 끝나고 학습자들은 무엇보다 직접 체험해볼 수 있는 시간이 가장 인상적이었다는 긍정적인 평가를 해주었다.

예를 들어, '식(食)문화에 대한 주제'를 학습하기 위해 다음과 같이 진행했다. S그룹은 외식산업이 이미 중국에 진출해 있고, 중국 내 더 많은 시장으로 확대하려 하고 있다. 따라서 중국인들의 외식습관, 시장규모는 물론 지역별로 음식문화와 맛의 차이를 파악하는 것이 중요하다. 사천성 연구 학습팀은 국내 사천요리 전문점을 수소문해 방문한 후, 실제 사천성 지역의 음식과 술을 시음해볼 수 있도록 했다. 자료를 통해 지역 특성을 조사한 후 사천요리의 맛에 대한 경험을 통해 왜 사천 지역에서 매운 음식이 발달할 수밖에 없었는지에 대한 역사적 · 지리적 배경을 학습하고 몸소 체험해보는 것이다. 가능하면 전문 요리사와의 인터뷰를 통해 음식의 특징에 대해 직접 설명을 듣도록 했다. 아울러 본인이 연구한 지역에 자사가 외식 비즈니스로 진출하게 된다면 어떤 차별적인 경쟁력을 가질 수 있는지에 대한 것도 함께 논의하도록 했다. 또한, S그룹 내 기존 진출기업의 사례가 있다면 과거에 어떤 성공 및 실패사례가 있었는지에 대해서도 함께 조사하도록 했다. 조사가 끝난 후에는 '연구 발표'가 단지 형식적인 보고만으로 그치지 않도록 실습을 병행했다. 현장에서의 느낌과 경험을 학습자가 최대한 생생하게 기억할 수 있도록 실제로 요리를 해볼 수 있는 시간을 마련했다. 중국 요리 전문가를 직접 초빙하여 중국의 대표적인 요리를 학습자들이 모두 함께 직접 만들어보게 한 것이다. 학습팀이 스스로 연구 및 조사, 경험, 실습을 병행한 학습과 교실에서 듣기만 했던 학습과는 비교할 수 없는 차이가 있을 것이다.

두 번째로 '제품(Product)과 지역에 대한 이해'를 위한 팀학습 사례는 다음과 같다. 지역에 대한 이해를 돕기 위해 국내에 있는 세부 지역별 생산제품(Made in China)을 직접 찾는 것이 과제였다. 사전조사를 통해 그 지역에서 생산되는 제품이 있는 곳으로 직접 발품을 팔아 조사하도록 했다. 해당 지역 생산 제품은 어떤 경로를 통해 국내로 들어오는지, 주로 수입되는 품목은 어떤 것인지를 찾아다니게 했다. 예를 들어, 경공업과 중공업 중심도시인 상하이 지역의 공장에서 생산된 경공업제품을 직접 국내에서 찾아보고 얼마나 많은 상품들이 국내시장을 점유하고 있는지도 알아보게 했다. 이후 해당 지역이 특정 제품을 생산하게 된 역사적인 유래와 산업구조에 대한 조사를 통해 제품과 산업, 지역에 대한 이해를 동시에 높일 수 있었다. 중국의 주요 지역에 대한 역사적인 배경과 산업구조뿐만 아니라 상관습, 상인 및 지역 거주자의 특징 등에 대한 조사도 함께 이루어졌다. 조사한 내용에 대해서는 전문

사천성

사천지역은 덥고 습하여 매운 요리 성행

- 악천후를 이겨내기 위해 자극적 향신료 사용
- 한국사람이 좋아하는 매운맛과는 차이가 있음(한국사람의 입맛에는 후난성의 매운맛이 어울림)

상하이

일찍이 명나라 때 면방직이 발전했으며, 20세기 초 최대 경방직 도시였다.

- 신중국 건설 이후 전국 최대 규모의 종합 공업 생산기지로서 공업 총 생산액이 농공업 총 생산액의 87%를 차지하여 전국 각 성과 직할시 및 자치구를 통틀어 1위이다.
- 경공업과 중공업의 비중은 46 대 54이다. 경방직공업은 탄탄하게 발전하고 있으며, 뛰어난 품질과 다양한 메이커로 전국에 판매되며, 대량으로 해외에 수출된다. 시 전체의 수출구조에서 경방직 제품이 차지하는 비중은 60%에 이른다(2010년 기준).

가의 피드백을 통해 지역별 특성에 따른 노동환경의 차이, 선호하는 제품에 따른 잠재적 시장의 가치까지도 연구와 토론의 대상이 되었다.

이와 같은 체험학습 사례는 학습지원조직이 연구하고 고민할수록 더 세밀하게 설계할 수 있다. 중국지역 전문가 액션러닝에서 학습의 공간과 시간은 크게 제약을 두지 않았다. 중국에 대한 시장조사를 반드시 중국에서 해야 한다는 고정관념을 버린다면 창의적인 대안을 찾을 수 있을 것이다. 학습팀은 최종 과제를 수행하면서 보다 다양한 방법들을 시도했는데, 국내에 거주하고 있는 중국의 시 또는 성 출신의 학생, 주재원 등을 대상으로 직접 인터뷰를 한다거나 설문을 통해 연구 결과의 완성도를 높여갈 수 있었다. 학습자가 더 적극적으로 참여하고 주도적으로 탐구할수록 실행 아이디어는 더욱 풍성해진다.

(2) 인맥지도 만들기: '중국' 내·외부 전문가의 실질적 네트워크 형성

중국지역 전문가 학습팀은 액션러닝 방식을 기반으로 중국 전문가 육성을 목적으로 시작되었다. 서로 다른 직무 종사자들이 중국과 관련된 주어진 과제를 함께 해결해나간다는 점에서는 액션러닝임과 동시에 '중국'이라는 동일한 관심사를 공유하며 지식을 호혜적으로 나눈다는 점에서는 전략 커뮤니티로도 볼 수 있다.

학습팀의 주요 설계 포인트는 중국에 대한 지식의 습득과 더불어 사내·외의 중국 전문가들과 네트워크를 형성해주는 것이어야 한다. 중국 전문가는 해당 분야에 대한 수많은 다른 중국 관련 전문가와 연결되어 있다. 학습하는 동안 친분이 쌓인 수많은 전문가들은 문제를 해결할 올바른 경로와 방법을 제공해줄 수 있다. 향후 학습자에게 도움을 줄 수 있는 이해관계자(Stakeholder) 또는 주요 인물(Key Person)과 가까이 있을 가능성도 높다. 과제가 종료되더라도 지속적으로 도움을 주고받을 수 있는 것은 단지 전문가만이 아니다. 국내에서 함께 과제를 수행하면서 친분을 쌓은 학습자야말로 튼튼한 인맥이며 연결고리이다. 그룹 내 중국과 관련되어 있는 학습자들이 서로의 존재를 알고 있는 것만으로 향후 도움을 주고받을 수 있는 또 다른 중요한 네트워크가 된다. 실제로 중국지역 전문가 액션러닝은 학습팀이 끝난 이후에도 정기적으로 만남을 지속하면서 관계를 형성했다. 그룹 내 전문가와의 교류, 외부 전문가와 네트워크 구축 및 학습 커뮤니티로 이어지는 일련의 활동은 학습의 종료와 함께 끝나는 것이 아니라 향후 네트워크 형성과 인맥 활용을 위한 기회가 되어야 한다. 이처럼 **학습지원조직은 학습팀을 설계할 때 단기적인 학습만을 목적으로 기획해서는 안 된다. 학습이 종료되더라도 학습이 지속될 수 있도록 다양한 형태의 방법과 제도를 마련할 필요가 있다.**

중국지역 전문가 액션러닝 같은 학습팀은 자발적으로 참여하는 '학습 커뮤니티'로 활성화시키거나 중국에 관심이 있는 일반 구성원들이 자유롭게 참여할 수 있도록 기회를 확대한다면 훨씬 깊이 있는 학습이 가능할 것이다. 중국지역 전문가 액션러닝처럼 육성의 우선순위가 (향후 해당 지역으로 파견될 글로벌 후보로) 정해져 있는 경우에는 일반사원들이 폭넓게 참여하기 힘들다. 그러나 중국에 대한 비전을 가지고 있는 사람들은 분명한 참여동기가 있고, 자발적으로 학습팀의 일원이 되었기 때문에 학습활동에 긍정적인 영향력을 줄 수 있다. 미래 자신의 꿈과 비전을 중국에서 펼치려고 노력하는 사람들은 중국과 관련 없는 업무를 하고 있는 사람이더라도 스스로 비용을 들여서라도 필요한 교육에 투자하며 관련된 사람들과 교류하기 마련이다. 개인이 품고 있는 비전과 꿈을 이길 수 있는 학습방법은 없다. 학습이 촉진되기 위해서는 전략뿐만 아니라 다양한 학습의 기회를 접할 수 있는 환경을 만드는 것 역시 중요하다.

3. 네트워크 전략 커뮤니티: 직무전문가들을 지식교류 마당으로 불러들여라!

우수사례를 업무에 적용함으로써 얻을 수 있는 이익이 어느 정도 되는지 알아보려면 공정기술을 가장 잘 적용한 사례와 그렇지 않은 경우를 비교해보면 알 수 있는데, 약 40% 정도 차이가 난다.

- David A. Gravin

플랫폼 간의 의사소통에 대한 필요성이 대두되자, 업무 기능별로 나누어져 일할 당시 동료로 알고 지내던 사람들이 점차 비공식적인 만남을 갖기 시작했다. 관리자들은 플랫폼 간의 학습 프로세스를 촉진하기 위해서는 비공식적인 만남이 가치가 있다는 사실을 인지했다.

- E. Wenger

동일한 업무를 수행하는 사람들의 우수사례 전파, 상호학습을 통한 지식의 전파속도가 성과에 미치는 영향을 잘 보여주는 예이다. 때로는 새로운 지식과 기술을 개발하고 연구하는 것보다 보유하고 있는 지식을 효과적으로 조직 내로 이동시키는 것이 더 효과적이다. 예들들어, 플랫폼 제품에 기반을 둔 다양한 유형의 차량(대형차, 중형차, 소형차, 트럭)을 생산하는 다기능 구조의 자동차회사가 있다고 가정하자. 이 경우 자동차회사는 제품 중심의 사업부 조직으로서 기능 간 서로 같은 일을 하는 사람들 간의 의사소통을 필요로 할 것이다. 설계, 엔지니어링, 생산, 판매 부서의 사람들은 서로 다른 제품 플랫폼에 속해 있으므로 사실상 제품별 사업부로 흩어져 있는 것이기 때문이다. 이들 공통 업무 종사자들은 효과적으로 지식을 교환하고 협업하는 것이 서로를 위해 필요하다는 것을 잘 알고 있다. 주기적인 만남을 통해 자신들의 지식을 공유하는 동시에 조직 내로 빠르게 전파하는 것만으로도 교류의 의미가 있다. 그리고 이러한 학습팀을 우리는 직무 중심의 커뮤니티로 분류하며, 전략 커뮤니티의 가장 대표적인 형태라고 할 수 있다.

　지식공유와 지식전이를 통해 성과를 창출한 학습팀(네트워크 전략 커뮤니티)은 두 가지 사례를 통해 살펴볼 것이다. L사의 생산/R&D 직무 대상의 전략 커뮤니티와 C그룹의 마케팅 부문 전략 커뮤니티 사례이며, 동일한 유형의 학습팀이라고 하더라도 기업 환경과 경영진의 요구, 학습지원조직의 운영 목적에 따라 전혀 다른 구조로 설계할 수 있다. 두 가지 사례 모두 직무 중심의 네트워크 학습조직이지만, 기획 및 추진 방향에 따라 학습팀 플래닝 믹스 전략은 차이가 있다.

─ L사(社) 네트워크 전략 커뮤니티: 공정기술(생산) 및 연구개발(R&D) 부문 학습팀

L사는 LCD, LED 같은 디스플레이를 생산하는 글로벌기업이다. 매년 수조 원이 투자되는 공장을 구축해오면서 급속도로 성장해왔다. 당시 산업환경은 무엇보다 시장을 생산자가 주도하는 시장이었기 때문에 얼마나 빨리 공장을 안정화시키고 생산수율을 높일 수 있느냐가 가장 중요한 관심사였다. 초기 진입장벽이 높고 기술우위를 가진 대기업이 그렇듯이 적기 투자능력과 생산의 최적화, 생산량 증대를 통한 시장점유율(Market Share) 확대가 곧 경쟁력이었던 것이다.

L사의 경우 디스플레이 판(Glass)의 크기에 따라 1공장은 핸드폰 및 내비게이션에 사용하는 작은 크기를, 6공장 이후부터 TV에 사용하는 디스플레이를 생산하고 있었다. 디스플레이의 크기가 다르기 때문에 사용하는 장비가 조금씩 다를 수밖에 없지만 동일한 공정의 경우 발생되는 문제와 해결책은 유사했으므로 공장 간에는 서로의 지식과 경험이 무엇보다 중요했다. 생산공장이 지역적으로 떨어져 있었으므로 우수사례(Best Practices)에 대한 타 공장의 지식이전에 따른 파급 역시 높았다. 1공장부터 3공장까지는 기존 1공장의 경험 있는 사원들이 이동하면서 기존의 경험과 지식을 공유했고 문제가 발생하더라도 개인적인 친분이 있는 동료, 선후배를 통해 충분히 문제해결의 도움을 얻을 수 있었다. 문제는 4, 5공장 등으로 규모가 커지고 신입 및 경력사원의 유입이 급속도로 유입되면서부터였다. 동일한 공정의 엔지니어들이 여러 생산공장에 넓게 퍼져 있었기 때문에 이제 더 이상 기존의 인맥

L사(社) 네트워크 전략 커뮤니티

분류	내용
네트워크 전략 커뮤니티	• 공정기술(공장)/R&D연구소 부문의 동일 직무 종사자 대상 학습모임 • 학습팀별로 소속감과 정체성을 기반으로 직무 네트워크 구축
1. 과제영역/ 학습주제	• 활동의 핵심 키워드(Keyword)만 제시하고 학습팀별로 과제 선정 　- 3가지 핵심 키워드: 공정기술 및 R&D 역량 향상, 신입사원 조기 전력화, 관계 네트워크 확보
2. 멤버구성	• 조직 간 지식공유가 필요한 동일 직무 구성원을 중심으로 선발된 멤버(핵심멤버)와 지원멤버로 구성 • 전략 커뮤니티 구성: 공정기술(24개 학습팀)과 R&D연구소(8개 학습팀) 　- 생산공정기술 전략 커뮤니티: 공장별(7개) 2~3명 엔지니어 　- R&D 연구소 전략 커뮤니티: (3개 사업부) 연구소별 4~5명 연구원 • 주요 멤버: 한 팀은 최소 10명에서 최대 30명으로 구성 　- 리더: 기술(공장)/R&D별 선임급, 1년 임기로 활동 　- 정회원(선발): 기술/R&D 핵심전문가(대리 3/4차년~차장급 5~15명) 　- 준회원(선발/지원): 사원~대리, 연구원(1/2년차 10~15명)
3. 성과목표	• 재무적 성과보다는 학습성과(사회적 자본성과 포함)에 중점 　1) 재무적 성과: 공정기술 아이디어 및 개선 제안을 통한 재무적 성과창출 　　→ 생산비 절감, 기술개발(정량적 평가) 　2) 학습성과: 매뉴얼, 신입사원 육성을 위한 기술교육 과정개발 　　→ 기술역량 향상, 신입사원 조기 전력화(정성적 평가) 　3) 사회적 자본성과: 관계형성을 통한 지식 네트워크 구축, 거래비용 감소, 원활한 지식공유, 거래비용 감소 　　→ 관계자산 향상 확인(설문조사 및 정성적 평가)
4. 운영방법	• 구조화된 & 유연한 운영 프로세스의 조합 　- 월 1회 학습모임(정기적), 학습팀의 자율학습모임(비정기적) 　- 활동 기간: 1년(매월 1회 학습모임으로 운영)
5. 스폰서십	• 적극지원형과 위임형 스폰서십의 조화 　- 학습팀 초기 활동을 강제화하기 위한 강한 스폰서십의 영향력 행사 　- 안정화 이후 점차 위임형 스폰서십 발휘

들이 연결되거나 문제가 발생하더라도 예전처럼 손쉽게 대응할 수 없었다. 심지어는 공장마다 어떤 문제와 과제들을 고민하고 있고 실행하고 있는지, 그 문제를 어떻게 해결했는지조차 알기 어려웠다. 엔지니어들의 공장 간 이동이 잦아지고, 유사한 공정 불량이 지속적으로 발생하는 상황에서 문제에 대한 빠른 해결(Trouble Shooting)과 협력은 시급한 과제였다.

이러한 고민을 해결하기 위해 다양한 활동을 시도했다. 팀장을 중심으로 협의체를 구성하고, 기술분과위라는 공식적인 업무공유 자리를 만들기도 했다. 그러나 생각처럼 잘 운영되지는 못했다. 우선 개별 공장들이 자신의 사업장에서 생산수율을 올리기 바빴으며, 숨가쁘게 돌아가는 업무를 처리하기도 어려운 환경이었다. 또한, 개인에게 부과된 일이 많고 업무목표(KPI)가 높다 보니 내가 아닌 다른 팀, 공장의 어려움을 듣거나 업무공유를 위한 시간조차 부족하다는 불만이 많았다. 심지어는 공장끼리 생산수율 경쟁을 하기도 했는데, 과도한 공장 간 경쟁은 오히려 정보와 지식의 공유를 어렵게 하는 요인이었다. 이것은 공장이 커지면서 분리, 확장되고 있는 연구소도 마찬가지였다.

학습지원조직은 어떤 공장 또는 무슨 연구소와 같이 단절된 부서가 아닌 조직을 넘어 같은 업무를 종사하는 구성원들은 직무에 대한 의미(Meaning)과 정체성(Identity)으로 단결하도록 만들고 싶었다. 예전처럼 모든 공장이 마치 하나의 공장, 한 몸처럼 움직일 수 있도록 만드는 것이 목표였다. 전략 커뮤니티는 이러한 문제를 가진 조직에 매우 적합한 해결대안이었으며, 조직 내 지식공유에 대한 필요성과 현상분석을 토대로 학습팀을 구성하기 시작했다. 과제를 해결하거나 목표를 달

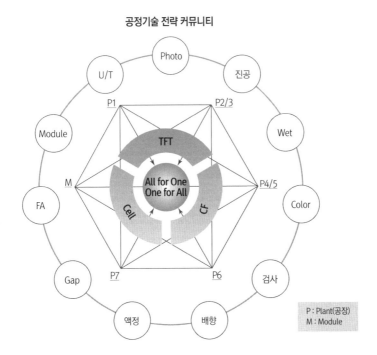

공정기술 전략 커뮤니티

성하기 위한 목적보다는 조직 간 원활한 지식공유, 문제해결과 역량 향상을 위한 학습이 우선적인 목표였으므로 네트워크형 학습조직을 구축하기로 했다.

　우선 전략 커뮤니티의 주요 멤버는 각 공장의 기술전문가를 중심으로 구성했다. 기술전문가뿐만 아니라 각 분야의 실무자 역시 준회원으로 참여토록 했으며, 이름도 친근하면서 학습을 지향한다는 의미로 '전략적 지식동아리'라고 이름을 바꾸었다. 기존 공식조직은 디스플레이의 크기(Glass Size)별로 생산에 필요한 공정기술(TFT, CF, Cell)이 공장마다 있는 수직적인 조직이라면, 네트워크 전략 커뮤니티는 동일 직무를 중심으로 모든 공장의 핵심 엔지니어들이 연결된 수평적인 조직이라고 할 수 있다.

학습지원조직은 학습팀을 활성화하기 위해 두 가지 운영전략을 설정했다. 첫째, 강력한 스폰서십을 바탕으로 학습팀 활동의 지원과 관심을 이끌어내고, 멤버 소속 리더들의 변화관리를 통해 참석을 강제화하기로 했다. 아무리 좋은 목적과 당위성을 가지고 있다고 해도 사람들이 모여야 학습활동을 진행시킬 수 있었기 때문이다. 둘째, 초기 학습조직 정착을 위해 2년의 활동기간 동안은 성과에 대한 부담 없이 학습팀 활동 자체에 의미를 두기로 했다. 학습팀에 참여한 핵심 엔지니어들은 대부분 조직에서 가장 바쁘고 과중한 업무를 가지고 있는 사람들이다. 핵심 엔지니어들에게 있어 학습팀 활동이 또 다른 성과창출조직으로 인식될 경우 모임 참석에 대해 부담을 가질 수밖에 없으며, 활동을 강제화하더라도 평가와 보상의 수준이 약했으므로 적극적인 참여가 어렵기 때문이다. 학습활동 초기에는 공장별로 문제를 공유하는 수준에 머물렀지만, 이후 학습팀 구성원들이 스스로 필요하다고 생각하는 학습주제를 선정하고 멤버 모두가 참여함으로써 학습의 질을 높였다. 학습지원조직과 경영진은 학습팀에게 운영의 자율권뿐만 아니라 내·외부의 학습자원을 충분히 활용할 수 있도록 충분히 금전적·제도적 지원을 아끼지 않았다.

전략 커뮤니티의 중요성을 인식시키기 위한 변화관리는 리더와 임원에 이르기까지 설명회와 인터뷰, 회의를 통해 광범위하게 실시했다. 어딘가에 이미 존재하고 있는 정보와 지식, 해결의 접근방법을 찾거나 다시 만들기 위해 허비해야 하는 시간, 경쟁자들이 기술을 공유하는 속도 혹은 기술을 공유하지 못해 상실하게 된 기회들에 대한 위기의식과 필요성에 대한 공감대를 형성했다. 지속적인 변화관리와 설득을 통해 기술전문가들 스스로 필요성과 참여에 대한 당위성을 인식하기 시작했고, 공장별로 이슈가 되는 주제와 필요한 학습주제를 도출하고 논의하기 시작하면서 점차 학습활동의 가치와 의미가 새롭게 부각되었다. 새로운 과제를 부여받는 부가적인 활동이 아닌 공장 간에 흩어져 있는 기술전문가의 조언을 듣고, 문제를 자유롭게 논의함으로써 해결의 실마리를 얻을 수 있는 자율적인 학습팀을 만든 것이다. 이후 1년여 기간의 학습팀 운영 결과, 조직학습, 조직역량 강화를 통한 경쟁력을 향상에 기여도가 높다고 판단한 경영진은 활동을 동일한 문제를 가지고 있던 R&D 부문으로 확대했고, 공정기술 부문의 운영 노하우를 성공적으로 접목시킬 수 있었다.

네트워크(공정기술, R&D) 전략 커뮤니티

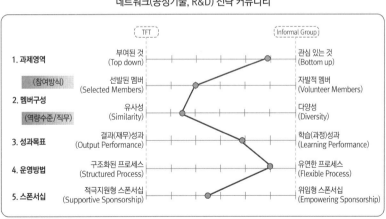

1)-A 학습팀 플래닝 믹스 전략:
L사(디스플레이, 전자) 공정기술 및 연구개발

(1) 과제영역

네트워크 전략 커뮤니티(SCoP)의 과제(목표)는 공정기술 전문가, R&D 전문가인 멤버 스스로 결정했다. 당해 선출된 리더를 중심으로 공장, 연구소마다 선출된 멤버들은 학습활동뿐만 아니라 전문가로서 조직성과에 기여할 수 있는 과제를 선택하도록 했다. 네트워크 커뮤니티에서 과제는 다양하다. 액션러닝처럼 분명한 문제 또는 이슈가 될 수도 있으며, 활동의 방향만 알려주는 성과 키워드(Keyword)를 제시할 수도 있다. 성과 키워드는 성과의 범주이자 전략 커뮤니티가 지향해야 할 핵심적인 가치이다. 결과적으로 학습팀 스스로 성과 키워드에 맞는 다양한 과제를 수립하거나 목표를 정의할 수 있도록 했다. 활동 초기에는 학습 위주의 자유로운 활동과 참여를 중요시했다면, 활동이 어느 정도 정착된 이후에는 가이드라인(Guideline)으로서 성과 키워드를 제시했다. 학습지원조직에서 제시한 **성과 키워드는 '신입사원 조기전력화'**, '**기술역량 향상'**, '**관계자산 향상'**의 3가지였으며, 그 안에서 학습팀 각자의 세부목표와 구체적인 과제가 결정되면 자율적인 성과를 기대하도록 했다.

네트워크 전략 커뮤니티에 기대하는 첫 번째 역할과 성과는 신입사원 조기 전력화와 관련된 주제였다. 공장, 연구소가 증설됨에 따라 엄청나게 쏟아져 들어오는 신입사원들의 역량 향상을 위해 기존의 직무관련 기술교육, 직장 내 훈련(OJT: On-the-Job Training)만으로는 감당하기 어려웠다. 이들의 빠른 육성을 위해서는 현장이 곧 교육장이고 교육을 위한 곳이 곧 현장이 될 수 있는 현장일체형 교육이 필요했던 것이다.

두 번째 핵심 키워드는 엔지니어들의 기술역량 향상이다. 신입사원뿐만 아니라 실무자에게도 현장형 교육을 통한 역량 향상은 필요하다. 교육과정 개발자와 현장 기술전문가의 공통된 의견은 교재를 통해 기술교육을 습득하는 고급과정은 한계가 있다는 것이다. 산업과 기술에 따라 차이가 있지만 엔지니어 또는 연구개발자들은 평균적으로 5~10년, 빠르면 3년 이상이 되면 책과 교재를 통해 지식이 습득되는 단계가 지난다는 것이다. 이후에는 다양한 현장경험과 문제사례를 얼마나 해결했는지에 대한 '경험학습'의 정도가 중요하며 경험의 폭과 깊이는 곧 전문가의 수준을 말해준다.

마지막 핵심 키워드는 관계자산이다. 학습팀의 가장 가치 있는 성과는 바로 관계자산이며, 이것은 무형적인 자산으로서 재무적인 성과로 나타나지는 않지만 중요한 가치가 있다. 전략 커뮤니티와 같이 회사 내의 동일 직무 종사자들 중심의 지식 네트워크는 그 어떤 학회나 심포지엄이 부럽지 않은 직무 중심의 인적 네트워크가 구축되는 셈이다. 동일 직무가 아니더라도 사업부 내 유기적으로 협업(Co-work)이 필요한 구성원들이 함께 학습팀을 경험하게 될 때 역시 보이지 않는 신뢰의 끈이 형성되며 부서 간 시너지를 발휘한다.

(2) 멤버구성

멤버는 동일한 직무를 수행하는 사람들로 지식의 효과적인 공유와 공통의 문제해결이라는 전략적 목적을 달성하기 위해 필요하다고 판단되는 멤버를 중심으로 선발했다. 단지 학습모임 참석을 통해 내용을 이해하는 정도의 수준이 아닌 실제 문제를 깊이 있게 논의하고 현장에 다시 적용할 수 있는 전문가로 구성되도록 했다. 그들은 공장 간 유기적인 커뮤니케이션뿐만 아니라 부서별로 산발적으로 발생하는 문제(Trouble)에 대한 전문적인 조언자의 역할도 수행했다. 학습팀의 핵심멤버(기술 또는 연구개발 전문가)는 참여를 강제화시킨 반면, 공장별 또는 연구소별로 멤버의 수는 제한을 두지 않았다. 평균적으로 10명 정도의 핵심멤버인 정회원과 10~20명 정도의 준회원, 조직에 따라서는 30명 이상의 멤버가 활동하기도 했다. 핵심멤버들의 역량은 거의 유사한 수준의 전문가들이라고 할 수 있으며, 준회원은 이들보다는 낮은 수준의 멤버로 구성되었다.

일반적으로 학습팀은 10명 미만의 멤버로 구성되지만, 직무 중심의 네트워크 전략 커뮤니티는 비교적 장기간 반복적으로 운영되었으므로 학습팀 멤버를 20~30명 이상으로 구성했다. 학습팀을 가능한 한 많은 수의 인원으로 구성함으로써 조직 간 거리감을 좁히고 인간관계의 다양성을 높일 수 있도록 했다. 학습팀 멤버가 많다는 것은 모두가 동일한 노력과 열정을 보이지 않을 수 있다는 것을 의미한다. 커뮤니티는 성장하면서 팀원의 구조나 성격이 변하기 마련이다. 이 경우 실제 팀을 운영하는 것은 5~7명 정도의 핵심멤버들이다. 일정 기간 이들이 중심이 되어 학습활동을 이끌어나가게 되며, 시간이 지나면 핵심 멤버의 중심 축이 다른 그룹으로 이동한다. 일반적으로 핵심멤버는 커뮤니티에서 일반 멤버와는 다른 열정과 몰입수준을 보인다. 따라서 학습팀의 성공적인 운영을 위해서는 유동적인 멤버의 지속적인 관리와 핵심멤버들을 어떻게 관리하느냐에 따라 성과가 큰 차이를 나타낸다.

(3) 성과목표

네트워크 전략 커뮤니티에서 성과는 재무적 · 비재무적 성과를 모두 포함하고 있다. 목표에 따라 성과지표 역시 신입사원의 조기 전력화, 기술역량 향상, 관계자산 향상이라는 3가지 핵심 활동 키워드를 중심으로 평가하도록 했다.

■ 신입사원의 조기 전력화

신입사원들의 조기 육성을 위해 학습팀들이 어떤 노력을 기울였는지 평가하는 것이다. 신입사원들에게는 기술전문가들이 진행하는 회의에 참석하는 것만으로도 커다란 의미가 있다. 물론 초보자들에게 높은 수준의 암묵 지식보다는 정형화된 지식을 체계적으로 제공해주는 것이 효과적이며, 기본적인 학습이 되어 있어야 상위 단계의 지식이 빠르게 습득된다.

신입사원들의 조기 전략화와 관련하여 학습팀은 다양한 형태의 활동을 진행했다. 학습팀 멤버를 멘토(Mentor)와 멘티(Mentee)로 묶어 개별 학습을 유도하거나, 전문가 모임이 종료된 후 따로 시간을 할애하여 신입사원들에게 자신의 전문분야에 대해 돌아가면서 강의를 진행하기도 했다. 어떤 학습팀들은 신입사원 기술교육에 필요한 학습과정을 개발하고 교재를 만드는 것에 직접 참여하기도 했다. 이들은 과정개발에 필요한 내용전문가(SME)의 역할을 자처하여 교육팀에 필요한 학습과정을 개발하고, 만들어진 교육 콘텐츠를 다시 학습팀의 내부에서 검증했다. 또한, 전략 커뮤니티가 교육부서의 기술자문 역할을 수행하게 되면서 너무 새롭거나 너무 복잡해서 매뉴얼로 만들기 어려운 분야, 일반 교육으로는 전달하기 어려운 전문기술 분야를 집중적으로 지원하는 역할을 수행했다. 신기술 분야라고 하더라도 교재화가 가능하면, 이후에는 교육 부서로 이양하여 해당 분야에 대한 신입직원 교육을 책임지게 했다.

❷ 기술역량 향상

기술역량 향상이란 재무적 · 비재무적 성과 창출을 위한 문제해결 및 생산적 과제의 수행, 구성원 역량 향상을 위한 활동이다. 공정기술 부문은 장비와 관련된 불량을 최소화하고 생산기술 개선을 위한 아이디어를 제안하고 실용화하는 것을 말한다. 연구(R&D) 부문은 소형부문에만 그쳤던 신기술을 TV 등 대형 부문에 도입하거나 새로운 디스플레이 방식의 개발부문에 적용할 수 있는 창의적인 제안들이다. 결과적으로 많은 학습팀에서 실제로 큰 규모의 비용절감 효과가 있었음을 보고했으며, 신규투자와 신기술 검토에 있어 전문가 그룹의 역할과 노력은 비용적인 효과 이상의 것이었다.

그중에서도 Module 공정의 전략 커뮤니티 활동은 많은 시사점을 제공해준다. 우선 M-SCoP는 다른 전략 커뮤니티와 마찬가지로 기술전문가를 중심으로 구성되었다. M-SCoP는 Big Y(향후 3개년) 동안 해당 기술에 대한 선행적인 학습이 필요하거나 미래의 경쟁력을 위해 반드시 확보해야 할 기술에 대해 20여 개의 과제를 선정했다. 이후 20여 개 각각의 과제마다 하위 학습 커뮤니티(CoP)를 구성하였으며, 개별 과제에 대해 관심이 있는 사원/대리급의 실무자를 중심으로 자발적으로 멤버를 구성하도록 했다. 기술전문가 그룹인 전략 커뮤니티 멤버들은 본인이 1~2개 정도 학습 커뮤니티의 스폰서가 되어 과제와 학습 커리큘럼, 성취도를 직접 관리했다. 기술전문가 그룹 스스로 전략 커뮤니티의 멤버이자 하위 학습 커뮤니티의 스폰서로서 역할을 수행하는 것이다. 이 사례가 의미 있는 것은 기업의 '학습조직 만들기'에 있어 이상적인 모델을 제시하고 있기 때문이다. 핵심멤버 중심의 전략적인 커뮤니티와 자발성으로 출발한 학습 커뮤니티까지 유기적으로 엮여 있는 학습조직인 셈이다. 또한 구성원 대부분을 학습 프로젝트에 참여시킴으로써 조직 전체가 학습하는 문화를 만드는 데 일조할 수 있었다.

  각 분야의 기술 및 연구 전문가 학습팀들은 본인들이 암묵적으로만 가지고 있는 지식과 경험을 정리하고 정리한 내용을 토론을 통해 다시 수정하는 과정을 통해 지식을 문서화하기도 했다. 전문가들의 지식은 그들의 행동, 사고, 대화를 통한 경험의 축적이다. 이러한 전문지식은 대부분 암묵적인 형태로 개인에게 남아 있게 마련이다. 이 경우 문제를 해결하고 경험했던 다양한 상황과 지식들은 조직별로 분산되어 있어 정확한 사례들을 찾기가 어려울 수밖에 없다. 문제가 발생했을 때 적절히 대응할 수 있는 지식과 경험들을 최대한 기록하고 문서화하며, 표준화하는 것이야말로 곧 조직경쟁력을 향상시키는 길이다.

❸ 관계자산 향상

전략 커뮤니티(SCoP)의 궁극적인 목적은 관계자산의 향상이라고 해도 과언이 아니다. 조직 내 관계자산의 크기와 강도가 얼마나 견고하게 구성되느냐에 따라 조직의 힘이 결정된다. 관계자산이란 구성원 간에 업무적 도움 또는 지식의 교류를 주고받을 수 있는 상호작용의 크기와 강도이다. 조직의 관계자산이 높을수록 불필요한 거래비용과 커뮤니케이션이 줄어들고 효과적인 업무 협조가 발생한다. 이는 조직 간 지식의 원활한 공유에도 영향을 미치며, 개인 간 친밀함의 강도는 바로 지식의 호혜적인 나눔의 수준과 깊이라고 할 수 있다. 네트워크 전략 커뮤니티의 참여자들은 이미 한 분야의 전문가로서 풍부한 지식과 경험을 습득하고 있었으므로 이들에게 필요한 것은 새로운 배움의 기회의 제공보다 개인이 보유하고 있는 전문성을 효과적으로 공유하는 것일 수도 있다.

관계자산 향상을 위해 학습팀들의 비공식 학습모임 및 업무 외적 활동을 중요하게 판단했다. 비공식 학습모임이란 교실이 아닌 현장학습, 워크숍 등을 말하며, 업무외적 활동이란 함께 모여 식사를 하거나 체육활동을 함께하는 일체의 것을 말한다. 우스운 이야기처럼 들리겠지만, 학습지원조직은 전략 커뮤니티의 중요한 성과로서 공식 · 비공식적 활동 횟수와 같은 정량적 지표를 정기적으로 도표화하여 경영진에게 보고했다. 전략 커뮤니티의 활성화 여부를 학습활동의 질적인 내용에 앞서 양적인 만남의 횟수로 판단했던 것이다. 실제로 양적인 학습활동이 활발한 커뮤니티가 그렇지 못한 커뮤니티에 비해 훨씬 뛰어난 성과를 보였다는 것은 놀랄 일이 아니었다. 다시 한 번 강조하지만 업무와 학습은 정해진 시간과 장소에서 만들어진 제도와 환경에서만 발생하는 것이 아니다.

(4) 운영방법(프로세스)

운영 프로세스는 구조화된 것과 유연한 방식을 조화롭게 운영했다. 네트워크 전략 커뮤니티 같은 직무 중심의 공동체는 어느 정도 의도적인 학습팀 구성과 강제화된 참여를 요구한다. 무엇보다 기업의 필요에 의해 조직화되기 때문이다. 비록 자발적인 학습동기는 아니더라도 학습팀의 의미와 가치에 대해 참여자들이 충분히 공감하고 있다면 학습모임이 가져다주는 이득과 혜택을 잘 알고 있으므로 스스로 팀에 에너지를 채우려고 노력하게 된다.

학습팀 멤버는 필요한 학습내용과 요구되는 학습자원이 무엇인지를 누구보다 잘 알고 있다. 따라서 학습 및 모임의 형태는 매월 1회 모임을 가져야 한다는 기준만 제시하도록 했으며, 논의할 내용과 형식에 대해서는 가능하면 강요하지 않는 것을 원칙으로 했다. 학습팀 스스로 학습계획과 학습주제를 결정했으며, 주제가 발췌되면 멤버들의 협의를 통해 발표자와 시기를 조절하도록 했다. 학습팀들은 공정기술 또는 연구부문 전문가로서 해당 부문에 필요한 핵심지식들을 만들고 관리하는 데 많은 기여를 했다. 학습과 더불어 공정기술 학습팀들은 공장별 이슈에 대한 논의, 성공 및 실패사례에 대한 공유가 빈번히 이루어졌다. R&D 부문 학습팀 역시 현재 진행되고 있는 연구 프로젝트를 공유하면서 서로에게 기술적·학문적 자문을 받기도 했으며, 세부적인 연구와 토론이 필요할 경우 관심이 있는 사람들만 모여 비공식적 학습모임을 주도하기도 했다. 1년이 지난 후에 어느 정도 학습모임의 형태가 정돈되어갔다. 외부 전문가 또는 기관을 통해 흡수해야 할 지식과 스스로 만들어가야 할 지식을 구분하면서 좀 더 체계적인 학습이 가능했다. 때로는 외부 교수 및 전문가 그룹과 협업할 수 있는 제도를 마련함으로써 학습에 활력을 불어 넣을 수 있었다.

학습팀의 운영방법에 있어 완전히 자유로운 유연한 방식 또는 철저히 계획된 것으로만 운영되는 구조화된 방식인 경우는 거의 없다. 완전히 유연한 형태라면 기업의 성과와는 관련이 없는 자발적으로 만들어진 동아리 모임일 것이다. 네트워크 전략 커뮤니티는 구조화된 모습을 가지고 있으면서도 자유로움과 친밀함 속에 촘촘한 네트워크를 만들고자 노력했다. 과제보다는 일과 관련된 사람들 간의 관계, 관계가 다시 일에 영향을 준다는 관점에 초점을 두었으며 결과적으로 학습형태의 유연함은 긍정적 효과를 가져왔다.

(5) 스폰서십

네트워크 전략 커뮤니티의 스폰서십은 강하면서도 유연한 스폰서십을 발휘하도록 했다. 스폰서가 직접 멤버들이 소속되어 있는 팀장들에게 협력과 시너지를 위해 모임의 중요성을 끊임없이 설득했으며, 참여의 공식화·강제화를 통해 팀원들이 소속 팀의 간섭에서 벗어나 자유롭게 활동할 수 있도록 했다. 성과에 대한 압박보다는 우수 및 실패 사례의 공유, 학습에 전념할 수 있는 환경을 만드는 것이 스폰서의 역할이었다. 네트워크 전략 커뮤니티의 스폰서는 해당 기술에 대한 전문성이 있는 경영진(임원)이 맡도록 했다. 임원은 해당 기술에 대한 마스터 정도의 지식을 보유하고 있었으며, 문제해결의 가장 중요한 의사결정자였다.

공장 간 문제해결에 대한 협력과 우수/실패사례들에 대한 지식공유를 통해 시행착오를 줄이는 것이 생산 및 연구부문의 경쟁력 확보를 위해 반드시 필요한 활동임에도 불구하고 초기 활동은 순조롭지 않았다. 구성원들의 업무량과 잔업량이 많은데다가 핵심 구성원들은 더욱 바쁜 사람들이기 때문이다. 또한, 학습팀 활동이 업무를 제쳐두고 가야 할 만큼 가치 있는 일인지에 대한 인식도 부족했다. 이러한 어려움을 극복하고 활동에 힘을 실어주기 위해 중요한 역할을 해줄 수 있는 사람이 바로 스폰서라고 생각했다. 학습지원조직은 스폰서의 역할이 형식적인 것이 아닌 실질적인 영향력의 행사와 지원이 필요함을 이해시키고, 지속적인 관심유도를 위해 학습팀 모임에 직접 참여하여 애로사항을 해결해주도록 했다. 활동 초기에는 강력한 스폰서십이 요구되었다. 활동을 강제화하지 않으면 당장 해결해야 할 시급성이 요구되는 업무에만 집중할 수밖에 없기 때문이었다. 스폰서는 강력한 영향력을 통해 활동의 중요성을 역설하고, 필요할 경우 구성원들을 직접 설득하려는 노력을 아끼지 않았다.

학습팀을 몇 해 운영하고 난 뒤 활동의 중요성이 커짐에 따라 주목할 만한 변화가 생겼다. 전략 커뮤니티의 중요성이 커지고 직무 중심의 스폰서의 역할이 강조되면서 스폰서가 수평조직, 즉 동일 직무(공장/연구소)를 총 괄하는 경영진의 역할을 함께 수행하도록 정규 조직의 공식업무로 인정받게 되었다. 마치 매트릭스 조직처럼 학습조직이 수평적인 의사결정 조직으로 기 능하게 된 것이다. 이것은 전략 커뮤니티와 같은 비공식조직이 공식화된 조직 에 영향을 주게 된 의미 있는 조직개편 사례라고 할 수 있을 것이다. 직무에 대한 정체성과 소속감의 중요성, 커뮤니케이션의 필요성으로부터 시 작된 학습조직이 정규 조직화되었다는 것은 그만큼 '직무 커뮤니티'가 개인과 기업에게 중요한 역할을 하게 되었다는 것임을 보여준 것이다.

어떤 면에서 보면, 커뮤니티(CoP)란 비즈니스 전략을 실현시키는 방법이 다. 전략 프랙티스는 흔히 제품을 이해하고 시장의 추세를 잘 알고 있으 며, 경쟁을 뚫기 위해서는 무엇이 필요한지를 알고 있는 일선의 능력 있는 실무자들의 참여에 의해 좌우된다. 프록터앤갬블은 제품 라인 간에 기술 혁신을 보급해야 하는 전략을 커뮤니티가 중심이 돼 프랙티스하고 있다. 생산공장 간의 아이디어나 기법들의 의미나 차이를 해석해줌으로써 다양 한 제품 라인의 프로세스를 혁신하는 전략을 돕고 있는 것이다.

- E. Wenger

– C그룹 네트워크 전략 커뮤니티: 마케팅 부문 학습팀

마케터(Marketer)들에게는 시장과 제품에 대한 분석적인 역량뿐만 아니라 창의적인 사고와 통찰력이 요구된다. 마케팅 방법에 있어서도 다양한 채널을 활용할 수 있는 기획력이 필요한데, TV, 인쇄, 광고에서뿐만 아니라 바이럴 마케팅, 오프라인 이벤트를 기획하기도 해야 하며 디지털 테크놀로지를 이용하거나 소셜미디어를 활용한 커뮤

C그룹 네트워크 전략 커뮤니티

분류	내용
네트워크 전략 커뮤니티	• 마케팅 부문의 동일 직무 종사자들 대상 학습모임 • 기업 간 흩어져 있는 마케팅 부문 구성원들의 직무 네트워크 구축
1. 과제영역/ 학습주제	• 학습팀별로 자신들이 선택한 학습주제를 개별학습 – 현업에 적용할 수 있는 실전지식 학습
2. 멤버구성	• 그룹의 마케터들과 교류가 필요하거나 기업 시너지를 위해 필요하다고 판단되는 멤버를 우선 선정 – 총 3개 학습팀으로 운영, 팀별 약 9~10명

3. 성과목표	• 결과성과와 학습성과를 동일한 비중으로 구성
	  1) 결과성과: '협력마케팅(Co-Marketing)의 건수와 질'
	  2) 학습성과: 과정 종료 후 학습지원조직이 아닌 '참여자 소속 팀장'이 직접 역량평가에 반영
	  3) '인적 네트워크 향상 지수' 측정

4. 운영방법	• 구조화된 & 유연한 운영 프로세스의 조합
	  – 전체 학습모임(정기적): 전문가 특강 또는 핫이슈 주제 발표
	  – 활동 기간: 6개월(월 1회 학습모임은 팀별로 운영)

5. 스폰서십	• 적극지원형 스폰서십
	  – 분야에 대한 전문성을 가진 경영진이 오너십을 가지고 영향력 행사
	  – 러닝코치로서 학습모임에 적극 참여

니케이션 아이디어도 필요하다. 기존의 전통 미디어를 활용한 커뮤니케이션 방식이 제품의 정보를 일방적으로 전달하는 푸시(Push)형뿐만 아니라, 소비자의 참여를 적극적으로 끌어들여야 하는 인터랙티브(Interactive)형 마케팅, 심지어는 PPL(Product in Placement, 제품간접광고) 역시 드라마나 영화 같은 콘텐츠에만 국한되지 않고 다양한 형식의 프로그램에서 시도되고 있다. 마케팅 실무자들은 스토리텔러이자 미디어 크리에이터, 시장을 분석하고 주도하는 마켓리더가 되어야 하는 시대가 온 것이다.

C그룹은 식품, 엔터테인먼트, 미디어 등 서로 업(業)의 성격이 다른 여러 사업군이있다. 그리고 각 사업군 내에는 일의 특성에 따라 조금씩 다르지만 자신이 맡은 제품의 홍보(PR)와 판매를 촉진시키기 위한 마케팅 실무자들이 있다. 일반적으로 우리가 '마케팅'이라고 알고 있는 상품 프로모션, 공동판촉 등의 업무 뿐만 아니라, (식품사업 같은) 제조업 마케터의 경우 상품기획, 생산, 판매에 이르기까지 한 제품에 대한 책임을 가지고 마치 1인 기업처럼 마케팅 업무를 수행하기도 한다.

사업군이 다양하고 업(業)의 영역이 다르지만 마케팅이라는 동일 업무를 수행하는 사람들이 기업별로 있다는 것은 전략적 커뮤니티 형태의 학습팀이 운영될 수 있는 적합한 환경이라는 것을 말한다. 학습팀 활동을 통해 마케팅 실무자들 간의 자연스러운 만남이 활성화된다면 사업군 간의 협력마케팅(Co-Marketing)과 시너지를 창출할 수 있다. 마케터들은 통상 본인이 맡은 제품을 홍보하고 매출을 높일 수 있도록 다른 회사들과의 협력이나 제휴를 통해 다양한 프로모션을 진행한다. 필요한 경우 그룹 내 제휴가 필요한 회사에 국한하지 않고, 가장 효율적으로 협력할 수 있거나 편하게 협력할 수 있는 파트너를 찾는다. 그러나 이렇게 효율성과 수익성, 편의성이 우선시되는 경우, 같은 그룹사라도 그룹의 이익보다는 본인 회사의 이익에 따른 의사결정을 하게 되는 경우가 많다. 제휴 파트너가 그룹 내 동일한 업종의 경쟁사라 할지라도 회사의 이익을 위해 협력하는 것이다. C그룹은 대표적인 생활문화기업의 특성답게 거의 모든 소비재 산업과 엔터테인먼트 산업들에 관여하고 있었으므로 사업군들 간에 협력마케팅(Co-Marketing)이 가능한 다양한 사례들이 있다. 예를 들어, 엔터테인먼트 회사가 새롭게 시작하는 TV 프로그램을 기획하고 있다고 한다면, 그룹 내 계열사의 노출 마케팅이 필요한 장소에서 촬영하도록 유도하거나 제품간접광고(PPL) 마케팅을 할 수도 있을 것이다. 이런 종류의 협력 아이템은 C그룹과 같이 여러 제품사업군을 가지고 있는 회사에게 있어 셀 수 없이 많다. 다만 문제는 이러한 제휴 프로모션이 실무자들 간의 교류를 통해 자연스럽게 이루어지기보다는 대부분 그룹 내 시너지를 위해 필요하다고 판단하는 경영진의 지시사항으로 발생하거나 이슈가 되는 아이템에만 제한적으로 적용된다는 것이었다.

　　다음으로 학습팀을 통해 기대하는 것은 여러 사업군의 마케터들 간의 **상호학습을 통한 역량 향상**이었다. 일반적으로 식품 마케터(제조업)는 프로세스화된 마케팅 분석을 기반으로 분석적·정량적인 데이터를 중시하는 업무특성을 가지고 있다. 이들은 제품의 기획, 생산, 품질관리, 영업 등 가치사슬(Value Chain)상의 모든 프로세스를 담당하고 있으므로 자신의 제품에 대해서는 마치 오너(Owner) 같은 기업가적 마인드를 가지고 있다. 반면, 미디어, 식품(서비스업) 마케터들은 자신이 담당하고 있는 제품의 특성(소프트웨어, 영화, 게임, 프랜차이즈 매장 등)이 부각될 수 있도록 효과적으로 홍보하기 위한 직관적이고 창조적인 사고와 관점을 가지고 있다. 단순히 사업가적 제휴보다는 브랜드를 중시하며, 감성적인 시각과 감각을 가지고 있는 것이다. 이들은 동일한 마케팅이라는 직무를 수행하지만 사업군에 따라 서로 다른 역량을 필요로 한다. 이들은 각자가 보유하고 있는 서로 다른 지식의 교류만으로도 자신이 경험해보지 못하거나 잘 알지 못하는 사업에 대한 이해와 깊이 있는 직무역량을 경험할 수 있다.

학습팀이 어느 정도 진척되면서 마케팅 부문의 실무자 중심의 네트워크 전략 커뮤니티는 의미 있는 성과를 가져다주었다. 우선 마케팅 실무자들은 업무와 관련된 깊이 있는 학습과 토론을 통해 서로에게 도움이 되는 제휴를 이끌어냈다. 직무 전문가들의 교류가 중요한 것은 이들의 대화 속에 학습이 있고 높은 수준의 토론 속에 서로에게 필요

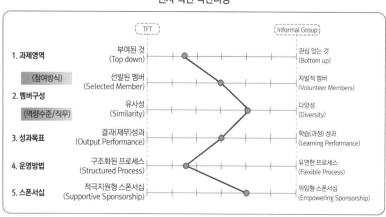

전사 혁신 액션러닝

한 지식이 자연스럽게 돌아다니며 때로는 생각지도 못한 정보를 나눌 수 있었다. 어떤 경우에는 지나가듯이 이야기한 한마디가 자신이 오랫동안 고민하던 문제를 해결하는 열쇠가 되기도 했으며, 단순히 주고받은 정보가 우연치 않게 산업 간 훌륭한 협력마케팅 사례가 되는 경우도 있었다. 커뮤니티에서의 실무자들 간에 친밀함과 지식의 교류는 또 다른 협업의 가능성을 넓히는 계기가 되었다.

1)-B 학습팀 플래닝 믹스 전략:
C그룹(식품, 엔터테인먼트, 미디어) 마케팅

(1) 과제영역

마케팅 부문 네트워크 학습팀의 학습과제(목표)는 경영진으로부터 부여(Top Down) 받았지만 운영 방향에 대한 가이드 정도였으며, 학습팀이 각자 자신에게 필요한 학습주제를 개별학습 하도록 했다. 또한, 마케팅 직무수행을 위해 필요하다고 판단되는 학습자원을 통합적으로 제공하고, 현업에 적용할 수 있는 실전지식 위주로 구성하도록 했다. 마케팅 직무는 기술이나 연구부문과는 달리 고객과 보다 더 밀접하게 연관되어 있으며, 대부분 기업이라면 반드시 기능을 가지고 있는 범용적인 직무라는 특성이 있다. 범용적인 직무라는 것은 마케팅 직무가 내부보다는 외부 전문가들과 폭넓게 연계되어 있음을 의미한다. (자동차, 전자, 반도체, 화학 등의) 첨단 산업들은 특성상 해당 기술 또는 연구 부문 전문가들이 자신이 속한 기업의 범위를 넘어서 교류하는 것이 쉽지 않다. 반면, 마케팅 직무는 근본적으로 고객의 트렌드와 소비자의 특성을 이해하는 것이며, 상대적으로 산업특성의 제약을 덜 받는다.

처음에는 각자의 업무를 소개하는 것으로 시작했다. 각자의 업무를 이해한다는 것은 '서로 다른 산업을 이해해야 하는 과정'이다. 그리고 산업환경을 이해하는 것만으로도 학습팀 멤버들에게는 서로에게 새로운 학습경험이 된다. 각자의 업무를 이해하는 과정이 끝난 후 학습팀은 스스로 어떤 학습에 중점을 두어야 할지 알 수 있었다. 스스로의 역량 향상에 필요한 주제는 보다 심층적인 학습을 통해 향후 토론할 주제와 논의할 내용에 대해 합의할 수 있었으며, 필요하다면 직접 해당 회사 또는 현장에 방문해봄으로써 마케팅 환경에 대한 이해의 폭을 넓힐 수 있었다. 과제수행에 대한 부담은 크지 않은 반면 참여자의 학습성취도를 소속팀의 리더에게 주기적으로 보고함으로써 학습에 소홀하지 않도록 했다. 아울러 학습팀에서 논의한 내용과 시사점들은 소속 팀에서 반드시 다시 공유하도록 하여 지식을 전수할 뿐만 아니라 또 다른 협력의 가능성을 모색할 수 있도록 했다.

(2) 멤버구성

앞서 살펴본 공정기술/R&D 부문 학습팀이 대규모 멤버를 장기간 운영했기 때문에 멤버들의 가입과 탈퇴를 자유롭게 개방했다면, 마케팅 부문 학습팀은 비교적 단기간 동안 정해진 멤버만을 대상으로 학습팀을 구성했다. 멤버들은 같은 그룹사이지만 계열사에서 모집되었으므로 모두 다른 기업 소속이었다. 학습팀 모임에는 실무자뿐만 아니라 신입사원이 방문하기도 했다. 신입사원들을 그룹의 선배 마케터들에게 소개시켜줌으로써 향후 협력을 위한 인맥을 만들고, 마케팅 직무에 대한 지식의 폭을 넓혀주기 위한 기회로 활용하기 위해서이다.

학습팀이 소수의 인원으로 운영되었기 때문에 핵심멤버들의 역할이 매우 중요했다. 그룹에서 마케팅 제휴와 관련된 일을 하는 사람들이 모두 참여한 것은 아니었지만 직무상 그룹의 다른 마케터들과 교류가 필요하거나 기업 시너지를 위해 필요하다고 판단되는 구성원을 선정하여 그들에게 핵심적인 역할을 부여했다. 기업의 시너지 제고를 위해 반드시 교류가 필요한 사람들이 참여해야 했기 때문에 실무자 중심으로 대상자를 사전에 선정하고 참석을 의무화했다. 아울러 활발한 정보공유와 인적 네트워킹이 일어날 수 있도록 가능하면 비슷한 연령대와 직급으로 묶어주었다. 마케팅 커뮤니티처럼 평가가 느슨한 학습활동은 팀원들의 자발성이 중요한 역할을 하는데, 만약 멤버들의 직급 차이가 크면 학습활동 참여에 부담을 가질 수도 있고 회사와 세대의 차이에서 오는 커뮤니케이션 단절이 있을 수 있기 때문이다. 마케팅 전략 커뮤니티는 참여자들의 산업 특성이 서로 많이 달랐고, 액션러닝(AL)처럼 육성 대상이 명확한 강제적 활동이 아니었으므로 참여자들이 왜 참여해야 하는지에 대한 이유가 분명해야 하며, 모두에게 유익한 활동이라는 공통적인 인식이 있어야 한다. 학습 분위기가 형성되기 위해서는 장애가 예상되는 요인을 사전에 제거하기 위해 학습지원조직 또는 퍼실리테이터들이 많은 노력을 기울여야 한다.

(3) 성과목표

마케팅 학습팀 역시 기술 및 연구부문 네트워크 학습팀처럼 상호 학습을 통한 역량 향상, 사회적 자본으로서 인적 네트워크 향상을 기본 결과성과로 하되, 서로 다른 회사의 멤버들로 구성되었으므로 '마케팅 부문의 시너지 창출'이라는 요소를 성과항목으로 추가했다. 그러나 평가방법은 조금 다르게 설계되었다.

첫째, 마케팅 학습팀의 중요한 성과는 '협력마케팅(Co-Marketing)**의 건수와 질'로 평가했다.** 시너지 성과는 계열사의 협력을 통한 아이디어 제안 및 실행에 대한 것으로, 이것은 재무적인 성과와도 연계된다. 결과적으로 활동이 종료된 6개월 동안 매우 의미 있는 협력마케팅 사례들이 발견되었으며 주목할 만한 성과도 달성할 수 있었다.

1. 오프라인 매장(외식 프랜차이즈, 편의점)과 생산제품(냉장, 신선식품)의 상호 시너지

2. 고객 소구 계층이 동일한 두 회사의 협력마케팅: 프리미엄급 건강식품을 방문판매가 어려운 통신사 영업사원의 홍보 도구로 활용

3. 미디어 콘텐츠 제작 시 기획단계에서 홍보도구의 협찬 및 바터 형식의 협업(Co-work) 사례: 에피소드 삽입을 통한 상호 시너지 창출

둘째, 역량평가, 즉 학습성과에 대한 평가는 과정 종료 후 학습지원조직이 아닌 '참여자 소속 팀장이 직접 평가'하도록 했다. 일반적으로 비즈니스 팀 조직에서 개인에 대한 업무평가는 역량평가와 성과평가 두 가지를 동

시에 실시한다. 성과평가는 개인의 업무실적에 따른 평가이므로 평가 항목과 결과가 구체적이며 명확한 편이다. 그러나 역량평가의 경우 육성계획이 불분명하거나 형식적으로 실행하고 있는 것들이 많아 정확한 평가로 반영되기가 쉽지 않다. 개인의 역량 향상에 꼭 필요한 내·외부 교육을 찾기가 쉽지 않다는 이유로 구성원들은 주로 교육팀에서 제공해주는 온·오프라인 학습을 수동적으로 이수하거나, 독서와 같은 개인학습을 위주로 역량계획서를 작성하곤 한다. 그런 점에서 6개월 동안의 학습팀 참여는 가장 적합한 직무 관련 역량육성 활동이라고 할 수 있다. 활동결과는 학습자 개인이 학습팀으로부터 습득한 지식과 성찰의 결과를 토대로 작성토록 하고, 소속팀에 돌아가 성과를 팀원들에게 공개적으로 발표하는 과정을 거치며, 학습지원조직은 학습팀 수행의 성과를 정리하여 보고해줌으로써 개인의 수행성과를 팀장이 판단할 수 있도록 피드백 해주었다.

마지막 마케팅 전략 커뮤니티의 성과지표는 '인적 네트워크 향상 지수'였다. 우리는 L사의 공정기술/R&D 부문에서 학습팀을 운영했던 경험을 토대로 새로운 가설을 세울 수 있었다. "인적 네트워크(학습자 간 관계 역량 지수)가 높을수록 학습팀의 역량 향상과 협력 마케팅을 위한 시너지 점수가 높을 것이다." 이러한 가설을 전제로 과정이 시작되기 전과 과정 종료 시점의 관계지수를 두 번에 걸쳐 평가해 비교했다. 관계성과는 노드(Nord)의 수(인적 교류의 수)와 굵기(교류의 강도)를 통해 정량적으로 측정해보기로 했다. [사회관계망분석] 3개 팀을 조사한 결과 학습팀 내 학습자 간 관계지수와 성과와의 연계성에 대한 상관관계가 높게 나타났다. 인적 네트워크의 중요성이 결국 성과와 연관이 있다는 것을 보여준 것이다. 결과적으로 재무적 성과의 기준이 되었던 시너지 창출에 대한 성과 역시 기대 이상의 결과를 가져다주었다.

(4) 운영방법

전략 커뮤니티의 일반적인 접근처럼 활동 초기에는 성과에 대한 부담을 주지 않도록 했다. 마케팅 전략 커뮤니티에는 (서로 다른 산업, 서로 다른 회사의 구성원들이 참여하므로) 활동을 강제화할 경우 언제든지 이탈의 위험이 있기 때문이었다. 참여자들이 자유롭게 참여할 수 있는 분위기 조성을 위해 노력했으며, 또 다른 성과창출조직이라는 인식을 주지 않도록 결과성과보다는 학습성과에 중요한 의미를 부여했다.

학습활동 프로세스와 학습형태는 구조화된 방식과 학습팀 스스로 학습과제를 선정하는 자율적인 방식을 병행했다. 학습지원조직이 주관하는 공통 학습 프로그램은 두 달에 한 번 실시했는데, 이때에는 모든 학습팀들이 한자리에 모이도록 했다. 이 시간 동안 학습팀 구성원들의 요구에 의해 또는 필요하다고 판단되는 학습주제를 선정하여 전문가 특강을 열어주거나 학습팀의 학습내용 중 의미 있는 주제를 선정하여 공개적으로 발표하기도 했다. 학습팀 스스로 학습주제를 선정한 경우, 일방적인 강의형식이 아닌 개방된 토론방식으로 자유롭게 진행했다. 강사가 곧 학생이고 학생이 곧 강사의 관점에서 지식을 교류할 수 있는 보완적 관계에 있었다.

마케팅 전략 커뮤니티 활동의 중요한 특징은 '중국지역 전문가 액션러닝'처럼 학습장소의 자유로운 이동을 통한 '체험적 학습경험'이라고 할 수 있다.

오히려 **훨씬 더 자유롭게** 학습 시간과 장소의 제한을 두지 않고 원하는 시간에 자유롭게 이곳저곳을 이동하면서 진행했다. **마케팅 직무의 특성상 학습장소가 중요하다.** 연수원이라는 특정시설로 제한하지 않고 다양한 학습공간을 활용할 때 보다 자연스럽게 창의적인 아이디어가 도출될 수 있다. 실제로 마케팅에 대한 주제를 다양한 소비/대중 트렌드를 접하는 현장에서 직접 토론한 경우 훨씬 생동감 넘치는 대화가 교환되는 것을 관찰할 수 있었다. 아울러 그룹 전체의 시너지를 함께 고려해야 했기 때문에 멤버 소속 회사를 방문하여 기업에 대한 이해도 높이도록 했다. 그룹 내 계열사들의 경우 대부분 여러 지역에 흩어져 있었으므로 같은 그룹사라고 하더라도 사실상 그룹 내 다른 기업에 방문해 볼 기회가 없었기 때문이다. 회사별로 발표자를 선정하게 되면 본인 회사의 회의실이나 세미나룸을 학습장으로 활용하도록 했다. 발표자는 학습팀 멤버들이 본인의 회사에 방문하게 될 때, 자신의 회사를 직접 홍보하거나 제휴 마케팅의 이점을 보다 설득력 있게 제공할 수 있게 된다. 때로는 회사가 속해 있는 각 사업장(제조공장, 외식매장, 영화관, 미디어 촬영장소 등)을 학습장소로 활용하여 해당 산업의 특성을 보다 생생하게 설명할 수 있었다. 어떤 때는 소비자 마케팅의 가장 직접적인 체험공간인 핫플레이스(Hot Place) 방문을 통해 최신 트렌드를 함께 학습할 수 있는 기회를 만들기도 했다. 서로 다른 시각을 가진 마케터들이 서로의 의견을 교환하면서 보다 참신한 생각들을 공유하는 살아 있는 학습을 할 수 있었다.

(5) 스폰서십

앞서 언급했듯이 스폰서는 통상 학습팀 멤버들의 직속 상사가 아닌 경우, 절대적인 지원자로서의 역할을 하거나 강력하게 영향을 미치지 못하기 마련이다. 특히 마케팅 전략 커뮤니티와 같이 여러 회사에 소속되어 구성될 경우 멤버들은 자신의 상사로부터의 간섭에서 자유로울 수는 없다. (전략 커뮤니티는 액션러닝과 비교해 활동의 강제성이 다소 느슨하다.) 마케팅 부문 학습팀과 같이 완전히 다른 회사 구성원들로 멤버가 구성될 경우 자신의 소속 팀원들이 아닌 회사(구성원)들까지 통제하고 활동을 강제화할 수 있는 스폰서를 찾는다는 것이 쉽지 않다. 소속팀의 긴급하고 중요한 이슈가 있다고 판단할 경우 팀원들은 언제든지 활동을 종료하려고 할 것이다. 그룹 전체의 상위조직 소속 경영진이 스폰서를 하게 되는 경우도 있지만 이해관계가 서로 다른 회사 모두를 통제해야 하는 어려움이 있다. 따라서 스폰서의 지원에만 의지하기보다는 활동을 강제화하거나 정규 교육과정으로 수료할 수 있도록 제도화하는 것도 필요하다.

마케팅 전략 커뮤니티의 스폰서는 경영진(임원)인 동시에 직무 전문가였으므로 필요한 경우 본인이 경험한 지식을 바탕으로 학습팀을 올바른 방향으로 이끌도록 했다. 스폰서 역시 발표자가 되어 학습을 주도하고 솔선수범의 모습을 보이면서도 팀원들의 생각과 의견을 존중하는 지원자의 역할을 수행하도록 했다. 때로는 참여자들의 자발적인 동기를 이끌어내고, 멤버 소속의 팀장들과 커뮤니케이션을 통해 참여를 요청하는 역할을 부여하기도 했다.

2) 네트워크 전략 커뮤니티의 의미와 시사점

(1) 벽 없는 조직(Boundaryless Organization) 만들기

> 물리적인 구조(길, 공원)가 마을의 개발을 자극한다. 두 행선지 사이에 공원과 연결된 지름길이 있으면 아무래도 그 공원에 들르는 일이 자주 일어나게 되는 것과 같은 이치이다. 그리고 큰길에서 약간 벗어난 곳에 사람들의 말소리가 들리지 않을 만한 거리에 벤치를 준비해두고, 그 옆에 꽃밭이나 햇빛을 가릴 만한 장소를 마련해두면 점심을 먹으려고 하거나 사소한 담화를 나누려고 하는 사람들을 불러 모으기가 훨씬 용이해질 것이다.
>
> - E. Wenger

일반적으로 기업이 성장하고 규모가 커지게 되면 기능은 보다 세부적으로 분화되며, 이때부터 커뮤니케이션 문제가 나타난다. 새로운 조직, 팀이 만들어진다는 것은 새로운 형태의 리더십이 요구된다는 것이며, 변화된 조직에 맞는 새로운 형태의 커뮤니케이션을 필요로 한다는 것이다. 조직은 원활한 커뮤니케이션과 협업을 위해 끊임없이 조직을 만들고 없애는 과정을 반복한다. 그러나 아이러니하게도 효율적으로 기능하기 위해 새롭게 만들어낸 조직 역시 또 다른 벽과 경계를 만들어내곤 한다. 조직 간 커뮤니케이션이 단절될 때, 팀과 부문에서 달성해야 할 당면한 목표만 생각하게 되며 협업보다는 부서 간 이기주의와 사일로(Cilo)가 생겨나게 마련이다.

네트워크 전략 커뮤니티의 성과는 무엇보다 조직이 끊임없이 만들어내는 커뮤니케이션의 장벽과 경계를 낮추는 데 기여하는 것이다. L사와 C사 모두 네트워크 커뮤니티가 가동되고 가장 크게 변화한 것도 바로 조직 간 벽을 낮추고 협업이 가능한 환경을 조성했다는 것이다. 전략 커뮤니티를 통해 조직에 흩어져 있는 전문가들이 자연스럽게 교류할 수 있었으므로 예전보다 훨씬 자주 일과 관련된 문제와 고민에 대해 대화할 수 있었다. 나아가 이들을 통해 강화된 신뢰를 기반으로 기업에서 새롭게 수행해야 할 프로젝트가 있거나 타 조직이 어려움에 처해 있을 때 기꺼이 지원과 도움을 이끌어낼 수 있었다. 기업은 조직개편을 통해 외형을 달리하며 계속 모습을 바꾸지만 직무 중심의 인적 네트워크인 전략 커뮤니티는 기술이나 지식이 없어지지 않는 한 지속된다. 동일 직무 종사자들의 협업과 원활한 커뮤니케이션을 위해 실행하는 수많은 제도와 시스템보다 전략 커뮤니티가 효과적인 것은 바로 직무에 대한 정체성을 공유하고 있기 때문이다. 기술, 연구개발, 마케팅 커뮤니티 모두는 공통 직무를 중심으로 기업 간 수평적인 모임이 활성화될 경우 보이지 않는 협력이 가능한 것이다.

네트워크 전략 커뮤니티가 직무를 중심으로 조직 간 경계를 넘어 결속하게 된다는 점에서 유연한 매트릭스 조직의 기능을 수행할 수도 있다. 경직된 수직적 의사결정과 명령체계를 가지고 있는 직제조직과는 달리 유연한 수평적 협업이 가능하므로 매트릭스 조직이 추구하고 있는 순기능을 가지고 있다. 매트릭스 조직을 가정할 때 종축에는 기능 또는 사업부문에 대한 권한이 있고, 횡축에는 직무 또는 프로젝트 같은 과제 부문에 대한 권한이 있다. 기업이 사업부조직이라면 사업부를 넘어선 기능 간 공통 직무조직의 연계가 될 것이고, 서로 다른 조직으로 구분되어 있는 기능별 조직 역시 개별 부문기능(생산, 연구, 마케팅, 영업 등)을 공통 직무로 묶을 수 있다.

L사는 전략 커뮤니티가 2년 정도 안정화되었을 때 향후 사업부 조직으로 전환하기 위한 과도기적 조직으로 매트릭스 조직을 운영했는데, 이때 네트워크 전략 커뮤니티 조직이 유용하게 활용되었다. 전략 커뮤니티의 스폰서는 실제 매트릭스 조직의 공통 책임자로서 기술 중심의 공통 의사결정에 관여함으로써 비공식 조직의 역할을 넘어 공식적인 업무를 수행하는 데 일조할 수 있었다. 이것은 전략 커뮤니티가 기업의 공식조직으로 명시됨으로써 학습 또는 문제해결이라는 제한된 영역에서의 역할을 넘어 조직의 전략과 제도에 영향력을 발휘했다는 점에서 큰 의미가 있다.

마지막으로 네트워크 전략 커뮤니티는 수평적인 전문가 집단으로 구성되었기 때문에 해당 기술의 중요한 의사결정에 참여하기도 했다. 신기술 적용 타당성, 심각한 불량문제에 대한 대응방안, 고가 장비 도입 검토 등 특정 조직에서 결정하기 힘든 것들에 관한 것이었다. 이것은 회사가 네트워크 전략 커뮤니티를 전문가적인 권위를 가진 집단으로 인정해주었다는 것을 의미한다. 전문가 집단을 인정하고 존중함으로써 단지 보상만으로는 이끌어낼 수 없는 조직에 대한 헌신과 로열티가 만들어지는 계기가 되었다.

(2) 전문가 집단의 수평적 협업과 문제해결에 참여

L그룹의 전략 커뮤니티는 단순한 학습팀이 아니다. 연구(R&D) 및 기술(Technology) 부문에서 기업의 가장 중요한 성공경험을 보유한 산지식인이며, 기술전문가 그룹이다. 이렇게 모인 소중한 시간과 자원, 결집된 역량은 기업 경쟁력 창출을 위해 다양한 방법으로 활용할 수 있다.

대표적인 것이 기술전문가 그룹을 중심으로 다수의 구성원들이 참여하는 소위 전문가 Q&A 시스템을 전략 커뮤니티와 연계시킨 것이었다. 이것은 문제발생 시 온라인을 통해 질문을 올리면 문제해결의 답 또는 해결의 실마리를 잘 알고 있는 전략 커뮤니티의 전문가들이 Q&A 형식으로 답변을 해주는 것이다. 지리적으로 멀리 떨어져 있고, 개인적인 친분이 없거나 누가 그 분야의 전문가인지 모르더라도 쉽게 유용한 정보를 얻어낼 수 있기 때문에 제대로 기능하게 된다면 기업의 문제해결 역량을 획기적으로 향상시킬 수 있다. 그러나 이 제도는 현실적으로 몇몇 열정적인 참여자를 제외하고는 대부분의 전문가들의 지속적인 참여를 이끌어내기가 쉽지 않다는 어려움이 있었다. 기술전문가들은 기업에서 제일 바쁘고 많은 과제를 수행하고 있기 때문이며, 본인에게 주어진 일뿐만 아니라 조직이 필요로 하는 부가적인 일역시 많기 때문이다.

전문가 Q&A 시스템을 활성화시킬 수 있는 핵심은 '전문가를 움직이는 것'이다. 전문가들의 온라인에서의 자유로운 토론과 생산적인 대화, 구성원들의 의견이 활발하게 교환되는 것이야말로 기업이 추구하는 '집단지성의 올바른 활용사례'일 것이다. 학습지원조직은 생산부문의 네트워크 전략 커뮤니티(SCoP) 활동이 어느 정도 활성화되었을 때 전문가 Q&A 시스템을 전략적으로 연계시킬 수 있는 방안을 마련했다. 전문가 Q&A 제도를 활성화시키기 위해 학습지원조직은 두 가지 활동에 집중했다. **첫째, 전문가로서의 자부심을 심어주는 것이다.** 핵심인재들은 기술전문가 그룹이라는 명예로운 소속감 속에서 보다 책임감 있는 행동을 한다. 몇몇 사람들의 인정이 아니라 공식적인 전문가 인증을 통해 스스로 자부심을 가지게 된다. **둘째, 온라인 활동이지만 오프라인 학습활동을 강화시킴으로써 온·오프라인 활동의 조화에 중점을 두었다.** 오프라인 학습모임의 주기적인 활동은 온라인 활동으로 자연스럽게 연결된다. 전혀 모르는 사람보다는 안면이 있거나 친분이 있는 사람의 질문에 자연스럽게 도움을 주고 싶은 마음이 생겨나기 때문이다. 오프라인 학습모임이 정례화되고 활성화되다 보면 설사 질문자와 직접적인 친분이 없는 사람이라고 하더라도 조직의 전문가들과 우회적으로 네트워크가 형성되기 때문에 가능하면 성실하게 답변하도록 유도할 수 있다. 오프라인 활동을 통해 강화된 인적 네트워크들은 온라인 활동으로 자연스럽게 관계가 이어지게 되고, 이는 조직의 문제해결의 대응력을 높이게 된다.

전략 커뮤니티 활동이 주기적인 오프라인 학습모임으로 정착될 무렵 전문가들은 어느새 서로 친밀한 인적 네트워크를 형성하고 있었으므로 기술전문가들을 전문가 Q&A 시스템의 풀(Pool)로 연계시키는 일은 어려운 일이 아니었다. 학습팀 멤버들이 서로 친해지면서 온라인으로 올려진 질문에 대한 전문가의 답변에 대해 다른 전문가들이 추가적인 정보와 지식을 첨언해주기도 했다. 전문가 집단의 답변은 성실하고 자세한 사례와 함께 설명해주었기 때문에 질문자들의 만족도가 높았다. 바쁜 중에도 자신이 가지고 있는 경험과 지식을 충실히 전달하려고 노력했으며, 공장 및 연구소별로 발생한 긴급한 문제는 온라인 등록과 동시에 전문가 개별 메일로 전송되어 누구나 쉽게 답변하도록 했다. 이들 전문가 커뮤니티는 엔지니어 또는 연구원으로서 그들의 답변이 공개적인 자부심이며 가치인 것으로 받아들여지게 되면서 더욱 활발하게 운영될 수 있었다.

4. 전사 혁신 액션러닝: 타(他) 업무에 대한 이해와 배려가 협업과 혁신의 시작

　　H기업은 초고속 인터넷, 인터넷전화, 케이블 방송 분야에서 꾸준한 성장을 거듭해오고 있다. 무엇보다 기술집적화된 연구개발 분야가 경쟁력이며, 영업 중심의 매출확대를 꾀함으로써 시장규모를 확대하면서 성장해온 기업이다. 사업부문은 지역에 대한 최적화된 서비스 제공, 수익과 매출에 대한 책임을 가지고 있으므로 독립된 형태로 운영되고 있으며 지역별로 경계가 뚜렷한 조직구조를 가지고 있다. 사업부문은 영업, 기술지원, 제작, 지원부서로 이루어져 있으며, 기술과 마케팅부서는 지역의 영업부서를 지원하게 되어 있다.

　　H기업 CEO의 인사철학은 확고하다. "외부 환경의 급격한 변화에 따른 경쟁력이 치열해질수록 사람이 곧 경쟁력이며 핵심역량이다. 무엇보다 조직 안에 있는 구성원이 인재로 육성되고 성장해야 기업도 함께 성장한다"는 것이다. 경쟁사들을 앞서고 시장의 흐름에 뒤처지지 않기 위해 조직구성원들 각자의 전문성을 높이고 치열하게 학습할 것을 강조하였다. 이를 위해 우선 기업 전체가 학습하는 조직이 되어야 한다고 믿고 있었으며 단기적인 문제해결보다는 중장기적인 경쟁력 확보를 위해 학습문화가 조직 전체에 뿌리내리도록 노력해줄 것을 당부했다. 전사 혁신 학습팀은 이처럼 내부인력의 인재육성에 대한 요

전사 혁신 액션러닝

분류	내용
전사 혁신 액션러닝	• 부문 간(Cross Functional) 학습팀 멤버구성의 원칙 적용 • 협업을 통한 문제해결능력 향상을 통해 조직의 학습문화 구축에 기여
1. 과제영역/ 학습주제	• 과제(목표)는 조직에서 부여하지만 협의를 통해 조정 1) 사업부 소속 부서(기능) 간 협업(Co-work)을 통해 해결해야 할 과제 2) 거시적이고 전략적인 주제 및 경영전략상의 핵심 과제 3) 일의 중요도와 시급성에도 불구하고 부서 간 이해관계로 인해 진척되지 않았던 과제 • **과제 선정 프로세스** 사업본부별로 선정(지원팀장) → 학습팀과 협의를 거쳐 조직장(본부장/실장) 승인 → 대표이사 승인 → 주제 확정
2. 멤버구성	• 부서별로 주제에 관심이 있는 개인의 자발적인 참여와 부서장의 추천 – 한 팀은 7~10명으로 구성(사업본부별로 2~3개, 본부 5개, 총 18개의 팀) – 타 직무 간(Cross Functional) 조직구성원을 통합하여 액션러닝팀 구성 – 전 사원의 약 20% 인원이 1기 학습팀 활동에 참여
3. 성과목표	• 재무적 목표(50%), 학습목표(50%) 균형성과지표(BSC: Balanced Score Card)에 의한 평가 1) 성과요소: 전략과 연계된 문제해결 및 성과창출 중심의 협업 2) 활동요소: 리더 및 구성원의 참여 정도 3) 문화요소: 부문 간(Cross Functional) 구성으로 수평적 조직문화에 기여 4) 환경요소: 스폰서(Sponsor)의 공식적/적극적 지원
4. 운영방법	• 구조화된 설계 – 활동주기: 총 6개월 격주(1, 3주 수요일) 1회 정례 학습모임 – 업무 공유: 유관업무에 대한 지식습득과 업무이해를 시작으로 팀빌딩 및 학습 – 해결 과제: 액션러닝 방식으로 문제해결, 현장방문과 고객 직접대면을 통한 공동참여
5. 스폰서십	• 적극지원형 스폰서십(본부장, 실장/팀장) – 매월 1회 정례 학습모임 순회 참석/격려 – 진행사항 점검 및 개선사항 지원

구와 문제해결을 통한 기업경쟁력 강화를 위한 목적으로 시작되었다.

전사 혁신 액션러닝은 6개월을 주기로 지속되었는데, 학습지원조직은 활동 기간의 구분을 위해 1기, 2기, 3기로 이름 붙이고 활동기간마다 가능하면 목적과 의미를 달리하도록 노력했다. 1기에서는 주로 학습문화를 만들기 위한 기능 간 협업이 목적이었다면, 뒤로 갈수록 조직에서 반드시 수행해야 할 공통된 과제들을 해결하는 데 집중했다. 전사 혁신 액션러닝팀 구축을 위해 학습지원조직은 우선 참여자들의 학습에 필요한 제도와 정책을 수립하는 것에 중점을 두었다. 20% Rule(창의성 참고)에 따라 전체 구성원의 약 20%가 1기 학습팀 활동에 참여하도록 했으며, 구성원들의 목표(KPI)와 학습시간 역시 자신의 전체 업무에서 약 20% 정도를 할애하도록 했다. 학습팀 설계의 기본 축은 지역 기반의 조직구조를 가지고 있는 사업부의 특징을 유지하되 사업부 내에서는 유기적인 커뮤니케이션이 가능하도록 하는 것이 목표였다. 사업부조직을 넘어 학습팀을 구성하게 된다면 자주 만나기가 어려운 단점이 있었으므로 지역별 사업본부 내로 학습팀 구성을 제한하도록 했다. 대신 사업부 내에서는 기능 간 협업과 시너지가 가능하도록 여러 부서(팀)들은 CFT(Cross Functional Team)처럼 구성했다. 직무가 다르더라도 팀을 섞어 학습팀을 구성함으로써 지역 내의 조직 특성을 유지하면서도 지역 간 자연스러운 경쟁을 유도했다.

학습팀은 서로 다른 부문의 멤버들이 핵심과제를 수행하는 것을 원칙으로 했으므로 기본 운영의 틀은 액션러닝(AL) 방식이 적합하다고 판단했다. 문제해결 과제가 부문 간 협업이 필요하며 멤버 모두의 헌신과 몰입을 요하는 난이도 있는 수준이었기 때문에 학습팀원들은 과제해결에 필요한 부문 간의 사전지식 학습이 우선시되었다. 자신의 일 관점에서만 아이디어를 제공하고 더 이상 기여하지 않는 것은 바람직한 학습팀의 모습이 아닐 것이다. 이를 극복하기 위해서는 무엇보다 타 부서의 일에 대한 기초지식이 선행되어야만 더 의미 있는 결과를 기대할 수 있다고 판단했다. 따라서 학습팀 활동 초기 한 달은 유관 부서의 직무지식을 선행적으로 학습하기 위한 시간이었다. 과제 해결을 위해 필요한 기본 지식은 학습팀 멤버들의 상호학습활동에서 해당 부문의 직무지식을 습득하고, 필요하다면 사내 전문가의 도움을 받았다. 평소에 자신의 일과 관련되어 궁금했지만 자세히 알 수 없었던 업무지식을 학습팀에서 논의하고, 자신의 업무를 팀원들에게 소개하는 시간을 통해 부서 간의 이해와 관심도 높일 수 있었다. 특히 이 기간 동안에는 학습이 끝나면 반드시 성찰과정을 통해 타 부문에 대한 지식습득과 본인 업무에서의 적용점 등 업무 관점에서 배운 점과 느낀 점을 서로 공유하도록 했다.

전사 혁신 액션러닝

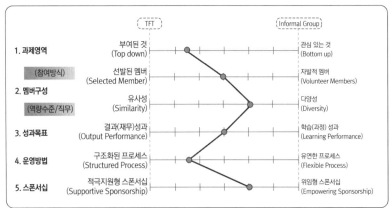

1) 학습팀 플래닝 믹스 전략: H그룹(인터넷, 케이블 방송)

(1) 과제영역

학습팀 활동을 통해 조직의 협업(Co-work) 관점에서 문제를 해결하고 조직 시너지를 촉진할 수 있는 과제를 부여했다. 기능 간 여러 부서가 한 팀으로 구성되는 경우, 참여자들이 자신의 직무와 경험에서 각자 과제를 바라보는 견해와 관점을 공유하는 것만으로도 학습이 되며, 생각하지 못한 많은 지식을 습득할 수 있다. 전사 혁신 액션러닝 활동을 통해 고객 관점에서 자신에게 주어진 일만 우선하지는 않았는지, 나의 일이 다른 부서 또는 팀에게는 어떤 영향을 미치고 있는지, 그리고 어떻게 개선해야 하는지 등에 대한 것을 학습팀 활동을 통해 토론해보도록 했다. 조직의 협업 관점에서 해야 할 일과 현업으로 돌아갔을 때 업무의 적용 포인트, 실행의 모습을 함께 연구해봄으로써 활동이 종료된 후에도 현업 연계성을 높이도록 했다. 과제 선정의 기준은 사업부 소속 부서(기능) 간 협업을 통해 해결해야 할 과제로서 문제해결능력 강화를 위한 거시적이고 전략적인 주제 및 조직 경영전략상의 핵심 과제를 선정했다. 무엇보다 일의 중요도와 시급성에도 불구하고 부서 간 이해관계로 인해 진척되지 않았던 과제를 중심으로 선정하도록 했다. '부문 간 소통과 협업과 지식공유를 통한 문제해결' 관점에서 ① 경영전략과 부합하는 거시적 과제 해결을 목표로 하거나(전략적), ② 공통의 관심사를 과제화하여 공통 역량의 개발을 목표로 하거나(역량개발), ③ 공통의 지식을 획득, 공유, 전파할 수 있는 주제로서 경영현안을 해결하기 위해 조직되는(이슈해결) 활동이라고 정의했다.

학습팀이 수행해야 할 주제는 지역별 사업본부 기획팀에서 직접 선정하고 검토하도록 했다. 기획팀은 후보 과제를 학습팀과의 충분한 논의를 통해 보다 정교하게 재정의했다. 이렇게 도출된 주제는 사업본부의 책임자인 본부장(스폰서)과 협의를 통해 '부서 간 시너지를 발휘할 수 있는 주제'인지의 관점에서 최종 확정했다.

- 계약 프로세스 개선을 통한 효율적인 리스크 관리
- 채널사업의 다원적 수익 모델 확대 방안
- 고객DB의 분석과 활용을 통한 영업활성화 전략
- 내부 프로세스 개선활동을 통한 고객불만 및 불친절 콜 감소
- 고객창출 저해요소 제거를 통한 생산성 확대
- 지역 내 유통채널 발굴과 지역 밀착을 통한 비즈니스 기회 창출
- 고객생애가치 극대화를 위한 내/외부 핵심 경쟁요인 도출 및 관리
- 품질지표 구체화 및 개선을 통한 고객만족도 증대

(2) 멤버구성

멤버는 우선 부서별로 주제에 관심이 있는 개인의 자발적인 참여와 부서장의 추천을 받아 선정했다. 그러나 주제가 확정된 후 문제해결을 위해 기여도가 높고 반드시 필요하다고 판단되는 인원이 있으면 추가할 수 있도록 했다. 팀 간 협업을 통해 문제를 해결해야 하는 과제였으므로 어떤 팀원의 참여가 도움이 될지 팀조직의 리더가 우선적으로 검토하도록 했으

며, 반드시 2개 부서 이상의 멤버들로 구성해야 함을 원칙으로 했다. 그러나 멤버의 선정기준은 성과만을 우선하지 않도록 했다. 단기적 성과 중심의 주제는 멤버구성에 영향을 미친다. 성과가 강조될 경우 학습보다는 문제해결에 직접적인 도움을 줄 수 있는 멤버로 구성될 것이고, 이는 자칫하면 성과창출 조직으로 왜곡되어 운영될 수 있다.

학습팀은 사업본부별로 2~3개와 본부에서 5개, 총 18개의 팀을 6개월의 기간으로 운영했다. 사업본부의 학습팀 참석인원은 부서별로 2~3명 정도의 멤버들이 학습팀에 배정되었으므로 지역별로 평균 30여 명 정도가 1기에 참여하게 되었다. 전사 혁신 액션러닝은 혁신 프로그램의 일환이었으므로 중장기에 걸쳐 운영하면서 결국에는 전 사원 모두가 참여할 수 있도록 했다.

전사 혁신 학습팀은 액션러닝 방식이 핵심이었지만, 모든 프로세스를 액션러닝처럼 진행한 것은 아니었다. 대표적인 것이 전략 커뮤니티(SCoP)에서 채택하고 있는 '리더'의 선출과 육성방식이었다. 지역별로 흩어져 있는 학습팀의 전체 과정을 학습지원조직이 통제하고 모니터링하기란 쉽지 않다. 이 경우 원활한 운영을 위해 두 가지 형태가 가능하다. 대규모 러닝코치, 즉 퍼실리테이터 양성을 통해 학습팀 활동 전체를 관리하거나(액션러닝 방식), 학습팀의 리더를 선정하여 과제에 대한 책임을 위임하는 것이다(전략 커뮤니티 방식). 학습팀의 리더들은 워크숍을 통해 러닝코치로서의 역할, 학습과 성과를 촉진하는 퍼실리테이터로서의 역할을 추가적으로 부여받았다. 리더는 학습과정과 학습결과에 대한 책임을 가질 수 있도록 '학습팀 리더'의 역할을 수행함과 동시에 전문 '러닝코치'의 역할을 수행함으로써 팀학습을 촉진시킬 수 있었다. 학습팀의 리더들은 본인이 직접 성과를 책임지는 팀원이었기 때문에 보다 책임감 있게 학습에 참여할 수 있었다. 전사 혁신 액션러닝의 독특한 특징은 리더의 역할과 책임을 특정 기간에만 제한하지 않는 다는 것이었다. 1기 리더(또는 러닝코치)로 육성된 멤버들은 2기 활동에서 전문적인 러닝코치로서 학습팀을 지원할 수 있도록 했다. 실제로 1기에서 리더의 역할을 수행했던 많은 멤버들이 2기 활동에 애정을 보이며 러닝코치로 참여했는데, 이는 학습팀이 동일한 사업부 안에서 구성되었기 때문에 (2기 멤버들을 잘 알고 있었으므로) 기꺼이 도움을 줄 수 있다는 것과 과제의 연속성이라는 특성 때문이었다.

(3) 성과목표

결과성과와 학습성과의 비중을 균등하게 배분했으며 학습성과는 기업의 학습조직화 관점에서 활동요소와 문화요소를 구분하여 기준을 마련했다. 네트워크 전략 커뮤니티가 학습팀이 달성하고자 하는 주요 가이드라인(3가지 키워드: 신입사원 조기 전력화, 기술역량 향상, 재무적 성과창출)만을 제시하고 과제는 스스로 도출하고 학습팀원들이 자발적으로 실행하기로 합의한 목표를 달성하는 방식이라면, 전사 혁신 학습팀은 특정 과제를 선정하고 합의한 목표를 달성하기 위해 팀원 모두가 문제를 해결해나가는 과정이다. 얼핏 보면 전사 혁신 액션러닝이 보다 더 성과지향적 활동으로 보일 수 있지만 평가방식을 보면 학습성과를 얼마나 중요하게 생각하고 있는지 알 수 있다.

전사 혁신 액션러닝의 대전제는 기업의 장기적인 학습조직 구축을

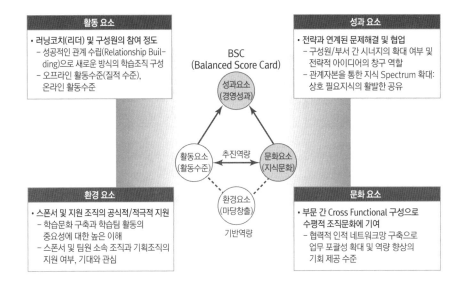

활동 요소
• 러닝코치(리더) 및 구성원의 참여 정도
 – 성공적인 관계 수립(Relationship Buil-
   ding)으로 새로운 방식의 학습조직 구성
 – 오프라인 활동수준(질적 수준),
   온라인 활동수준

성과 요소
• 전략과 연계된 문제해결 및 협업
 – 구성원/부서 간 시너지의 확대 여부 및
   전략적 아이디어의 창구 역할
 – 관계자본을 통한 지식 Spectrum 확대:
   상호 필요지식의 활발한 공유

BSC
(Balanced Score Card)

성과요소
(경영성과)

활동요소
(활동수준)   추진역량   문화요소
             (지식문화)

환경요소
(마당창출)

기반역량

환경 요소
• 스폰서 및 지원 조직의 공식적/적극적 지원
 – 학습문화 구축과 학습팀 활동의
   중요성에 대한 높은 이해
 – 스폰서 및 팀원 소속 조직과 기획조직의
   지원 여부, 기대와 관심

문화 요소
• 부문 간 Cross Functional 구성으로
  수평적 조직문화에 기여
 – 협력적 인적 네트워크망 구축으로
   업무 포괄성 확대 및 역량 향상의
   기회 제공 수준

위한 것이었으므로 학습팀 전체에 적용할 보다 정교한 평가방법이 필요했다. 평가요소는 성과요소, 활동요소, 문화요소, 환경요소의 4가지로 구분하였으며, 성과평가와 더불어 활동성 평가를 통해 학습문화, 학습조직을 만들어가는 과정을 주요 활동지표로 보았다. 우리는 이것을 학습팀의 균형성과지표(BSC: Balanced Score Card)라고 이름 붙이고 학습조직화 관점에서 성과, 문화, 활동, 환경 요소를 포함한 평가의 기준을 마련했다. 균형성과지표가 중요한 것은 학습팀이 학습조직으로서 정성적·정량적 성과들을 얼마나 잘 보여주었는지를 평가하기 위함이다. 학습팀별로 4가지 요소에 따라 정성적·정량적 평가를 동시에 했다. 정성적인 평가는 평가위원을 구성하여 재무적 성과뿐만 아니라 학습성과를 고려한 심사를 통해 포상을 하기도 했으며, 결과는 개인평가에 활용하도록 소속 팀장에게도 공유했다.

BSC 평가결과

조직	학습팀명	점수	평가지표			
			활동요소	환경요소	문화요소	성과요소
본사부문	학습팀1	10	◑	●	◑	◕
	학습팀2	12	◔	◕	●	◔
	학습팀3	10	◕	◑	◔	◕
	학습팀4	9	◕	●	◑	◔
	학습팀5	5	◔	◑	◔	◔
	학습팀6	11	◕	◑	●	◕
	학습팀7	11	◕	◑	●	◕

※ 평가수준 ● Excellent ◕ Good ◑ Satisfactory ◔ Poor ○ Very poor

(4) 운영방법

운영 프로세스는 학습주제와 마찬가지로 구조화하여 설계했다. 이를 위해 학습지원조직은 초기에 활동 프로세스가 빠르게 안정화될 수 있도록 워크숍을 통해 리더들을 교육시켰다. 리더들은 활동의 취지와 배경을 정확히 이해하고 있었으며, 러닝코치와 퍼실리테이터뿐만 아니라 학습의 의미를 학습팀 멤버들에게 전파하는 변화관리자(Change Agent)의 역할을 동시에 수행했다. 활동의 방향과 결과를 제대로 이해하고 있는 학습팀들은 좀 더 체계적이고 조직적으로 움직이기 시작했고, 학습팀 활동이 진행될수록 상당히 구체적인 실행안들이 나오기 시작했다. 이들은 적용 가능성을 높이기 위해 학습지원조직과 사전에 충분히 논의했으며, 자신들의 학습모임에 지원팀과 스폰서를 적극적으로 참여시키기도 했다. 이해관계자들과의 지속적인 커뮤니케이션은 성과의 모습을 구체화할 뿐만 아니라 자연스럽게 협력관계를 구축하도록 만든다. 여러 부서의 사람들이 멤버로 참여하고 있으므로 멤버 중에는 이미 어느 정도 친분이 있는 사람이 있었고, 이들을 중심으로 실행부서의 지원을 이끌어내기가 수월했다.

팀빌딩과 사전학습단계를 거친 후에는 학습했던 내용을 토대로 문제의 핵심에 접근하는 데 온 힘을 기울였다. 이후 타 매체, 경쟁업체 조사 및 학습, 통신시장의 이해를 위한 소모임 활동, 외부강사 강의와 컨설팅 등으로 남은 기간을 활용했다. 학습팀들은 '기초 다지기' 시간을 통해 타 부서의 업무를 이해할 수 있도록 노력했으며, '아이디어' 도출 단계에서는 멤버들의 다양한 출신배경에서 비롯되는 각자의 전문지식을 활용했다. 이때 몇몇 학습팀은 실행의 아이디어를 넘어 가시적인 성과를 도출해내기도 했다. 각 사업부문은 곧 작은 단위의 기업이므로 지역별로 독자적인 학습팀 운영이 가능했다. 이 경우 장점은 무엇보다 스폰서로부터 지원과 아이디어의 실행, 즉 성과로 연결할 수 있는 기회를 쉽게 확보할 수 있다는 것이다. 학습팀이 가시적인 성과를 도출하더라도 이를 실행조직 또는 현장조직에 적용하지 못한다면 활동의 의미가 퇴색되기 때문에 '과제의 실행 가능성'은 무엇보다 중요하다. 학습팀의 아이디어와 전략의 실행력을 높이기 위해 긴급성과 시급성이 요구되는 아이디어는 바로 현업의 해당 부서로 이전하거나 필요한 경우 학습팀의 멤버를 본인이 직접 수행할 수 있도록 신규조직 또는 해당 부서에 배치했다. 또한 지역별 사업조직에 부문 간(Cross Functional) 학습팀을 6개월 단위의 기수별로 운영함으로써 과제를 승계할 수 있도록 했다. 예를 들어, 처음 활동한 학습팀(1기)이 실행의 아이디어까지를 도출하며 기존 지식과 현상을 정리했다면 다음에 운영되는 팀(2기)의 멤버들은 도출된 아이디어를 실행으로 연결시키고 일부는 성과로, 일부는 시행착오를 통해 또 다른 실행의 기반을 만드는 것이었다. 이때 과제에 대한 아이디어를 도출하게 된 배경과 의미를 지속시키기 위해 1기에서 활동했던 멤버 중 일부를 2기 활동에 재가입시켜 실행의지가 단절되지 않도록 했다.

(5) 스폰서십

학습조직 구축의 가장 중요한 요소는 경영진의 참여와 관심이다. 일반적으로 스폰서들의 참여의지는 학습지원조직이나 리더(또는 러닝코치, 퍼실리테이터)의 노력과 역량에 따라 결정되곤 한다. 이들의 스폰서와의 관계형성과 커뮤니케이션의 정도에 따라 적극적으로 참여할 수도 있고, 어떤 경우에는 전혀 역할을 수행하지 않을 수도 있다.

전사 혁신 학습팀은 지역별 본부를 중심으로 학습팀을 구성했기 때문에 스폰서는 각 지역본부의 본부장이 담당하도록 했다. 이때의 장점은 스폰서들이 참여자들의 상위조직 평가자이기 때문에 (스폰서의) 작은 관심과 지원으로도 팀원들의 학습 참여를 독려할 수 있다는 것이다. 학습팀원들의 소속 팀장(리더) 역시 스폰서의 영향력 안에 있기 때문이다. 학습지원조직으로서도 스폰서가 학습팀의 조력자로서 제대로 지원할 수 있다면 손쉽게 학습팀을 관리할 수 있다. 그러나 스폰서가 조직의 상위 평가자라는 것은 본부의 성과과제를 부여하는 또 다른 의미의 성과창출조직으로 기능할 가능성이 높다는 것을 의미한다. 학습팀이 성과창출조직으로 운영될 경우 참여자들의 거부감이 커지고, 일이 가중될 수 있다. 학습팀은 더 이상 그들에게 즐거운 배움의 공간이 아닐 뿐만 아니라 자신들의 의지와는 상관없이 성과를 평가받는 다른 수단일 뿐이다.

학습지원조직은 학습팀들이 어떤 마음과 태도로 참여해야 하는지, 특히 스폰서의 역할과 지원의 구체적인 모습이 무엇인지에 대한 변화관리에 많은 노력을 기울여야 했다. 학습이 진행되면서 스폰서의 강압과 요구로 또 다른 성과창출 조직으로 운영되지 않도록 스폰서의 역할을 명확히 해야 했다. 결과에 대한 평가가 아니라 학습을 통해 배운 것, 성찰한 것, 의미 있었던 것에 대해 끊임없이 이해시킬 필요가 있었다. 전사 혁신 액션러닝의 평가요소 중에는 학습지원조직이 스폰서를 평가하는 항목이 있었는데, 스폰서의 학습팀에 대한 지원수준을 평가한 것이다. 이 평가지표는 (네트워크 전략 커뮤니티에서처럼) 학습모임 및 팀빌딩 행사의 참석 횟수, 팀원과의 과제 관련 미팅 건수 등 정량적인 관점에서만 만들어졌다. 스폰서의 역할을 관심과 최소한의 지원 정도로 제한함으로써 과도하게 개입하지 않도록 했다. 또한, 구성원들이 반드시 학습팀 활동에 참석하도록 물적·정신적으로 지원하는 것이 스폰서의 가장 큰 의무인 것으로 사전에 커뮤니케이션을 했다. 학습팀 활동을 임원평가에도 반영했는데, 이때의 평가는 결과성과가 아니라 팀원들의 학습팀 참여 여부와 학습조직화를 위한 활성화 의지와 같은 항목들이 중요하게 반영된 것이다.

2) 전사 혁신 액션러닝의 의미와 시사점

(1) 부문 간(Cross Functional) 협업의 기반 마련

전사 혁신 액션러닝에서처럼 다양한 업무경험을 가진 사람들이 모인 경우 멤버 각자는 본인이 경험한 일에 대한 서로 다른 분명한 관점과 견해가 있다. 새로운 생각과 관점들이 잘 조화될 때 분명히 기대 이상의 성과가 나타난다. 단기 성과창출 조직인 CFT(Cross Functional Team)가 의미 있는 것은 특정 주제를 검토, 분석 및 해결하는 동안 업무기능적(부서 간의 연계성과 의사소통을 통해 협업하는 방식) 측면에서 성과를 창출하는 데 기여하는 바가 있기 때문이다.

전사 혁신 액션러닝 활동의 중요한 목적 중의 하나는 **타 직무에 대한 충분한 이해를 통해 협업의 기반을 마련하는 것**이다. 즉 동일한 사업부 내 기능 간 시너지의 중요성을 이해하고 향후 협력에 필요한 밑거름을 만드는 것이었다. 막연하게만 알고 있는 유관 부서의 업무를 보다 정확히 알 수 있도록 본인 업무와 관련된 지식을 세부적으로 소개하도록 학습과정에 포함시킴으로써 팀원들의 업무에 대한 이해의 폭을 넓히는 계기를 마련했다. 예를 들어, H기업의 기술팀 소속 멤버는 실제 기술적인 지원만 담당할 뿐 고객을 직접 대면하는 경우도 거의 없었다. 반대로 영업팀 소속 멤버들 역시 타 경쟁사와 비교해 기술적인 관점에서 자사 제품의 장단점을 상세하게 비교하기가 어려웠으며, 실제 설치된 모습을 직접 보게 되는 경우도 드물었다. 따라서 학습의 주요 내용은 기술팀은 영업팀의 업무에서 도움이 되는 것을 중심으로,

영업팀은 기술팀의 업무 중에서 반드시 알아야 할 것을 중심으로 공유함으로써 서로의 일과 업무에 대해 자세히 아는 것에서 시작했다. 타 부문에 대한 이해의 폭이 넓어질수록 협력의 질이 높아질 뿐만 아니라 자신의 업무에 접목시킬 수 있는 지식의 깊이도 깊어진다.

전사 혁신 액션러닝의 참여자들은 서로 다른 일을 하는 사람들이 한 팀으로 구성되었지만 동일한 사업부에 속해 있으므로 자신의 업무가 타 부서(멤버들)의 업무와도 유기적으로 연결되어 있었다. 학습팀이 의미가 있었던 것은 학습이 진행될수록 평소에 궁금했던 유관부서의 업무를 보다 더 잘 알 수 있는 계기가 되었으며, 구체적으로 어떤 지원과 협조가 필요한지도 알게 되었다는 것이다. 이전에는 타 부서의 업무에 대해 대충 아는 정도였다면 학습팀을 통해 그들의 업무뿐만 아니라 감정적인 고충을 공감하게 되었으며, 결국 이러한 업무지식과 공감의 기초는 결국 진정한 협력의 출발이 되었다고 참여자들은 말하곤 했다.

평소에는 잘 알 수 없었던 타 직무에 대한 이해와 관심은 팀원들을 하나로 일체화시키는 중요한 동기요인(Momentum)으로 작용했다. 팀원들은 서로에 대한 어색한 탐색의 시간이 지나고 완전한 하나의 목표를 공유하게 되면서 서서히 시너지가 나타나기 시작했다. 문제해결 관점에서 보면 여러 부문의 팀원들이 참여하기 때문에 다양한 관점에서 아이디어를 제시할 수 있었을 뿐만 아니라, 이를 현장에 적용시키는 실행력과 속도에 있어서도 큰 영향력을 발휘했다. 유관 부서의 직무 구성원들이 한 팀으로 구성되었기 때문에 효과적인 시너지가 가능할 수 있었던 것이다.

(2) 기업의 학습조직화를 위한 전사 혁신 프로그램

전사 혁신 학습팀이 추구하는 것은 학습기반의 혁신활동이다. 전사 혁신 학습팀은 협력의 가치를 존중하고 아이디어를 현장에 직접 실천하고자 하는 노력과 시도, 제안된 아이디어의 학습팀 간 연계와 계승 같은 (학습지향적) 활동을 통해 조직이 지향하는 학습문화를 조성하는 데 기여했다. 학습팀 활동의 기본적인 가치인 '기업의 학습조직화'의 기반을 마련한 것은 성공적인 성과라고 할 수 있다. 전사 차원의 혁신활동으로서 학습팀은 학습문화의 의미를 구성원에게 심어주었으며, 학습팀이 단지 구성원의 육성 또는 지식공유 차원을 넘어 조직의 혁신을 위한 방법론으로 진화한 모습을 보여주었다. 전 사원을 대상으로 학습조직 구축의 일환으로 도입된 혁신의 방법론이자, 조직개발 (Organization Development)의 중요한 사례이다.

학습팀 활동이 끝나면 학습팀에 따라 학습성과뿐만 아니라 재무적인 성과를 창출한 팀이 있게 마련이다. 성과는 격려받아 마땅하다. 하지만 앞서 강조했듯이 평가자의 관심이 평가에만 집중될 경우 다음에 운영되는 학습팀(2기)은 학습과정이 훌륭하더라도 결과가 더 중요하다는 인식을 갖게 된다. 활동이 종료된 후 모든 학습팀은 (재무성과보다) 학습성과 관점의 우수사례와 스토리 중심으로 발표하도록 했다. 물론 학습성과를 중시한다고 해서 결과성과에 소홀히 할 수 없도록 최소한의 장치를 마련했다. 전사 혁신 학습팀은 활동의 결과에 대해 업무평가 (KPI)와 연동시키는 방법을 활용했다. 일반적으로 학습팀의 성과는 개인평가에서 상대적으로 매우 작은 부분을 차지(20% 미만)하고 있기 때문에 학습팀의 활동결과를 학습지원조직 또는 퍼실리테이터가 적극적으로 홍보해주지 않으면 소속팀 평가에 올바로 반영되기 힘들다. 반면에 전사 혁신 학습팀은 (전 사원이 참여한 것은 아니지만) 거의 모든 사업부 조직과 구성원들이 참여하고 있기 때문에 평가지표를 제도적으로 활용하는 것이 훨씬 수월했다. 학습지원조직을 학습팀원들의 활동결과가 소속팀 평가에서 실질적인 혜택으로 돌아갈 수 있도록 경영진 보고결과와 학습지원팀의 정성적인 피드백을 동시에 수행하는 등 공정한 평가를 위해 노력했다.

성공적인 팀들은 어떤 어려움이 있어도 위기를 극복하게 마련이다. 다음의 사례는 그것을 잘 보여준다. '경기지역의 학습팀'은 탄탄한 팀워크를 바탕으로 학습팀을 잘 이끌어오고 있었다. 그러던 중 약 2개월여가 지났을 때 팀에 위기가 찾아왔다. 조직개편으로 인해 멤버 중 절반 이상이 소속 사업부를 떠나 다른 사업부나 성과창출(TFT) 팀원으로 선정되어 대부분의 멤버가 흩어지게 된 것이다. 이제 더 이상 같은 본부의 소속이 아니므로 만나기도 쉽지 않았고, 이제는 달라진 팀에서 활동해야 했기 때문에 남은 활동 기간을 지속시키는 것이 어려울 것이라고 생각했다. 자신들이 포기한다고 해도 누구도 그들을 탓하지 않았을 것이다. 그러나 위기의 순간에 그들은 결단을 하게 되었다. 지역적으로 떨어져 있더라도 학습팀이 진행되는 동안 끝까지 함께하기로 한 것이다. 팀원들은 서로 만나기가 쉽지 않았으므로 업무적으로 만나기가 쉬운 팀원들끼리 주중 여유시간을 활용해 소모임을 활성화했다. 수시로 모여 아이디어를 나누고 그 성과를 정규 모임에서 심도 깊게 논의하도록 했다. 과제에 필요한 자료와 조사 역시 소모임(2~3명)을 중심으로 1

차 미팅을 한 후 주로 주말에 결과를 공유했다. 이들은 1주일에 한번 만나기 위해 지방에서 올라오는 수고를 아끼지 않았다. 통상 새롭게 개편된 조직에 편입될 경우 조직에 적응하기까지 여유가 없기 마련이다. 학습팀에 대한 애정과 소속감, 학습팀원들 스스로 만들어낸 멤버십을 자랑스럽게 생각하지 않았다면 이 같은 일은 불가능했을 것이다. 학습팀은 역경의 스토리를 통해 더 큰 의미를 부여 받는다. 최종 결과 보고에서 그들이 이루어낸 성공스토리는 전사에 공유되었고, 학습팀이 전사에 뿌리내리는 결정적인 역할을 했다. 혁신의 정신과 성과는 때로 '방법론의 정교함'보다 '역경과 감동의 스토리'로 사람들을 움직인다. 괄목할 만한 성과보다 변화하기 위해 노력하고 있다는 메시지만으로도 지속시킬 가치가 있으며 그것이 바로 혁신이다.

5. 계층교육 액션러닝: 학습자의 특성을 고려하여
차별화된 과정을 설계하라

한국 기업에서의 액션러닝(AL)은 주로 '계층교육'에 집중되어 있는데, 이것은 직급별로 요구되는 역량을 확보하는 데 있어 액션러닝이 가장 효과적이라는 공통적인 인식 때문이다. 이때 액션러닝(AL)의 핵심은 '학습자 분석과 이에 따른 과정 설계'에 있다. 이는 구성주의 학습방법론의 가장 대표적인 특징이며, 학습자의 지식과 경험을 기반으로 개인에게 유의미한 학습을 촉진하는 데 그 목적이 있다. 학습자 분석을 통해 학습 촉진 및 저해요인을 분석하고 이를 과정설계에 반영함으로써 학습성과를 최대한 끌어낼 수 있다. 그러나 실제로는 학습자 분석을 소홀히 하거나 분석했다 하더라도 기존 계층교육의 형태와 같이 구조주의 학습방법을 답습한 결과, 많은 시간과 비용을 들였음에도 불구하고 액션러닝(AL)의 학습효과는 물론 성과와의 연계성까지 떨어뜨리는 원인이 되고 있다. 또한 학습자의 특성에 따른 학습환경의 지원과 학습지원팀의 대응이 미진할 경우 액션러닝(AL)의 본래 취지와 동떨어진 형태로 실시될 수도 있다.

- 임원, 핵심인재, 신입사원 등 계층별 대상자의 경험과 배경, 역량을 고려한 과정 차별화 없이 유사한 형태로 액션러닝(AL)이 설계됨

계층교육 액션러닝(AL) 설계: A그룹 임원 후보자 양성과정 vs. B그룹 신입사원 입문연수

분류	내용	
	A그룹 임원 후보자 양성과정	B그룹 신입사원 입문연수
1. 과제영역	• 과제 선정: 과제 Pool 개발 및 그룹 스폰서가 최종 선정 • 목표: 회사의 글로벌 경영이슈를 과제로 새로운 접근에 의한 사업기회를 도출하고, 비즈니스 스킬 및 경영자 시각 배양	• 과제 선정: 계열사별 과제 Pool 개발 및 계열사별 스폰서가 최종 선정 • 목표: 실무 체험 및 입문연수 경험을 기반으로 기업의 사업이슈를 수행하여 비즈니스 프로세스 및 각 기능(Function)의 이해 향상
2. 멤버구성	• 그룹 내 핵심인력(임원 후보자) 중에서 선발(총 2개 팀, 1개 팀은 7~8명)	• 계열사별로 팀을 구성함(총 20개 팀, 1개 팀은 10명 내외)
3. 성과목표	• 재무/학습성과 동일 비중 구성 1) 재무적 성과: 사업이슈에 대한 새로운 접근 및 해결안 도출 – 사업성 분석(정량적 평가) 2) 학습성과: 균형적 시각과 통찰력, 리더십 배양, 상호 학습 – 사업역량 등(정성적 평가)	• 학습성과를 우선으로 함 1) 학습성과: 소속사 비즈니스 프로세스 이해, 직무별 R&R 이해 – 만족도 및 성취도 평가, 스폰서 평가(정성적 평가) 2) 재무적 성과: 사업기회 도출(정량적 평가)
4. 운영방법	• 실행지원팀 주관 학습활동과 자체 학습활동의 균등한 비중 – 기간: 2개월(집중 활동기간: 3주) – 활동 형태: 자율모임 → 학습 및 과제해결 활동 → 자율 팀활동	• 실행지원 주관 학습활동 비중이 높음 – 기간: 3개월(집중 활동기간: 2주) – 활동 형태: 학습 활동 → 계열사 OJT 및 과제해결활동 → 자율 팀활동
5. 스폰서십	• 적극지원형 스폰서십 – 과제와 직접 연관된 사업 분야의 최고경영진 추천 및 선정 – 최고경영진이 오너십을 가지고 참여하며, 활동 및 성과를 책임짐	• 유연한 스폰서십 – 과제와 직접 연관된 사업분야 계열사의 경영진 추천 및 선정 – 결과 발표에 참여하여 피드백 및 축하와 향후 지속적인 학습 독려

- 계층별 대상자의 상호관계와 문제해결 활동에 필요한 충분한 학습경험의 시간이 요구되나, 이에 대한 고려 없이 짧은 기간 동안 실시됨
- 학습 형태를 관찰하고 상황에 따라 적절히 개입하는 등 적극적 퍼실리테이팅이 요구되나, 소수의 러닝코치가 수용할 수 없을 만큼의 다수 차수로 동시에 실시됨
- 대상자의 지식과 경험이 전제가 되어 과정과 연계되어야 하나, 강의 중심으로 구성하거나 학습팀별 활동 시간을 적절하게 구성하지 않음

우리는 두 가지 사례를 통해 학습자의 특성에 따라 과정 설계가 어떻게 달라지는지를 살펴보고자 한다. 대상은 신입사원 및 임원 후보자이며, 액션러닝(AL)의 특징에 따라 구성요소의 플래닝믹스전략은 다르게 적용되었다.

액션러닝(AL)의 대상으로서 신입사원과 임원 후보자의 가장 큰 차이는 '업무경험과 기대사항'이 다르다는 것이다. 임원 후보자는 직무수행의 경험과 지식뿐만 아니라 사업의 직접적인 경험이 풍부한 반면, 신입사원은 간접적으로 획득한 피상적인 지식이 주를 이루고 업무 적용 경험이 거의 없다. 액션러닝 결과에 따른 기대사항에서도 임원은 사업전략 모색, 통찰력(Insight) 확보에 따른 사업기획 창출이라는 가시적 성과를 요구하는 반면에 신입사원에게는 회사 및 조직 적응, 비즈니스 프로세스 이해 등 정성적 효과에 초점을 두고 있다.

A그룹은 유통 비즈니스 포트폴리오를 중심으로 국내 시장에 집중했으나 사업 확장을 위해 그룹 내 핵심사업역량을 활용하여 해외 진출을 모색하고 있었다. 이에 HR에서는 사업을 주도적으로 실행할 핵

심인재를 대상으로 새로운 사업기회의 검토를 통해 사전 경험과 경영 통찰력을 확보하고자 액션러닝(AL)을 실시하기로 했다.

B그룹은 화학, 건설, 패션 등의 비즈니스 포트폴리오로 구성되어 있었으나, 화학 분야에 주력사업이 치우쳐 있어 타 사업 분야 확대 및 신규 사업 진출이 요구되었다. 이에 비주력 사업 및 신규 사업을 추진하면서 다양한 계층에서 인력을 충원했고, 교육 측면에서도 기존 주력 사업 인력 중심의 입문연수 형식에서 벗어나 다양한 사업 인력의 특성을 반영하고자 액션러닝(AL)을 계층교육에 적용하고자 했다.

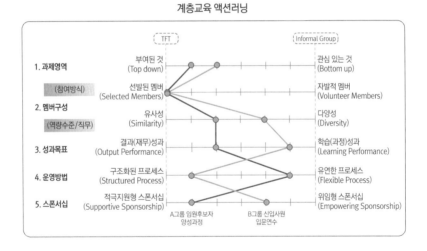

계층교육 액션러닝

1) 학습팀 플래닝 믹스 전략:
A그룹(유통)/B그룹(화학, 건설, 패션)

(1) 과제영역

액션러닝(AL)에서의 과제가 주로 강제적으로 부여된 형태(Top Down)가 되는 것은 몇 가지 이유가 있다. 가장 대표적인 것은 다양한 분야의 구성원들이 한 팀이 되므로 특정 과제로의 수렴이 쉽지 않다는 것과 스폰서의 기대사항을 최대한 반영해야 한다는 것이다.

과제 선정 프로세스에서 실행지원팀이 우선적으로 고려해야 할 것은 '멤버의 특징'에 따른 필요 역량의 정의이다. 과제가 아무리 잘 선정된다고 해도 이를 수행할 사람들이 액션러닝을 통해 얻고자 하는 '역량과 경험'이 서로 부합되지 않는다면 의미가 없기 때문이다.

A그룹의 임원 후보자 대상의 액션러닝(AL)은 향후 임원으로서의 역할을 수행하기 위해 고민해야 할 사업분야와 필요 역량이 무엇인지를 먼저 정의하고 이를 습득하기 위한 과제를 선정했다.

과제 선정 프로세스

임원 후보자로서 향후 임원이 되었을 때 갖추어야 할 역량이 비전 제시, 사업통찰력, 리더십과 비즈니스 스킬의 확보라고 정의했다면 과제 수행을 통해 이것들을 습득하거나 최소한 보완할 수 있어야 할 것이다.

B그룹의 신입사원 대상 액션러닝에서도 마찬가지로 필요 역량을 정의하는 것으로 시작했다. 소속사의 비즈니스 프로세스와 경영 기능(Function)의 이해를 가장 우선적인 목표로 했으며, 이를 위해 계열사별 사업기획팀과 소속 기업의 사업 특성을 살펴보고 사업이슈를 찾아내는 과정을 거쳐 과제를 선정했다.

(2) 멤버구성

A그룹은 핵심인재 후보 Pool에서 멤버를 선발하여 팀을 구성했다. 선발 시 과제 자체를 업무로 수행하던 사람은 배제했고, 과제 해석과 해결방안의 다양성을 위해 사업군/직무를 고려하여 학습팀별로 최종 7~8명을 선발했다. 멤버구성에서 주제 관련 업무를 직접적으로 수행하고 있거나 사업기획 등 특정 직무 인력이 많아 학습의 다양성을 확보해야 한다는 점에서 이슈가 제기되었으나, 사업군이 겹치지 않도록 인원을 선발하여 문제를 해결했다.

B그룹은 신입사원 전체를 대상으로 소속 계열사별로 10명 내외의 팀을 구성했다. B그룹 역시 계열사별 팀 편성으로 인해 과제에 기반이 되는 사업이 동일하여 다양성 확보가 어렵다는 일부 우려가 있었으나, 대상자가 사업 수행 경험이 없고 출신 배경과 직무 배치의 차이를 고려할 때 문제가 없을 것으로 판단했다.

(3) 성과목표

액션러닝(AL)의 실행 성과를 단기적·재무적인 성과로 예측하기는 쉬운 일이 아니다. 특히 과제 수준이 사업부서(Function/Business Strategy) 단위가 아닌 전사(Corporate Strategy) 차원의 전략을 다룰 경우 결과 실행에 더 많은 시간과 자원을 요구하고, 단기적으로 측정하기도 어렵다. A그룹 내에서도 학습성과와 더불어 재무적인 성과를 어떻게 측정해야 하는지에 대해 많은 논의가 있었고, 결과적으로 '사업기회와 비즈니스 모델(Business Modeling)에 대한 실현 가능성', '예상되는 경영성과'를 과제수행의 성과로 결정했다. 또한, 과제 성격상 단일 계열사의 역량으로 사업을 실행할 수 있는 것은 아니었기 때문에 계열사 간 시너지 효과도 계량화하여 정량적 지표로 판단하도록 했다. 반면 B그룹에서는 정성적 성과를 우선으로 했기 때문에 비즈니스 프로세스 및 직무에 대한 이해도 평가와 참가자 만족도를 평가지표로 활용했다.

(4) 운영방법(프로세스)

운영방법의 설계에 있어 이슈는 과제를 수행하는 동안 '학습자가 요구하는 학습자원'과 '실행지원팀에서 예상하여 준비한 학습자원'이 얼마나 일치하는지에 대한 것이었다. 실행지원팀에서 아무리 고민하여 학습자원(사업 계획, 프레젠테이션 등 공통 학습과목, 주제 관련 전문가 등)을 준비했다고 해도 실제 학습자의 과제해결 활동에서 도움이 되지 않는다면 아무런 의미가 없다.

A그룹의 임원 후보자 과정에는 사업수행 경험을 풍부하게 가지고 있는 학습자의 특성을 고려하여 공통 학습과목 편성은 최소화하고 학습팀별 자율 활동과 스팟(Spot)성 학습요구의 대응하여 학습자원을 제공하는 반구조화된 방법을 적용했다. 반면, B그룹의 신입사원 과정에는 실제 사업수행 경험 부족으로 사업기획의 구체성이 떨어지고 회사가 기대하는 학습성과에 미치지 못할 수 있음을 감안하여 과제해결 단계별로 체계적인 학습자원을 제공하는 구조화된 방법을 선택했다.

A그룹에서는 과정 실시 1개월 전 오리엔테이션을 통해 과제를 제시하고 사전에 학습팀 간에 충분한 논의가 가능하도록 했다. 실행지원팀은 사전활동에 지속적으로 참석하여 학습 요구를 파악했고, 그 결과물을 본 과정 및 과제해결활동 구체화에 반영하고자 노력했다.

구분	내용	예시
1. 필수 학습과목의 최소화	학습 대상자의 역량과 경험을 고려하지 않는 공동 학습 과정은 최소화함	• 신사업 기획, 재무성과와 경영만 필수 학습과목으로 편성 • 관련 학습이 요구되는 대상자는 내부 전문가, 온라인 과정 지원
2. 시나리오에 기반한 현지조사활동	과제해결 시나리오 수립을 지원하는 학습자원을 제공함	• 과정 준비단계에서 실행지원팀은 주제별 전문가와의 미팅을 통해 예상 시나리오에 따라 요구되는 학습자원 을 파악하여 목록(List) 작성 • 팀 활동 시작 시 학습자원 목록을 제공하여 학습 활동 수립에 활용
3. 현지조사활동 결과를 반영한 활동계획 수정	현지조사활동 결과를 매일 리뷰하고 필요 시 기존 조사활동 계획을 수정하여 실시함	가설 확인을 위해 현지 사업가와 미팅을 예정했으나, 다른 경로를 통해 가설 타당성을 확인한 경우 미팅을 취소하고 학습자원 목록을 활용하여 다른 활동으로 변경

4. 실행지원팀 담당자의 러닝코치 활동	과제해결에 있어 요구되는 문제해결기법 및 프로젝트 관리 강의, 성찰(Reflection) 등을 실행지원팀에서 수행함	과제 성격, 실행 이슈, 구성원 간의 상호관계(Interaction), 스폰서와의 관계 등 상황을 가장 잘 이해하고 있는 실행지원팀 담당자가 러닝코치 역할 수행

B그룹에서는 학습자가 사업수행 경험이 적다는 점을 고려하여 학습자의 과제수행 단계에 따라 활동을 지원할 수 있는 학습과목을 구조화하는 것에 초점을 두었다. 3개월간의 과제수행 기간 동안 학습자의 과제해결 단계를 정의하고, 각 단계에서 요구될 수 있는 사업수행 지식을 학습과목으로 편성했다. 또한 신입사원 입문연수의 특징상 대규모 인원이 동시에 실시될 경우 소수의 러닝코치로는 운영에 한계가 있었으므로 사전에 계열사별로 퍼실리테이터(Facilitator)를 양성하여 운영상 문제가 없도록 하였다.

구분	내용	예시
1. 학습자 지식 및 경험 변화 단계를 고려한 과목 편성	지식: 과제해결 프로세스에 따른 학습요구 지식을 구조화하여 제공함	초반: 사업 전반과 경영 활동 이해 중반: 비즈니스 스킬, 계열사별 현장 활동 후반: 사업기획, 문제해결방법
	팀빌딩: 학습팀 상황을 고려한 멤버십 프로그램 구성	초반: 팀빌딩(보행랠리) 중반: 갈등해결을 주제로 워크아웃 후반: 도전 콘셉트(Outdoor)
2. 사내 러닝코치 활용	학습팀별 러닝코치 양성	계열사별로 러닝코치 양성하여 활용 • 과제 수행 가이드 및 성찰 (Reflection) • 학습자원 제공

(5) 스폰서십

액션러닝(AL)에 있어 스폰서 활동의 설계와 관리는 실행지원팀에게 가장 어려운 부분 중 하나이다. 특히 스폰서가 최종 평가자인 경우 과제에 대한 해결안의 타당성 및 실행 가능성을 높이기 위해 학습자가 직접 스폰서와 지속적으로 논의해야 한다. A그룹에서처럼 최종 평가자가 CEO 같은 경영자이고, 임원 후보들이 액션러닝에 참여할 경우 '논의의 과정'이 바로 중요한 과정설계 포인트가 될 것이다. 경영진과의 대화의 시간을 통해 직접 경영자의 생각을 듣게 되고, 경영자의 통찰력(Insight), 의사결정 및 관리요소 등을 경험할 수 있다.

A그룹에서는 스폰서 참여를 확대하는 것은 현실적으로 제약사항이 많다는 점을 감안하여 사업의 전문성을 가진 임원을 퍼실리테이터로 추가하여 운영했다. 이들의 주요 임무는 학습팀과 최종 평가자 사이에서의 커뮤니케이션 및 과제수행 지원 같은 사실상의 스폰서 역할을 수행했다. 이 과정에서 퍼실리테이터의 지나친 개입으로 인해 구성

- 메인 스폰서: 최종 평가자(CEO)
  - 주요 단계별 결과 피드백(과제 세부화, 가설 검증 계획, 실행 이슈, 최종 보고)
- 서브 스폰서: 퍼실리테이터(Facilitator)
  - 메인 스폰서(최종 평가자)와 주요 이슈 커뮤니케이션 및 Facilitating 방향 수립과 실행
  - 과제 세부화 및 가설 구체화에 따른 추가 학습자원 제공

원 활동이 위축되지 않도록 활동 사항을 실행지원팀과 지속적으로 협의했다.

B그룹에서는 많은 수의 팀이 동시에 활동하지만, 계열사별 스폰서 및 러닝코치가 활동함으로써 A그룹에서의 활동과 같이 개별적인 활동을 전개할 수 있었다. 다만, 팀 수가 많아서 학습자의 특성과 팀 활동 사항 및 이슈에 대한 파악은 상당 부분 실행지원팀이 아닌 러닝코치가 주관했다는 점이 A그룹과의 가장 큰 차이점이다.

2) 계층교육 액션러닝의 의미와 시사점

(1) 역량과 경험에 따른 단계적 과정 설계

B그룹 신입사원 입문연수처럼 과제와 연관된 업무경험이 없다 하더라도 대상자의 업무경험 확보 시기를 고려하여 과정을 나누어 설계하는 것도 방법이다. 이것은 그룹사 단위의 입문연수보다는 상대적으로 업무전문성 확보 요구가 있는 단위 계열사 또는 사업부 단위에서 효과적이다.

〈예시〉 포커스그룹인터뷰(FGI)에 따른 액션러닝 과제의 분류 적용

구분	과정	목적	Process	방법론	기대역량
사원 2년차	기획/영업 전문과정	브랜드 기획/영업 직무 주요 프로세스 및 기획역량 향상	현업 실천 → 전략안 실행계획 → 전략안 실행 → 적용상황 피드백 / 사전학습 → 사전학습 / 상품 기획 → 판매 기획	강의/실습	사업 프로세스 기획
	업무개선 스킬 과정	효율적 업무개선 스킬 향상	환경/성과분석 우선과제 도출 / 과제도출 → 원인분석 → 문제 구조화 Data 수집 / 실행 및 F/U ← 잠재문제 검토 ← 해결방안 선정 / 실행계획수립 실행/모니터링 / 대책수립 & 평가 잠재문제 파악 / 해결안 평가/선정 / 기획/의사결정 프레젠테이션 회의 스킬	강의/실습	문제 해결
	벤치마킹	브랜드 경쟁력 분석 및 전략 수립	사전학습 → 외부 장/단점 분석 / 내부 경쟁력 분석 → 벤치마킹 보고서 → 현장 적용	프로젝트	분석 및 기획역량, 산업 및 브랜드 이해
	현장개선 활동	고객관점 업무현장 이해	사전 W/S → 현장조사활동 → 개선안 적용 및 피드백 / ·주제 선정 ·고객 다이어그램 작성 / ·현장방문/개선점 파악 ·개선안 기획 / ·개선안 협의 및 적용 ·관련부서 결과 공유	프로젝트	현장 이해
사원 3년차	주제연구 활동	업무 이슈에 기반한 문제해결	Pre-Session ·Action Learning O/T ·실행계획 수립 / ·BP발굴/전파 ·실행 F/Up / 결과 발표 / W/S I → 팀 활동 → W/S II → 팀 활동 → W/S III / ·가설수립 ·조사활동 ·이슈 공유 ·조사활동 ·해결안 도출	프로젝트	기획/실행력

위 사례는 B그룹의 패션사업 부문의 계열사에서 적용되었으며, 신입사원의 업무수행 경험을 기반으로 사업 시각 확대와 직무 간 협업을 강화하고자 액션러닝(AL)을 연차별로 분리하여 실시했다. 주요 직무군인 브랜드 기획과 영업의 역량모델에서 사원급이 확보해야 할 경험과 난이도를 포커스그룹 인터뷰(FGI)를 통해 도출하고 과제 후보(Pool)를 구성한 뒤 개별 과정을 설계했다. 예를 들어, 하나의 액션러닝 주제로 실행할 수도 있으나 역량과 경험의 확보 시기를 고려하여 주

제를 세분화하여 사원 2년차는 기획/영업 전문과정, 업무개선 스킬과정, 벤치마킹, 현장개선 활동으로 사원 3년차는 주제연구 활동으로 액션러닝의 학습과제를 분류했다. 이 방법은 직접적인 업무경험을 기반으로 한다는 점에서 학습효과를 최대로 높일 수 있는 장점이 있다. 또한 과제 성격상 주제별 피드백이 가장 용이한 사내 인력을 러닝코치(Learning Coach)로 활용함으로써 과제 수행에 대한 지원의 효과성은 물론, 선배의 경험과 지식을 후배에게 전수할 수 있는 기회로 활용할 수 있었다.

(2) 실행지원팀의 역할: 숲과 나무를 동시에 봐야 한다

액션러닝(AL)은 무엇보다 실행지원팀의 역할이 중요하다. 실행지원팀은 학습의 흐름과 방향을 시뮬레이션하면서 과정의 이해관계자 입장에서 고려되어야 할 요소가 무엇인지 생각해보고, 학습팀의 역량을 최대한 끌어낼 수 있어야 한다. 특히, 과정설계 단계에서 학습자 특성에 따라 학습 요소를 얼마나 구조화할 것인지, 학습 수준 및 팀 역량에 따라 어떻게 개입할 것인지, 스폰서와 퍼실리테이터(Facilitator)는 어떻게 개입시킬 것인지, 적합한 학습 자원(Resources)은 무엇이며 어떻게 확보할 것인지, 학습성과는 어떻게 평가할 것인지에 대해 가정해보고 대안을 설계해야 한다. 즉, 학습 흐름과 방향을 검토하면서 숲과 같은 큰 그림을 그리는 것도 중요하지만, 학습자의 과제수행 활동을 세밀하게 관찰하여 설계에 반영하는 나무를 볼 수 있는 역량도 갖추어야 한다.

실행지원팀이 아무리 철저하게 준비한다고 해도 과제를 수행하는 과정에서 가설의 수정이나 폐기, 새로운 학습 요구 같은 다양한 변수가 있을 수 있다. 이런 상황에서 기존의 시뮬레이션에 기초한 과정 운영은 오히려 학습팀 활동에 제약요인이 될 수 있다. 학습 요구에 대한 예상과 가정은 실행지원팀 역할에 반드시 필요한 것이지만, 이는 과정설계 단계에서만 필요한 것이 아니라 과정 운영 단계에서도 꾸준히 확인하고 운영에 반영하여 학습팀의 활동 과정을 지속적으로 관찰하면서 수정해나가는 것이 필요하다.

〈예시〉 학습 요구 시뮬레이션

과정 Flow별 학습 요구

사전과정

스폰서 스피치 / 과정 안내 → 팀빌딩 → 과제 브리핑 → 사전학습

집합과정(1주차)

팀빌딩 II → 신규사업 전략 W/S → 팀전략 수립 → 플래닝 가이드 → 팀별 플래닝

주요 내용

스폰서 스피치 / 과정 안내
- 과정 개요 안내
- A/L 안내

팀빌딩
- 팀별 역량/경험 공유, R&R 선정
- 과정 기대사항 공유

과제 브리핑
- 과제 안내
- 과제 기대사항 및 필수사항 확인
- 과제 배경 및 해결에 대한 사업 영향 공유
- Q&A

사전학습
- Worksheet 작성
  - 국가별 성격, 기후, 산업, 인구, 정부 지원, 인허가, 경제 동향 등
- 산업별 특징, 동향, 경쟁기업, 자본, 타 기업 진출 사례, 인접지역 Value chain, (원료부품 조달 등)
- 소비자특성, 인구분포, 학력, 경제력, 지역분포, 유사국가 비교, 구매/소비행태, 소비자인식수준)

팀빌딩 II
- 학습계획진단
- 개인 Action Plan
- Ground Rule

신규사업 전략 W/S
- 콘텐츠(프로세스, issue, 산업별 특징, 관련 사례)
- 행사: 강의+토의, 콘텐츠+실행
- 이론 등으로 참고 자료를 제공하고, Theme, 중심 콘텐츠 Delivery 강조

팀전략 수립
- 전략 W/S에 따른 팀별 전략 구성
- 팀활동 및 퍼실리테이터 활동 중심

플래닝 가이드
- 팀 플래닝 진행 방법
- 이탈리 등 활동 안내

팀별 플래닝
- 국내 전문가 인터뷰
- 추가자료 조사
- 현지 활동 계획
- 현지 전문가 추가 섭외
- 팀 해결안 초안 작성

특강 1. 해외시장 진입전략
2. 국가 브리핑
3. 사전 과제수행자 미팅

예상 학습 요구

스폰서 스피치 / 과정 안내
- 사전에 무엇을 준비할 것인가?
- 경영진과 어떠한 시간을 가져야 하는가?
- A/L에서 담당자는 어떻게 활동할 것인가?

팀빌딩
- 팀원과 어떻게 co-work할 것인가?
- 개인 강약점을 기반으로 리더십을 발휘할 것인가?

과제 브리핑
- 과제의 키워드는 무엇인가?
- Top이 요구하는 해결방안은 무엇인가?
- 그룹 시사이슈는 무엇인가?
- 과제수행에 있어 담당자는 어떻게 기여할 것인가?

사전학습
- 사업기반 정보는 어떻게 수집하고 해석할 것인가?
- 과제에 있어 꼭 필요한 자료는 무엇인가?
- Gathering이 어려운 자료는 어떻게 처리할 것인가?
- 자료를 바탕으로 어떤 활동을 할 것인가?

팀빌딩 II
- 서로 다른 유형의 팀원과 어떻게 시너지를 낼 것인가?
- 팀IT를 위해 인적자원을 어떻게 계획/활용할 것인가?

신규사업 전략 W/S
- 신규사업에 있어 Key issue는 무엇인가?
- 과제해결 시 필요한 지식은 무엇이고, 더 필요한 자료는 어떻게 확보할 것인가?

팀전략 수립
- 기존 데이터는 전략수립에 어떻게 반영할 것인가?
- 가설검증을 위한 현지 활동은 어떻게 설계할 것인가?
- 전략은 얼마나 실현 가능한가?
- 실행 가능한 전략수립을 위해 필요한 자원은?

플래닝 가이드
- 효율적 팀활동을 위한 Staff 활동은?
- 원하는 정보를 더 얻기 위한 인터뷰 방법은?
- 주어진 시간에 더 많은 정보를 얻을 수 있는 방법은 무엇인가?
- 전략수립을 위해 원하는 자료를 못 얻을 경우 대안은 무엇인가?

팀별 플래닝
- 필요한 정보를 얻기 위한 인터뷰 내용은?
- 구체적 전략을 위한 사전 학습 부분은?
- 현지 공감을 위한 제물/자료 준비는?
- 활동들을 통해 어떤 결과를 얻을 수 있을 것인가?

5

학습팀의 가치 발견하기

1. 학습팀의 실행가치

1) 리더십: 리더는 고달픈 직업,
   그것은 학습과 경험을 통해서만 배울 수 있다

리더십은 일반적으로 "조직의 목표달성을 위해 개인이나 집단에게 영향력을 발휘하는 행위"(Stogdill, 1974)라고 알려져 있다. 리더는 팀원들에게 업무지시와 피드백, 동기부여, 코칭, 임파워먼트 같은 다양한 영향력을 통해 목표를 달성하고자 노력한다. 이 경우 리더십은 주로 솔선수범하는 태도와 바람직한 실천적 행동 또는 커뮤니케이션의 형태로 나타난다.

리더십은 리더의 역할에 따라 관리(Management)와 리더십(Leadership)을 분리해서 구분하기도 하는데(John P. Kotter), 조직적 · 통제적 · 합리적 절차를 중시하며 목표 및 성과관리와 관련된 관리자(Manager)로서의 영역과 비전 제시, 미래지향적, 직관적, 리스크 감수, 변화지향적인 리더(Leader)로서의 영역을 구분하는 것이다. 리더가 관리 중심의 리더(Leader with Management skills)와 리더십을 발휘하는 리더(Leader with Leadership skills)의 역할에서 어떤 것이 더 바람직한가에 대한 판단은 어려운 문제이다. 일반적으로 조직이 안정화 단계라면 공통의 목표를 빠르게 실행하기 위해 조직화된 통제가 요구될 것이다. 이 시기에 리더는 조직

목표에 한방향화될 수 있도록 일을 세부적으로 관리하는 성과관리의 리더십이 필요하다. 그러나 기업이 좀 더 전향적인 변화와 위기관리를 필요로 하는 경우라면 새로운 비전의 개발, 방향 제시, 동기부여 같은 본연의 리더십이 필요할 것이다. 기업이 처한 환경(성장기와 성숙기)과 구성원들의 역량과 동기에 따라 관리자와 리더의 역할과 책임은 달라진다. 일반적인 상황에서 기업은 조직관리를 위한 관리자로서의 리더(Manager)와 혁신을 주도하는 리더십을 발휘하는 리더(Leader) 모두가 필요하며, 두 가지 역할의 조화가 중요하다. 물론 리더가 어떤 리더십을 발휘하느냐에 따라 조직원들의 행동이 달라지며, 조직성과에 미치는 영향도 다르다. 팀 또는 조직은 다양한 특성을 가진 사람들이 모인 집단이다. 구성원들은 각기 다른 역량과 지식수준, 성격 특성을 가지고 있으며, 이들은 상호작용을 통해 다양한 형태로 성과에 영향을 미친다. 팀은 이들을 정렬시키고 조율할 수 있는 리더십을 필요로 하며, 팀과 리더십은 서로가 함께 있어야 존재 의미가 있다.

학습팀과 리더십의 관련성을 '리더십 이론' 관점에서 살펴보면 주로 서번트 리더십, 변혁적 리더십 관점에서 다루어져온 것을 알 수 있다. 이것은 비공식 조직으로서 학습 참여자들의 수평적인 책임과 역할의 중요성, 액션러닝과 전략 커뮤니티에서 강조하고 있는 질문과 경청, 토론과 성찰 같은 팀학습방법에 기인한다. 팀학습이 추구하는 타인에 대한 배려와 협력, 학습 시너지의 중요성은 팀학습이 타인을 배려하고 존중하는 리더십 개발에 긍정적인 영향을 준다는 것을 보여준다. 우리는 학습팀이 리더십 향상에 있어 (그 어떤 교육방법보다) 효과적인 것이라는 것을 살펴보려고 한다. 아울러 구체적이고 실체가 있는 리더십 형성에 학습팀이 기여하고 있는 바에 대해서도 논의할 것이다. 학습팀에서의 리더십은 추상적인 개념보다는 일과 사람 관리에 필요한 실체가 있는 리더십(커뮤니케이션, 코칭/멘토링, 동기부여, 피드백, 권한위임, 업무 지시 및 배분, 의사결정, 협상능력, 변화관리 등)이 될 것이다. **이것은 리더십이 타고나는 것이 아니라 노력을 통해 반복하고 연습을 통해 향상되는 학습되는 역량이라는 것을 전제로 한다.**

학습팀과 리더십의 관계는 크게 3가지 관점에서 설명할 수 있다. 학습팀 활동을 통해 리더십 역량에 필요한 커뮤니케이션 및 팀워크 스킬을 습득하는 것, 리더십 경험을 서로 공유하거나 리더십이론을 실천해보며 리더로서의 행동과 경험을 학습해보는 것, 마지막으로 학습팀의 리더로서 직접 참여하여 리더의 경험을 해보는 것이 그것이다. 학습팀이 어떻게 리더십을 향상시킬 수 있는지 구체적으로 살펴보면 다음과 같다.

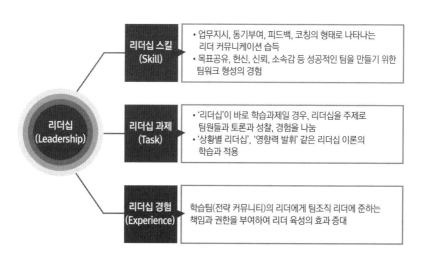

(1) 리더 커뮤니케이션과 팀워크의 중요성 이해

> 성공적인 기업의 차별점은 제품과 운영체계의 장점이 아니다. 이런 장점은 차용이나 모방이 가능하다. 반면에 실행력이 뛰어난 대화법과 견실한 운영 메커니즘, 리더의 의견 제시와 후속 조치라는 요소는 쉽게 모방할 수 없다. 이 3가지 요소는 조직의 지속적인 경쟁우위가 된다. 이 3가지 요소를 가장 크게 좌우하는 것은 리더의 대화법이며, 리더의 대화법은 조직 전체의 대화법에 영향을 미친다.
>
> - Ram Charan, "Conquering a Culture of Indecision", Harvard Business Review

학습팀에 참여함으로써 습득할 수 있는 리더십과 관련된 가장 일반적이며 기본적인 역량은 커뮤니케이션(Communication)에 관한 것이다. 리더 커뮤니케이션은 리더십에서 무엇보다 의미 있게 다루어져야 하는데, 그 이유는 개인의 리더십이 리더가 표현하는 언어와 보여지는 행동으로밖에 알 수 없기 때문이다. 실제로 리더십의 많은 부분은 이와 관련되어 있으며, 리더는 커뮤니케이션을 통해 영향력을 발휘한다. 팀학습이 진행되는 동안 참여자들은 다양한 형태의 커뮤니케이션에 노출된다. 구성원들이 비전과 목표를 공유하는 방식, 최적의 해결안을 도출하기 위한 집단의사결정 방법, 과제 공유와 피드백, 성공적인 대화와 토론을 이끄는 질문과 경청 등이 그것이다. **학습팀의 참여자로서 습득하게 되는 커뮤니케이션 스킬은 특히 액션러닝(AL)에서 강조하고 있다.** 통찰력 있는 질문(Insight Questionnaire)은 문제해결과 창의적 사고를 진전시키는 힘을 가지고 있으며, 경청과 피드백을 통해 타인의 의견에 귀 기울이고 우리에게 진정 무엇이 더 필요한지를 알게 만든다. 실제로 액션러닝에서는 섬김(Servant), 촉진(Accelerate) 같은 개념들이 효과적인 리더십을 발휘하기 위해 많은 부분에서 다루어지고 있다. 토론(Debating)과 대화(Dialogue)에 집중하는 것, 다양한 관점의 수용을 통한 의사결정 같은 커뮤니케이션 스킬은 리더(Leader)가 갖추어야 할 기본 역량이다.

커뮤니케이션의 힘은 사람들의 협력을 이끌어내고 일을 올바른 방향으로 인도한다는 데 있다. 리더의 진정성 있는 커뮤니케이션이야말로 상사와 부하, 동료들로부터 공감을 이끌어낸다. 특히 리더의 대화방식은 조직을 활기차게 만들고, 팀워크를 강화시키는 데 있어 무엇보다 큰 역할을 한다. 올바른 리더의 대화는 창의적 사고를 촉진시킴과 동시에 목표달성에 필요한 건전한 충돌을 이끌어내며, 구성원들의 열정을 한 곳으로 정렬시킨다. 대화는 주고받는 말 이상의 힘을 가지고 있는데 인지적 능력보다 공감, 정서능력이 중요한 관계 의존성이 점점 중요해짐에 따라 커뮤니케이션은 더욱 주목받고 있다. 구성원의 마음을 인지하고 공감해주는 역량은 올바른 대화방법에서 출발하며, 커뮤니케이션 역시 연습과 반복을 통해 훈련되는 스킬(Skill)이다.

리더십과 관련된 또 다른 요소는 효과적으로 팀을 만들기 위한 팀워크(Teamwork)와 관련이 있다. 목표공유, 헌신, 신뢰, 소속감을 통해 성공적인 팀을 만들기 위한 경험은 리더십 학습에 필요한 소중한 학습 포인트다. 팀이 가치가 있는 것은 팀원들의 헌신과 신뢰를 확인할 수 있는 장소를 제공하기 때문이다. 구성원들이 끊임없이 상호작용하여 팀워크라는 시너지를 형성할 때 팀은 강력한 힘을 발휘한다. 학습팀에게 있어 팀워크는 관계(Relationship)를 관리한다는 것이다. 관계는 삶의 본질인 동시에 집단의 생존방식이므로 관계의 중요성은 기업에도 예외가 아니다. 팀은 관계의 힘으로 더욱 역동적이 된다. 관계는 매우 복잡한 메커니즘과 정치적인 속성을 가지기도 하며, 1 대 1(리더와 팀원)에서뿐만 아니라 1 대 다수(팀원들 간)에게 복잡한 영향을 미친다. 다양한 이해관계로 얽혀 있는 집단이라도 갈등과 불협화음을 지혜롭게 풀어나갈 때 비로소 팀이 된다. 학습팀에게 있어 팀워크를 관리한다는 것은 구성원들의 이타적 행위와 헌신을 적극적으로 이끌어낸다는 것을 의미한다. 끈끈한 네트워크 안에서는 이타적인 행동이 빠르게 전달되며, 반대로 이기적인 행동에 대한 응징도 한결 수월해진다. 지식을 나누는 긍정적 경험, 수평적 커뮤니케이션은 팀워크의 중요성이 우선시될 때 가능하며, 학습팀은 팀워크로 하나가 될 때 더욱 효과적으로 학습한다. 관계의 중요성을 이해하고 팀워크를 만들려는 노력 역시 리더로서 반드시 갖추어야 할 역량이다.

(2) 학습팀의 과제를 '리더십'으로 수행

액션러닝(AL)이 리더십 개발에 효과적이라고 생각하는 학자들의 견해(Mumford, 1995)를 보면 주로 액션러닝이 다음과 같이 리더십 개발에 필요한 핵심요소들을 통합하고 있기 때문이다. 즉, 학습은 대부분의 리더십 개발 프로그램과 마찬가지로 행동을 진단·분석·제안하는 것만으로는 일어나지 않으며, 행동의 결과로 학습이 일어난다는 점, 관리자들이 중요하고 의미 있는 프로젝트에 참여함으로써 양질의 학습을 할 수 있다는 점, 관리자가 아니거나 관리 경험이 전혀 없는 강사로부터가 아니라 서로에게서 배울 때 더 잘 배운다는 점이다.

■ 학습팀원들과 함께 리더십 경험을 공유

액션러닝 활동의 참여로 인해 습득되는 리더십 역량은 문제를 해결하는 과정에서 의견을 수렴하는 집단토론과 의사결정 방식에서의 지원적/협력적 리더십, 시너지를 위한 구성원의 갈등관리 및 팀워크 형성 등과 관련된 것이지만, 이것만으로는 리더십과 학습팀이 서로 밀접한 영향력을 가지고 있다고 보기에는 부족한 면이 있다. 게다가 학습팀과 관련된 모든 활동이 리더십과 직접 연관되어 있는 것은 아니며, 이러한 것들이 반드시 액션러닝을 통해서만 습득되는 것은 아니다.

그러나 학습팀의 과제가 '리더십'이라면 이야기가 다르다. 학습팀이 '리더십'이라는 화두를 다루게 되다면 활동에 참여함으로써 부가적으로 얻게 되는 부산물로서가 아닌 보다 직접적으로 리더십 육성과 관련된 학습에 노출된다. 이 경우 액션러닝은 리더십 개발이 목적이므로 실제 리더십을 발휘하고 있는 팀조직의 리더 또는 후보자들을 학습대상자로 선정할 수 있다. 리더십과 관련된 과제는 단일과제(Single Project Program)보다는 개방형 과제(Open-Group Program)로 진행하는 것이 바람직할 것이다. 팀원들이 맞닥뜨린 자신들의 다양한 리더십 상황과 대응방법에 대해 서로의 의견과 경험을 공유할 수 있기 때문이다. '리더십'이 바로 학습과제일 경우, '동일한 관심사'를 중심으로 토론과 성찰, 경험을 나눌 수 있다는 점에서 전략 커뮤니티 형태가 될 수도 있다. 학습팀 멤버들은 이미 리더의 역할을 수행하고 있기 때문에 직무 공동체처럼 '리더십'이라는 동일한 관심사를 다룬다는 점에서 전략 커뮤니티(SCoP)가 지향하는 바와 크게 다르지 않다. 리더십과 관련된 과제(스킬, 행동, 경험)를 학습팀에서 과제화하기 위해서는 본인이 직접 리더십을 발휘할 수 있는 학습주제를 현장에 가지고 와야 한다. 리더십 과제를 일정 기간 실행해본 후 서로의 실천경험을 다시 공유하면서 생생한 조언을 얻을 수 있다. 리더십과 관련된 과제 유형을 보면, '커뮤니케이션 실습 및 공유', '역량수준별 코칭과 지원', '권한위임 실습 스킬', '주기적인 개인면담과 팀빌딩', '동기부여의 방법과 경험공유', '업무지시 및 배분 스킬'과 같이 주로 팀원들에게 리더십을 발휘해야 하는 상황에서의 '일과 사람'에 관한 것이 될 것이다.

'리더십'이라는 공통의 주제(또는 도메인)를 끊임없이 토론하고 논의하는 과정에서 리더들이 현장에서 직접 실천해볼 수 있는 올바른 방법과 프랙티스를 찾게 되며, 활동 종료 후에도 지속적인 도움을 주고받을 수 있다. 실제로 신임 팀장을 대상으로 리더십 커뮤니티를 운영했을 때 상당한 관심 속에서 많은 리더들의 참여와 호응을 얻어낼 수 있었다. 이들은 주로 온라인에서 대화하며 서로에게 선생과 학생의 역할이 되어주었으며, 한 달에 한 번 있는 오프라인 모임에서는 강의를 듣거나 외부 코치를 통해 자신의 리더십을 점검받을 수 있었다. 불행하게도 리더십은 문제해결 같은 단기간의 과업이 아니다. 리더십은 동료 리더들을 통해 더 많이 배울 수 있다. 현재는 부족하더라도 지식과 경험이 더해지면서 노련해지고 능숙해진다. 자신의 문제를 진솔하게 대화하고 지속적으로 피드백 받으면서 리더십은 향상되고 개선된다.

❷ 리더십 이론의 학습과 적용

일반적으로 알려진 리더십 교육 프로그램들은 대부분 강의 형태의 교수학습이다. 문제는 리더십이 강의를 듣는 것만으로는 부족할 수밖에 없으며, 실습해보지 않는다면 그나마 습득한 지식도 지속시키기가 어렵다는 것이다. 리더십 이론 또는 모델을 효과적으로 학습시키기 위해서는 교수학습뿐만 아니라 (학습팀에서 추구하는) 실천적 경험을 병행하는 것이 효과적이다. 학습팀 초기에 일반적인 리더십 교육 프로그램을 학습하고, 실제로 적용해본 결과를 함께 공유하고 피드백 한 후 다시 현장에 적용해볼 수 있을 것이다.

예를 들어, 리더십 프로그램으로 많이 활용되고 있는 '상황별 리더십(Situational Leadership)' 이론을 액션러닝(AL) 방식으로 적용할 수 있을 것이다. 상황별 리더십 이론에 따르면 부하사원들에게 적용해야 할 리더십의 모습은 부하사원의 역량과 동기수준(의욕)에 따라 달라야 한다. 리더는 부하사원의 역량(Competence)과 의욕(Commitment)에 따라 지시적 행동과 지원적 행동을 결정하게 되며, 구체적으로는 지시, 코칭, 지원, 위임의 4가지 리더십 형태로 다르게 적용해야 한다고 말하고 있다. 이 경우 학습팀에 리더십 이론, 실습을 접목해보자. 학습팀에 참여하는 리더들은 4가지 수준에 따른 리더십 행동(상황별 리더십 이론)을 학습받은 후 현장의 부하사원들에게 어떻게 적용할지에 대한 계획을 세우게 된다. 구성원들의 유형을 분류해보고 실제로 실습해보는 것이다. 일정 기간이 경과한 후 학습모임을 통해 팀원들의 행동 변화와 성과, 반성할 점들을 공유하고 개선을 반복해본다면 훨씬 의미 있는 학습이 될 것이다.

리더의 영향력 발휘를 위한 커뮤니케이션 이론에서도 효과적으로 적용할 수 있다. 적극적 경청, 지시와 설득, 비전공유, 제안과 참여유도 등과 같은 리더 커뮤니케이션 스킬은 몇 번의 연습만으로 실천하기 어렵다. 리더십의 효과적인 발휘에 필요한 언어 또는 비언어 커뮤니케이션은 실습을 통한 자기화 과정이 필요하다. 실제로 적용해본 경험을 학습팀 원들과 다시 공유함으로써 자신이 발휘한 스킬이 얼마나 효과적인 것 이었는가에 대한 확신이 들 때 비로소 다시 실천해볼 용기가 생기게 된다. 예를 들어 우리는 '경청'의 힘을 잘 알고 있지만, 훈련되어 있지 않으면 의도적으로 사용하기가 어렵다. 팀원의 감정에 귀를 기울이고 진심으로 듣기가 왜 힘들고 어려운지를 함께 공유할 때 비로소 이해 할 수 있다. 이것 역시 경험과 성찰의 힘이다.

리더십 이론을 학습팀 방식과 접목할 경우 이미 리더십을 발휘하 고 있는 리더들뿐만 아니라, 새롭게 리더(팀장)로 보직이 맡겨진 대상자 들을 육성하는 데 효과적이다. 초임 리더의 경우 단시간의 리더십 교 육으로 리더로서 갖추어야 할 모든 것을 습득하기란 불가능하다. 이 들은 명시적인 지식 이상의 것을 체득하기 힘들다. 리더로서 행동하기 위해서는 6개월에서 1년 정도의 주기적인 학습과 피드백이 필요하다. 이들은 팀의 리더로서 처음 직책을 부여받은 리더 승진자들이라는 자 부심을 가지고 있으므로 네트워크를 형성하는 데도 수월하다. 학습팀 을 해당 연도의 기수별로 운영하거나, 서로 지속적으로 도움 받을 수 있는 환경을 조성해준다면 훨씬 효과적일 것이다.

(3) 학습팀 리더로서의 직접 경험

> 리더는 고달픈 직업이다. 감히 말하지만 그것은 경험을 통해서만 배울 수
> 있다. 책을 읽는 것만으로 배울 수 있는 것이 아니다. 그것을 직접 해봐야
> 한다. 오직 진정한 실험은 리더십 실험 그 자체이다.
>
> - Horace Deets, American Association of Retired Persons(AARP)

리더십에 이론을 함께 학습한다고 해도 모두가 똑같이 행동하는
것은 아니다. 하지만 자신의 원칙과 기준에 근거해 단순화할 수 있으
며 반복되는 과정을 거쳐 개인들은 저마다 창조적으로 해석하고 적용
할 수 있다. 또한 리더십이라는 것이 (리더십 특성이론에서처럼) 팀의 리더가
됨과 동시에 타고난 리더십을 발휘하는 사람들도 있겠지만, (후천적 학습
이론에서처럼) 대부분의 리더들은 리더가 된 후 일정 기간이 지나고 경험
과 노하우가 쌓이면서 자신만의 리더십을 만들어간다. **경험학습이론에**
서처럼 리더십 역량, 리더십 스킬 향상을 위한 가장 효과적인 방법은 강의를
통해 습득하는 교수학습보다는 실제 팀 또는 조직의 리더가 되어 구성원들을
이끌어보는 '직접 경험'일 것이다.

리더가 된 후 겪게 되는 첫 번째 문제는 역할의 변화이다. 일을 수
행하는 입장에서 일을 관리하는 주체가 된다는 것은 180도 바뀐 역할
의 변화가 필요하다. 팀원일 때는 개인의 성과만 생각하지만, 리더에
게는 팀 전체의 성과를 책임지며 조직원을 육성시켜야 하는 완전히
다른 차원의 능력이 요구된다. 문제는 새롭게 조직을 맡게 되는 신입

리더에게 리더십에 필요한 충분한 학습과 경험의 기회가 주어지지 않는다는 것에 있다. 팀조직에서 리더는 신참이라도 마치 준비된 리더처럼 성공적인 리더십을 통해 성과를 달성하도록 내몰린다. 생존과 직접적으로 연관되어 있는 팀조직의 특성으로 인해 리더는 실패로부터의 학습에 관대하지 않다. 자신이 팀원일 때는 훌륭한 업무수행 능력을 가지고 있는 사람들이라도 리더가 됨과 동시에 좌절과 시련을 겪는 경우가 종종 있다. 팀원이 리더가 된다는 것은 이제 더 이상 실무자로서가 아닌 "리더로서 요구되는 다른 종류의 역량이 필요하다"는 조직의 메시지를 부여받은 것이다. 직무전문가에서 리더십이라는 직무를 수행해낼 수 있는 리더십 실무자가 되어야 한다. 리더가 되는 순간 더 이상 의사결정을 위해 기댈 곳은 없다. 조직성과 창출을 위해 팀원 개인마다 보유하고 있는 역량에 맞게 목표를 수립하고, 자신의 업무전문성을 바탕으로 코칭을 해줄 수 있는 스킬이 있어야 한다. 성과를 관리한다는 것은 일과 사람들을 모두 균형 있게 관리한다는 것을 의미한다.

학습팀이 리더십에 기여하는 것은 바로 '리더십을 직접' 실행해볼 수 있는 기회를 준다는 데 있다. 학습팀의 참여자 중 한 명이 학습팀을 직접 이끌어봄으로써 리더십을 습득하도록 한다. 영업역량 극대화 전략 커뮤니티에서 처럼 조직 차원에서 리더 후보자(Leader Successor)들에게 학습팀의 리더 역할을 맡겨봄으로써 리더로서 간접경험을 해볼 수 있는 기회를 부여할 수 있다. 비공식 조직이라고 하더라도 조직의 리더로서 직접 팀을 운영해보는 것 이상의 좋은 학습은 없을 것이다. 리더에게 직접 역할을 부여한다는 점에서 학습팀, 특히 전략 커뮤니티는 그 어떤 리더십 개발 과정보다 뛰어난 리더 육성 프로그램이다.

전략 커뮤니티(ScoP)는 리더십을 중요한 성공요소로 생각한다. 비즈니스 팀조직처럼 리더의 성향과 리더십에 따라 학습팀의 팀워크와 성과가 달라지기 때문이다. 학습팀의 리더는 팀조직의 리더와는 달리 권한은 작은 반면, 책임과 의무는 더 많이 부여된다. 팀조직을 이끌 때보다 더 어려운 환경에서 리더가 되어보는 경험을 하게 된다. 만약 학습팀 활동에 대한 경영진의 관심이 높고, 전폭적인 지원을 받게 될 경우 리더의 역할과 책임은 더욱 무겁다. 물론 연습이기 때문에 설사 서투르고 실수하더라도 '학습'이라는 점에서 문제될 것은 없다. 리더로서 선험적 경험을 제공한다는 점에서 학습팀에 참여하는 리더가 팀조직 같은 공식조직의 리더로서 경험이 없다면 교육효과는 더욱 크다. **학습팀 리더에게 팀조직 리더에 준하는 책임과 권한을 부여하는 것도 방법이다.** 실제 리더와 유사한 권한과 책임을 가질수록 보다 직접적인 체험이 가능하다. 예를 들면 학습활동 기간 중의 '근태 권한'과 활동종료 시 팀원들에 대한 '평가 권한'을 부여함으로써 성과에 대한 책임과 조직운영 경험을 제공할 수 있다. 팀원들의 학습시간을 팀조직의 근무시간에 우선하여 학습팀 리더의 권한으로 조정할 수 있는 권한을 부여한다거나 팀원들의 소속 팀조직 평가에 학습팀의 리더가 공식적인 피드백과 점수를 줄 수 있도록 제도화할 수도 있다. 물론 이 경우 부정적 평가 권한보다는 가산점과 같이 긍정적 평가 권한을 주는 것이 효과적이다. 이런 경험을 통해 학습팀의 리더들은 실제 팀조직의 리더가 되었을 때 겪어야 할 시행착오를 최소화할 수 있다.

비공식 조직(학습팀)의 리더로서 간접경험은 '리더의 고민과 애로사항'이 무엇인지 생각해볼 수 있도록 한다. 차세대 리더가 될 가능성이 높은 구성원들을 학습팀에 참여시키게 될 때, 이들은 '리더로서의 수행능력'을 검증받기도 한다. 학습팀 활동을 성공적으로 수행해낸 리더들은 신망이 두텁고, 직무 관련 지식이 높을 뿐만 아니라 신뢰 기반의 인간관계를 형성하려고 노력한다는 것을 알 수 있었다. 이들은 의사소통에 능숙하며, 리더십(Leadership) 자체에 관심이 많다. 이들이 실제 리더가 되었을 때 팀을 위해 무엇이 가장 선행되어야 한다는 것을 알고 있다. 자신만의 리더십 철학을 확고히 하는 것, 신뢰관계를 구축하는 것, 팀이 처한 상황을 정확하게 인식시키고 행동하게 하는 것, 빠른 의사결정과 책임감 있는 모습을 보여주는 것, 팀원들의 역량을 파악하고 효과적으로 일을 배분하는 것. 그것이 무엇이든 내가 부족한 것이 무엇인지를 알고 대응하면 된다. 성공적인 리더십 발휘의 경험은 작은 것일지라도 자신감을 높이고, 행동을 강화시킨다.

2) 창의성: 창조적인 공간과 시간 활용하기

　창의성(Creativity)은 뛰어난 개인의 능력이라기보다는 집단 상호작용의 결과물이다. 창의적인 결과물은 사람들의 아이디어와 생각을 교환하는 과정에서 명확하게 실체화되어 표출된다. 문제해결능력이 개인보다 팀 역량을 통해 커지는 것처럼 창의성은 혼자일 때보다 동일한 목표를 가진 집단(Group)이 함께 해결하려고 할 때 훨씬 생산적인 결과를 기대할 수 있다. 창의성, 창의적 사고라는 것은 갑작스런 깨우침이나 교육을 통해 습득된다기보다는 오히려 깊은 수준의 몰입과 열정, 다양한 관점으로 사물을 보는 훈련과 관련되어 있다. 창의적 방법론(SCAMPER, TRIZ, ASIT 등)이 필요한 것은 바로 대상에 대한 생각의 관점을 넓히고 강화시키는 훈련과 연습이 요구되기 때문이다.

　창의적 성과는 예상치 못한 상호작용에서 나타나기도 한다. 사람들이 저지른 실수나 오차 혹은 커뮤니케이션을 통해 다양하게 오가는 잡담을 공유할 때에도 창의적인 아이디어는 발생한다. 이해관계와 성장배경이 다른 사람들이 한자리에 모여 서로 다른 아이디어가 교환, 충돌하는 환경을 '유동적 네트워크(Liquid Network)'라고도 하는데, 이러한 환경을 조성하는 것만으로도 창의적인 생각을 촉진할 수 있다. 서로 다른 배경을 가진 사람들이 새롭고 흥미로운 아이디어들을 나누면서 예측하기 어려운 의견 충돌을 일으키는 혼란스러운 모습을 연출한다. 때로는 동일한 관심사를 가진 사람들의 모임에서 창의적인 혁신은 일어난다. 그들은 공유된 문제를 함께 바라보며 해결을 위한 실마리를 함께 나눈다. 누군가 미완성된 아이디어를 가지고 있을 때 그 아이디어에 대한 의견을 나눌 수 있는 환경이 주어지는 것만으로도 기대 이상의 커다란 성과물이 나타난다. 아이디어를 지키기 위해 벽을 만들고 비밀스러운 연구에 몰두하면서 보호하기보다는 아이디어와 아이디어를 결합하는 데 가치를 두고 더 좋은 아이디어로 발전할 수 있도록 시간을 들여야 한다.

창의성이란 열정으로 매일 새로워지는 것이며, 익숙한 것과의 끝없는 싸움이다. 창의성은 무(無)에서 유(有)를 만들어내는 창조와는 다르다. 매일 보던 사건이나 상황들을 다른 시각과 관점에서 볼 때 평소에는 지나쳐버리거나 간과했을 것을 새롭게 조명하여 의미 있게 만드는 과정일 것이다. 창의성이 여러 개인이나 집단으로부터 쏟아져 나온 수많은 아이디어들이 서로 교차하고 상호작용하는 과정에서 나타난다고 보기 때문에 창의적 집단은 다른 사람의 아이디어에 대해 개방적인 태도를 취한다. 구성원들 간의 신뢰(Trust)와 열린 대화(Open Communication) 속에서 사람들은 다른 사람의 아이디어에 자발적으로 편승하고 문제를 해결하기 위한 노력을 지속시킨다.

앞서 논의한 바와 같이 팀조직은 효율적인 관리조직으로서 학습하는 조직, 창의적인 조직이 되기에는 다소 경직되어 있는 것이 사실이다. 이에 비해 학습팀은 과제 중심의 완벽한 팀워크, 유연한 목표관리, 업무를 지시 받는 수직적 구조가 아닌 동등한 위치와 지위를 가진 수평적 학습자로서 자신들의 생각을 자유롭게 교류한다. 학습팀에 리더의 권위와 명령은 필요치 않다. 공식적인 또는 암묵적인 리더가 있는 경우라도 팀원의 의견을 존중하고 성과를 창출하기 위한 최대한의 지원적 리더십만 있을 뿐이다. 학습팀은 다양한 사고의 수렴, 적정수준의 공유된 지식, 열린 커뮤니케이션, 명확한 목표에 대한 집중, 자율성과 동등한 참여를 통해 보다 큰 성과를 가져오게 한다.

학습팀에서 팀원들은 창의적인 생각과 열정이 가득한 상태를 유지하게 되며, 점차 조직몰입의 상태로 나아가게 된다. 참여자들의 헌신과 몰입 속에서 창의적인 생각들이 풍부해진다. 열정적인 조직이 모두 창의적인 것은 아니지만, 창의적인 조직에는 반드시 구성원들의 열정이 필요하다. 물론 팀 창의성을 위한 집단의 참여가 항상 긍정적인 영향력을 발휘하는 것은 아니다. 멤버들 간의 소모적인 논쟁은 자신의 논리를 굽히지 않기 위한 논점의 왜곡, 암묵적인 동의 또는 방어적인 태도로 인해 오히려 부정적인 결과를 초래하기도 한다. 팀학습에서 이러한 부정적인 효과를 최소화시키기 위해 멤버구성, 팀토론 방식의 사전학습 및 모니터링, 피드백 등과 같이 학습팀 활동 전반을 관리하려는 것은 이러한 이유 때문이다. 액션러닝에서는 퍼실리테이터가 팀 창의성을 방해하는 요소들을 통제한다. 또한 성공적인 협력을 위해 학습팀 안에서 벌어지는 상호작용과 역동을 파악해야 하므로 학습과정을 모니터링하고 적절히 개입해야 한다.

창의적인 조직을 만들기 위해서는 창의적인 환경을 만드는 것이 중요하다. '창의(Creativity)적인 환경'이란 창의적인 방법론을 제공하는 소프트웨어적인 것과 끊임없는 이야기를 나누고 소통하는 물리적 인프라를 구축하는 하드웨어적인 환경의 조합일 것이다. 학습팀이 창의적인 조직을 만들기 위한 탁월한 방법이라는 것은 의심할 여지가 없다. 그리고 학습팀은 '높은 수준의 몰입을 위한 목표수립', '창조적 공간과 시간의 배려', '과제 완수를 위한 책임과 보상' 등 창의적인 환경을 만드는 데 훌륭한 여건을 제공한다.

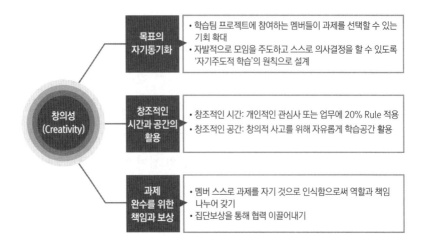

(1) 목표의 자기동기화(내적 동기 이끌어내기)

> 열정적인 팀은 뚜렷한 목표와 마감일을 앞에 놓고 진지하게 일하기 시작한다. 목표를 달성하고 나면 해산하지만 또 다른 문제를 해결하기 위해 재조직되곤 한다.
>
> - Tom Kelley & Jonathan Littman, The Art of Innovation

기업이라는 거대한 조직이 효과적으로 움직이기 위해서는 구성원 모두가 비전을 공유하고 힘을 한 곳에 집중시켜야 한다. 한방향화(Alignment)라는 것은 조직의 비전 달성을 위한 추진력이며 원동력이다. 조직은 비전을 향해 모두가 함께 움직이며 팀은 상위 전략을 실행하기 위해 조직된다. 기업에서 수행하는 목표수립(KPI: Key Performance

Indicators) 방식은 일반적으로 조직목표, 사업부/기능조직 목표, 팀목표, 개인목표의 순으로 진행되는 일관된 정렬(Cascading) 방식이다. 따라서 조직 구성원들은 조직에서 부여한 목표를 수행하는 수동적인 입장에 익숙할 수밖에 없다.

이러한 비전의 한방향화와 목표수립 방식이 조직운영과 빠른 실행력에는 효과적이지만, 개인에게는 관심이 없거나 하고 싶지 않은 일이 주어질 수도 있다는 문제가 있다. 이것을 조직비전과 개인비전의 불일치라고 하는데, 비전 간의 차이가 클수록 구성원을 일에 몰입시키기 어렵다. 하향식(Top down) 업무할당은 조직이 원하는 목표에 따라 수행해야 하므로 근본적으로 일에 대한 동기수준이 낮은 상태에서 시작하게 된다. 사람들은 누군가의 지시에 의해 어쩔 수 없이 하는 일을 할 때 자신이 가진 역량을 충분히 발휘하기 어렵다. 그럼에도 불구하고 기업은 구성원들 자신이 원하고 하고 싶은 일만 하도록 내버려둘 수 없다. 조직의 성과와 가치가 개인보다 우선시된다는 사실은 변하지 않는다.

학습팀 역시 점차 전략적인 목적으로 운영되면서 위로부터 부여되는 경향(Top down)이 뚜렷해졌다. 공식화되고 분명한 결과를 기대하면서 조직된 학습팀일수록 더욱 그렇다. 그럼에도 불구하고 학습팀은 비즈니스 팀조직보다 훨씬 유연하게 목표를 부여하는 모습을 보이는데, 대표적으로 학습팀의 과제, 운영방법 및 멤버 선정에 있어 스스로 선택하거나 합의를 하는 방식이 그렇다. 설사 학습팀이 성과지향적이며 전략적으로 운영된다고 하더라도 학습의 주도권은 학습자에게 위임하도록 하고 있다. 학습팀은 팀과제와 목표를 팀원들의 의견을 최대한 반영할 뿐만 아니라, 심지어는 스스로 팀의 리더를 선택하기도 한다.

학습팀을 창의적인 조직으로 기능하게 하려면 '자기주도적 학습'의 원칙으로 설계하는 것이 바람직하다. 이것은 '목표의 자기동기화', 즉 구성원의 '내적 동기' 때문이다. 목표에 대한 의지를 최대한으로 끌어올리려면 아이디어(과제)를 제공한 팀원이나 참여한 팀원 모두 자발적인 동기를 가지고 참여해야 한다. 구성원들 스스로 과제를 선택하거나 본인이 하고 싶은 일을 할 수 있게 하는 것 이상의 동기부여 방법은 없다. 학습 참여자들의 자발성은 팀원들을 높은 수준의 몰입으로 이끈다. 앞서 우리는 목표와 관련된 일련의 과정은 협상(Negotiation)의 프로세스를 통해 결정되어야 한다고 했다. 일방적인 일의 지시와 강제화 또는 완전한 자율이 아닌 조율을 통해 합리적인 목표를 결정해야 한다. 명확한 목표와 적정한 일의 난이도를 결정하기 위한 목표수립 단계는 몰입을 이끌어내는 중요한 과정이다. 과제의 선정, 목표수준의 합의과정 단계를 거쳐가면서 일의 주도권이 조직으로부터 구성원들에게로 넘어간다. 최소한의 관리와 최대의 자율성을 끌어내는 것이 바로 학습팀의 목표이며, 이것이 바로 창의적 문제해결을 이끌어내는 방법이다. (여기서 주의해야 할 것은 학습지원조직의 전략적 기획의 원칙과 혼동해서는 안 된다. 학습팀의 전체 운영은 전략적이어야 하며, 학습자들의 실행계획은 훨씬 유연한 설계가 필요하다. 물론 이것은 학습자의 역량과 과제의 성격에 따라 달라진다.)

학습팀의 목표부여가 팀조직처럼 강제적으로 부여되는 경우 팀 창의성보다는 팀조직처럼 실행력 중심의 행동들이 관찰된다. 이 경우 학습보다는 팀성과 창출에 치중할 수밖에 없고, 목표와 활동에 대한 경직성이 클수록 보다 많은 지원과 노력이 필요하다. 학습팀 스스로 과제를 선택하고 목표수준을 결정했다고 해도 학습지원조직은 목표수준을 명확하게 구체화시킬 필요가 있다. 목표가 명확할 때 비로소 일의 전략과 전술, 방향이 구체화되며, 일의 난이도를 낮출 수 있게 된다. 도전적 목표가 아닌 불가능한 목표는 일의 시작을 어렵게 만든다.

(2) 창조적인 시간과 공간

▣ 학습시간의 활용

창의적 몰입을 이끌어내기 위해 우리는 개인의 '업무 배분의 원칙'에 80:20 규칙을 적용할 수 있다. 일반적으로 팀조직의 업무가 개인업무의 대부분을 차지하기 마련이지만, 업무목표에서 팀조직 업무를 약 80%, 학습팀과 같은 창의적인 업무를 약 20% 정도로 배분할 수 있다. 개인 업무 중에 관심 있는 일에 대한 목표수준을 설정하고 실행하도록 하는 비율을 약 20% 정도의 수준으로 배분하는 것만으로도 자신이 하고 싶은 일을 한다면 충분히 성과를 창출할 수 있다.

3M은 연구자들 자신이 선택한 프로젝트에 시간의 15%를 투자하도록 독려한다. 연구에 필요한 시간을 확보해주며, 필요하다면 소요되는 비용도 지원해주는 제도이다. 이는 구글의 20% Rule(Project) 제도의 기초가 되었다. 구글의 경우 모든 개발자들이 접근할 수 있는 기반 플랫폼을 기초로 3~4명 단위의 소규모 프로젝트(20% 프로젝트), 즉 자발적 성과창출팀이 천여 개 이상 진행되고 있다고 한다. 개발자들은 아이디어 마켓에 자신의 아이디어를 올리며, 다른 개발자들은 그 가운데 스스로 성공 가능성이 높은 프로젝트를 선정한다. 성공 가능성이 높은 프로젝트는 80% 프로젝트로 확대되어 상품화되기도 한다. 이 말은 결국 선택받지 못하는 프로젝트는 스스로 도태된다는 것을 의미한다.

개인의 관심업무를 공식적으로 수행할 수 있도록 배려하는 제도는 이미 창의적이며 혁신적인 조직에서 제도적으로 활용되고 있다. 예를 들면 3M의 15%, 구글의 20%, 제넨테크의 20%, 홀마크의 30% 규칙이 그것이다. 통상 '20% Rule'이라고 하는데, 이는 조직에서 부여받은 기존 업무를 수행하면서 본인 업무의 약 20% 정도의 시간을 할애해 자신이 하고 싶은 일을 할 수 있도록 하는 활동을 일컫는다. 공식적인 업무의 15%에서 심지어는 30%까지 개인이 관심이 있거나 해보고 싶은 일을 할 수 있도록 제도화함으로써 개인의 창의적 아이디어를 실현할 수 있도록 배려하며 조직의 성과로도 연계시킨다. 개인의 자율적인 동기가 조직의 창조적인 생산활동과 이어질 때 완전한 몰입이 가능하다. 구성원 역시 본인의 업무시간을 개인이 흥미를 가지고 있는 일을 할 수 있도록 공식적으로 인정받을 수 있다. 자신이 평소에 꼭 해보고 싶었던 일이라면 자유롭게 아이디어를 제안하고 공식적인 과제로 참여시켜 성과에 기여할 수 있다.

학습팀 활동은 이와 유사하다. 학습팀 역시 20% Rule(Project) 제도처럼 개인에게 부여한 시간을 어떻게 창조적으로 활용하느냐가 관건이다. 본인 업무의 70~85%는 주요 업무목표(KPI) 달성에 필요한 일 또는 프로젝트에 참여하고, 나머지 15~30%는 개인이 관심을 가지고 있는 연구나 일에 투자하거나 자발적인 목표를 가진 학습팀을 운영할 수 있다. 문제해결을 위해 일시적으로 구성되는 대부분의 TF(Task Force)는 단기간에 원하는 결과를 얻는 것이 목적이므로 개인 업무에 많은 비중을 할애해야 한다. 반면, 학습팀은 20% Rule과 같이 개인 업무와는 별개로 수행하거나 심지어는 업무외 시간을 이용해 학습하기도 한다. 물론 학습팀의 성격에 따라 일정 기간 학습에만 온전히 집중하는 경우도 있지만 대부분의 학습팀 활동이 장기간(3~4개월) 진행되므로 개인 본연의 업무를 완전히 제쳐두고 참여하는 경우는 드물다.

흥미로운 사실은 구성원의 업무목표에 20%만 설정한다고 해서 개인이 발휘할 수 있는 업무역량의 20% 정도의 결과를 달성하는 것이 아니라는 것이다. 완벽한 목표인식과 팀워크를 가진 학습팀은 20%가 아닌 새로운 시간, 즉 창조적인 시간을 활용을 통해 기대 이상의 성과를 창출해낸다. 학습팀과 같이 창의적인 활동이 주목받는 것은 인간이 일에 몰입하는 내적 동기(Intrinsic Motivation) 때문이다. 또한 개인의 내적 동기는 자신의 업무에 대한 열정과 일을 완수했을 때의 성취감에서 나온다. 그리고 그것을 만들어내는 것이 바로 학습팀이다.

주어진 업무시간을 창의적으로 활용하도록 배려해주는 것도 필요하지만, 마감시간(Finish Time)을 정하는 것도 중요한 고려요소이다. 창의적인 그룹(Group)에게 성과를 창출할 때까지 충분한 시간을 배려해주는 것이 기대하는 결과달성에 중요한 요소라고 생각하는 것은 잘못된 것이다. 아이러니하게도 열정적이며 창의적인 팀을 고무시키는 것은 오히려 비합리적이고 촉박한 마감시간(Limit Time)이다. 과제에 따라서는 물리적인 시간이 필요한 경우도 있지만, 구성원들의 완전한 몰입을 위해 제한적인 시간 안에 과제 또는 목표를 완성하는 것이 효과적일 때가 있다. 이것은 마치 시험을 볼 때 공부를 할 수 있는 시간을 조금 더 주더라도 그 이상의 결과를 기대하기 어려운 것과 비슷하다. 흥미로운 사실은 맞닥뜨린 한계의 범위와 깊이가 클수록 학습팀 참여자들은 불리한 환경을 극복하고 스스로 해결책을 찾아내곤 했다는 것이다.

❷ 학습공간의 활용

IT회사와 같이 창의성을 중요시하는 기업들은 창조적 공간이 업무의 생산성에 밀접한 영향을 미친다고 믿고 있다. 그들은 탄력적인 업무시간, 업무 환경에 대한 차별화된 제공에 관심을 가지고, 구성원들이 보다 창의적인 생각을 가지고 업무에 임할 수 있는 환경을 구축하기 위해 노력하고 있다. 그들이 스스로 회사를 '캠퍼스'라고 지칭하는 것도 이러한 이유인데, 구성원들이 같이 차를 마시거나 여유로운 대화를 할 수 있는 물리적 공간을 배려하는 것 그 자체로도 사람들의 교류를 활성화시킨다. 기업은 개인의 독립된 공간을 존중하고 일에 집중할 수 있는 환경을 제공하기 위해 개인과 개인을 구분시키는 벽(파티션)을 높게 설치한다. 그러나 문제는 파티션이라는 물리적인 공간의 단

IDEO 스튜디오 팀은 1주일에 두 번씩 터무니없이 비좁은 장소에서 만나 점심을 먹는다. 그 방이 그토록 비좁기 때문에 팀의 열기가 유지되는 것이다. 때로 지나치게 넓은 공간은 에너지를 떨어뜨리며, 팀원 사이의 좀 더 직접적이고 정서적인 관계를 방해한다. 어떤 IDEO 직원이 독립하여 회사를 차렸다. 그는 두 명의 파트너와 함께 유리창이 없는 조그만 공간에서 1년 반을 열심히 일했다. 겉보기에는 꽤나 삭막한 것 같았지만 사실 팀에는 에너지가 넘쳤다. 나중에 그들은 자금을 확보하여 사무실 공간을 열 배로 넓혔다. 그들은 이제 넓은 개인 사무실을 가지게 되었지만, 의사소통에 문제가 생겼고 인간관계가 점점 엷어지는 것을 느꼈다. 그의 회사는 규모는 커졌지만 추진력을 잃었고, 마침내 실패하고 말았다.

- Tom Kelley & Jonathan Littman, The Art of Innovation

절은 사람의 교류를 단절시킬 수도 있다는 데 있다. 기업에서는 부서 간 커뮤니케이션 없이 독립적으로 업무를 수행하는 곳은 거의 없다. 대부분 기능조직(연구-생산-품질-영업부서)이거나 제품에 따라 동일한 업무를 수행하는 부서가 있는 사업부조직(영업1, 영업2, 영업3 등)이며, 어떤 형태의 어떤 조직이건 부서 간 업무가 서로에게 영향을 미치기 때문에 커뮤니케이션은 반드시 필요하다.

일과 학습을 위한 공간은 창의적인 만남이 자연스럽게 발생할 수 있도록 계획적으로 설계할 필요가 있다. 업무가 일어나는 곳은 사무실의 자기 책상 또는 회의실에서만이 아니다. 담소를 나누기 위해 차를 마시는 곳, 식사를 하는 곳, 심지어는 담배를 피울 수 있는 곳 등 사람들이 모이는 곳에서는 어디서나 학습이 일어나고 다양한 지식의 교류가 발생한다. IT기업들이 실리콘밸리라는 물리적 장소인 오프라인에 함께 모여 밀접하고 긴밀한 연계를 가지고 있다는 사실은 이상한 일이 아니다. 픽사와 IDEO 등 창의적인 인재와 자유로운 기업 분위기가 경쟁력이라고 생각하는 기업에서도 물리적 공간은 중요시되고 있다.

학습팀 활동에서 물리적인 장소(공간)의 창조적 활용은 중요한 관심사이다. 학습팀 활동은 짜여진 일상의 업무 속에서 창조적 일탈을 꿈꿀 수 있는 시간이며, 자유로운 공간은 멤버들에게 활력과 여유를 제공한다. 학습에 주어진 시간과 공간을 학습팀원들이 자유롭게 활용하도록 함으로써 생각의 유연함과 자유로운 토론을 유도하도록 해야 한다. 비용을 들여 학습활동에 필요한 물리적 공간을 만들기도 하지만, 학습공간을 제한할 필요는 없다. 교실(Class), 회의장소(Meeting Table) 같은 일반적인 학습장소에서 카페(Café), 업무 현장(Field)이나 고객과 접촉 또는 매출이 발생하는 매장이 될 수도 있다. 심지어는 학습활동과 전혀 무관한 교외(Outdoor)와 같이 보다 개방(Open)된 장소가 학습공간이 되기도 한다. 창조적 업무시간과 공간의 활용이라는 관점에서 학습팀을 공식화하고 인정하려면 많은 것들이 바뀌어야 한다. 업무시간에 학습팀 모임을 카페에서 할 수도 있다고 생각해야 하며, 카페에서 학습하는 것이 여가시간의 유흥 정도로 치부되지 않도록 말이다. **지식을 공유하고 학습하는 행위는 제한된 시간과 정해진 장소에서만 일어나는 것이 아니다.** 시간과 공간에 대한 제약조건들을 얼마나 창의적으로 활용하는가에 따라 학습자들의 학습성취도와 수용도 함께 높아진다는 사실을 공감한다면 말이다.

(3) 과제완수를 위한 책임과 보상

학습팀의 협력과 소통을 통해 창의성을 끌어올리기 위한 마지막 조건은 일에 대한 책임을 효과적으로 부여할 수 있느냐와 결과에 따른 보상과 피드백을 어떻게 설계하느냐이다. 일반적으로 학습팀은 성과에 대한 책임과 특별한 보상 없이 진행되는 경우가 많다. 전략 커뮤니티에서는 특별한 보상이 없더라도 본인의 업무수행에 필요한 지식을 습득하기 위해 자발적으로 참여하기도 하며, 고성과자의 경우 높은 수준의 지식을 공유하는 행위에 대해 조직이 공식적으로 명예로운 가치에 대해 인정해줌으로써 다른 차원의 보상이 되는 경우도 있다. 보상이 반드시 재무적인 것이 될 필요는 없다. 하지만 학습팀 활동의 공식화와 더불어 최소한의 보상이 팀원들에게 제공된다면 학습팀이 효과적으로 진행되는 것은 분명하다. 기업이 요구하는 목적이 분명하거나 학습팀 활동이 목표지향적으로 운영될 경우 명확한 책임과 보상 계획을 수립할 필요가 있다.

1 책임 나누어 갖기

학습팀이 목표합의를 통해 과제에 대한 최종 목표를 협의하는 과정의 중요성은 명확한 목표 확인과 일의 난이도 때문만이 아니다. 목표합의 과정을 통해 구성원 스스로 과제를 자기 것으로 인식하게 되며, 과제를 개인의 것으로 받아들이게 되면 자연스럽게 책임감이 높아진다.

책임이란 개인이 성과달성에 느끼는 부담의 정도이며, 집단(Group)이 책임을 나누어 갖는 방식은 독특하다. 개인 혼자 성과에 대한 책임을 가지고 있을 때보다 공동의 책임을 강조할 때 개인은 학습팀 조직의 일원으로 성과에 대한 책임을 더 크게 인식한다. 개인의 방임이나 실수가 팀의 성과에 부정적인 영향을 미친다는 것을 인지하게 될 때 개인은 보다 헌신적이 되며, 협력의 중요성에 대해 진지하게 생각한다. 단일과제를 수행하기 위해 학습팀원들이 공평하게 책임을 나누어 가질 경우 이러한 책임은 팀조직에서보다 훨씬 강도 높게 개인에게 부과된다. 집단에서와 같이 팀활동에 대한 결과의 공동의 책임은 보상 못지 않게 강력한 효과를 발휘한다. 그러나 학습팀 활동이 너무 느슨하게 운영되어 결과에 대한 개개인의 책임과 역할이 불분명해지며, 조직의 관심을 덜 받고 있으면 성과에 대한 집단 책임 역시 약화될 수 있다. 학습팀이 공식화되고 어느 정도 강제화될 필요가 있는 것은 목표달성의 책임 때문이기도 하다.

구성원들이 과제에 대한 책임을 가지도록 하기 위해 팀 기반 학습에서 사용하는 학습준비도 평가(RAT: Readiness Assessment Test)를 실시하기도 한다. 학습준비도 평가는 성과지향성보다는 학습지향성 목적을 가진 학습팀의 경우에는 반드시 개인별 또는 팀별로 습득한 지식에 대해 평가해야 한다. 대표적으로 중국지역 전문가 액션러닝의 경우 이러한 학습방법이 적용되었다. 학습준비도 평가는 팀과제가 부여되기 전에 개인과 팀평가를 모두 실시했다. 개인평가를 통해 자신의 학습에 대한 이해의 정도를 정확하게 알 수 있으며, 팀평가를 통해 자기가 이해한 개념을 멤버에게 설명하는 동안 집단(학습팀)에 대한 책임감은 더욱 커지게 된다.

2 집단보상 강화하기

보상 같은 동기부여 방법은 사람들에게 (빠른 문제해결에만 집중하기 때문에) 창의적인 사고를 방해한다고 알려져 있다. 그러나 어떤 경우에는 보상이 효과적으로 사용되기도 하는데, 예를 들어 집단보상과 적절한 피드백은 팀(Team)을 효과적으로 단결시키기 위해 필요하다. 팀에 대한 집단보상제도가 팀의 응집성 또는 상호 친밀감과 밀접한 관계를 나타내기 때문이다. 따라서 팀의 과업특성이 높은 상호 의존성을 보일수록 개인의 전체 보상에서 집단보상이 차지하는 비율을 늘려야 한다(Wageman, 1995)고 주장하기도 한다.

일반적인 비즈니스 팀조직의 경우 개인에게 부여하는 목표(KPI)가 팀 공동이 달성해야 할 목표보다 비중이 높기 때문에 집단보상을 제도화하기가 어렵다. 대부분의 기업들이 채택하고 있는 개인성과급제는 개인의 역량과 노력에 따른 성과에 관심을 가지고 있으므로 상호 협력을 통한 집단성과보다는 경쟁적 환경을 조성하기가 쉽다. 이득공유제(Gain Sharing)나 이윤분배제(Profit Sharing) 등과 같은 집단성과급제를 도입하고 있는 경우도 있지만 개인별로 과제가 나누어져 있는 상황에서 적용하기에는 어려운 점이 많다. 반면 학습팀은 팀 전체의 과제가 단일과제(Single Project Program)로 진행되므로 집단보상에 대한 요구와 필요성이 상대적으로 높아진다. 집단보상은 팀원 간 협력을 통해 성과에 기여하도록 만들며, 팀원 모두가 함께 보상을 받을 경우 개인은 팀의 일원이 된 것을 기쁘게 생각하게 된다. 학습팀은 보통 여러 팀이 함께 활동하게 되므로 학습팀에게 집단으로 보상할 경우 학습팀들이 자연스럽게 경쟁하도록 유도할 수 있다. 학습팀들은 경쟁하는 반면 팀 내에서는 오히려 정보교류와 협력을 촉진할 수 있다. 팀에 대한 소속감이 증가할 때 학습팀은 다른 팀과는 구별되는 특별한 팀인 것처럼 행동한다. 여기서의 경쟁은 생존을 위한 투쟁으로서 서로의 몫을 빼앗기 위한 것이 아니라 자신이 속한 집단의 명예를 높이고 약속한 목표를 달성하기 위함이다.

평가에 따른 보상은 결과만을 위해서가 아니라 활동의지를 북돋기 위해서도 필요하다. 활동 중간에 피드백을 통해 학습팀이 올바로 가고 있는지를 확인시켜줄 수 있다. 집단평가와 함께 개인평가를 병행하여 멤버 개인의 공헌도를 정확하게 측정할 필요도 있다. 동료평가(Peer Assessment)를 통해 팀 성과에 기여한 개인을 보다 객관적으로 평가하거나 별로도 보상할 수도 있다. 팀 동료야말로 가장 정확하게 각자의 공헌도를 평가할 수 있는 충분한 정보를 가지고 있다. 학습팀이 자발적인 의도에서 비롯된 것이라면 보상의 문제는 고려의 대상이 아닐 수도 있다. 특히 자발적인 생성의도를 존중하는 커뮤니티(CoP)의 본래 정신에 비추어 본다면 더욱 그럴 것이다. 그러나 전략적인 형태이거나 조직의 실제적인 이슈를 과제로 수행하는 학습팀에게 있어서 적절한 보상이 실행의지를 제고시킬 수 있다는 것은 분명하다.

3) 조직관리(Royalty): 일상적인 참여와는 다른 비공식적 유대감 형성

　기업은 뛰어난 한 사람, 개인의 역량보다 조직이 학습한 경험과 지식을 집단이 함께 공유하는 조직역량에 의해 유지, 발전된다. 기업이 성장할수록 조직역량 및 조직관리 프로세스의 중요성은 더욱 분명하게 나타난다. 조직이 비대해지고 안정화를 추구할수록 변화와 혁신에 둔감해진다는 것은 잘 알려진 사실이다. 조직 스스로 위기라고 생각하게 되는 순간 기업의 변화와 혁신에 대한 필요성과 열망이 커지게 되며 무언가 바꿔야 한다는 사실을 알게 된다. 이 경우 주로 변화는 조직에 대한 영향력과 뛰어난 역량을 가진 리더로부터 시작되며, 이들은 느리고 둔해진 기업에 변화를 주도하며 활력을 불어 넣는다. 위대한 리더십은 분명히 기업의 변화와 혁신을 가져오는 중요한 요인임에는 틀림없다. 그러나 기업에서 리더의 개인적 특성이 지나치게 크게 작용하면 오히려 부작용이 나타나기도 하는데, 특히 리더의 퇴임 이후 리더십의 부재로 인해 또는 새로운 리더십이 힘을 잃어버리거나 받아들여지지지 않아 위기가 조성될 때 그렇다. 변화를 이끌고 혁신을 주도하는 것도 결국 '사람'이므로 올바른 사람이 올바른 리더십을 발휘할 수 있도록 '리더 승계계획(Succession Planning)'을 마련하는 것은 이 때문이다. 그러나 승계계획이라는 것도 결국은 조직의 역량을 꾸준히 유지, 관리, 발전할 수 있도록 도와주는 것이라는 점에서 리더십 역시 개인의 역량을 조직적으로 관리하고자 하는 프로세스이며 조직역량의 일부분인 것이다.

어떤 관점을 견지하건 기업 성과창출에 변하지 않는 중요한 요소는 사람이다. 문제는 노동력이라는 자원은 자본, 설비 요소와는 달리 통제하기 쉽지 않다는 데 있다. 기업은 높은 역량을 보유한 인재를 필요로 하며, 사람 역시 자신에게 맞는 기업을 선택한다. 직원을 고용하고 노동력을 제공하는 거래관계에 있다는 것은 서로의 이해관계가 맞아야 한다는 것을 전제로 한다. 사람마다 다른 개인적인 선호, 공급과 수요의 시간차, 역량의 차이에서 생기는 진입장벽과 같은 요인들은 인재활용에 대한 기업의 대응을 어렵게 한다.

기업에게 있어 우수한 인재를 확보하는 가장 빠르고 효과적인 방법은 해당 분야의 경험과 지식을 가지고 있는 경력사원을 채용하는 것이다. 외부수혈이야말로 손쉽게 기업 경쟁력을 향상시킬 수 있는 방법이다. 기업은 적정 인력을 외부에서 확보함으로써 기존 구성원들과 경쟁시킴으로써 적정수준의 긴장을 유도할 수 있으며, 외부 관점의 수용, 시행착오의 최소화, 선진화된 기술 확보 등이 가능하다. 하지만 기업의 인재전략 자체가 확보전략으로 일관되어서는 안 되며, 쉽게 채워진 경쟁력은 마찬가지로 쉽게 손실될 수 있다. 무엇보다 무분별한 외부채용은 기존 구성원들에게 조직 내에서 성장하고자 하는 비전과 조직에 헌신하고자 하는 조직충성도를 떨어뜨릴 수 있다. 기업은 일상적으로 내부구성원 육성에 힘을 쏟아야 한다. 특히 단기적인 체질개선이 아닌 중장기적인 경쟁력을 제고하기 위해서라면 더욱 그렇다. 신입사원부터 조직에서 성장해온 로열티를 가지고 있는 구성원들이 조직 안에서 육성된다는 것은 조직 전체에 긍정적인 메시지를 준다. 실제로 많은 경영자들은 조직 내 구성원들을 육성시키는 것이 기업의 미래를 위해 올바른 방법이라고 생각하고 있다. 구성원들이 조직에서 성장할 수 있다는 믿음과 확신이 조직 전반에 확산될 때 기업은 구성원들의 문화와 가치, 경쟁력을 유지할 뿐만 아니라 핵심역량을 지속시킬 수 있게 된다. 기업은 적정규모의 외부 인력 유입을 통해 조직문화에 활력을 불어 넣으면서도 구성원들 각자의 마음속에 조직에 대한 건전한 로열티에 뿌리를 둔 조직문화가 형성될 수 있도록 인재를 보호하고 육성하도록 노력해야 한다.

우리는 개인이 조직인(組織人)으로서 조직지향적인 생각과 행동을 할 수 있도록 학습팀이 어떤 역할을 수행하는지에 대해 살펴볼 것이다. 학습팀은 내부 구성원의 육성뿐만 아니라 조직과 개인을 단단하게 묶어준다는 점에서 조직관리의 영역으로 다루어져야 한다. 조직관리 관점에서 학습팀은 개인의 조직몰입(Organization Commitment), 조직적응성(Organization Adaptability), 직무만족(Job Satisfaction)과 관련되어 있다. 또한, 이것은 구성원들의 조직에 대한 태도 및 조직이 만들어가는 건전한 기업문화와 관련되어 있다. 학습팀이 구성원들의 조직몰입, 조직적응성, 직무만족에 있어 긍정적인 영향력이 미치고 있다는 사실을 공감한다면 '왜 조직 차원에서 체계적으로 학습팀을 관리해야 하는가'도 알게 될 것이다.

조직몰입 (Commitment)	• 과제와 목표가 기업의 전략적인 것과 밀접하게 연관 • 팀단위 조직에서 발생하는 참여와는 다른 깊은 비공식적 유대감 형성
성과 창출 (Adaptability)	• 신입사원의 빠른 업무수행과 전문성 획득에 유용 • 리더 후보들의 육성에 필요한 직무를 과제수행을 통해 간접적으로 체험
직무 만족 (Job Satisfaction)	• 개인의 직무에 대한 비전과 폭넓은 배움의 기회 제공 • 같은 고민을 하며, 유사한 역량수준을 가진 전문가들과의 교류 기회 제공

(1) 조직몰입

조직몰입(Organization Commitment)은 "개인의 정체성을 조직에 연결시키거나 애착을 갖도록 하는 조직을 향한 태도나 경향(Sheldon, 1971) 또는 개인과 조직 간의 심리적인 결속의 형태(Buchanan, 1974)"로 정의하고 있다. 조직몰입은 구성원 자신이 현재 속해 있는 조직에 대한 헌신 및 충성도와 밀접한 관련이 있다.

첫째, 학습팀 활동이 구성원들의 조직몰입도를 높이는 이유는 우선 학습팀의 과제와 목표가 기업의 전략과 밀접하게 연관되어 있기 때문이다. 팀과 개인의 목표일치성과 구성원 간 태도 일치성이 높을수록 팀의 발전단계가 높다고 알려져 있다(Wekselberg, 1997). 일반적으로 학습팀 참여자들은 조직의 눈높이에서 보다 객관적인 시각을 가지고 기업의 전략적 과제를 수행하게 된다. 개인목표가 아닌 조직의 공통목표를 달성하는 과정에서 개인은 조직적 사고와 행동을 하게 마련이다. 학습팀은 일반적으로 경영전략 관점의 혁신 및 이슈와 연계되어 조직학습과 성과를 촉진시키려는 의도를 가지고 운영된다. 학습팀이 설계되는 과정에서 자연스럽게 조직 내 주요 현안 과제를 채택하게 되며, 이들은 기업의 핵심과제를 다루는 지식그룹이 된다. 참여자들이 조직의 주요 문제를 탐구하고 학습하는 동안 참여자들은 기업의 목표와 전략을 거시적인 관점에서 보게 되며, 개인이 업무를 수행할 때는 볼 수 없었던 기업 내(협업구조, 조직의 강점과 약점), 기업 외(시장환경, 경쟁사 분석) 현상들을 보다 면밀히 들여다보게 된다. 이런 일련의 과정을 통해 개인은 경영환경뿐만 아니라 기업의 성장동력, 핵심역량 같은 조직 관점의 이슈 등을 현실감 있게 학습한다. 개인은 조직이 직면한 현상과 어려움을 보다 깊이 있게 이해하고 공감한다. 기업의 비전, 미션, 핵심가치, 전략 등이 좀 더 의미 있게 전달되고 공감시킬 수 있다는 점에서 학습팀은 개인의 조직몰입과 관련이 있다. 특히 기업의 핵심과제를 해결하며 조직의 이익과 직결되는 실존하는 문제를 다루는 액션러닝의 경우에 학습팀원들에게 있어 조직몰입에 미치는 영향이 더 크다. 수행해야 하는 문제가 기업의 전략적 과제이며, 조직의 목표와 가치를 구성원 개인들이 자연스럽게 받아들이는 과정에서 조직에 대한 관심과 거시적인 시각은 커지게 된다.

둘째, 조직몰입은 구성원 간의 '친밀도'에 따라 강화되는데 개인은 학습팀에 참여함으로써 비즈니스팀(조직)과는 다른 깊은 유대감을 형성한다. 구성원들이 서로 지식과 경험을 기꺼이 함께 공유하고 함께 과제해결 또는 목표달성을 위해 헌신하고자 하는 의지는 팀워크를 향상시키는 것에서부터 시작한다. 학습팀의 핵심가치이자 행동규범인 실천적 참여와 협력은 멤버 간에 보이지 않는 강한 결속력과 일체감을 형성한다. 학습팀이 만들어내는 유대감은 개인의 조직몰입과 관련되어 있다. 조직몰입이 높을수록 조직을 위한 행동, 개인보다는 조직의 이익에 앞서는 의사결정을 할 가능성은 커질 것이다.

비공식적 의사소통을 '관계적 의사소통(Relational Communication)'이라 구분하며, 관계적 의사소통이 구성원 간의 응집성과 만족을 높여줄 것이라 예측하기도 한다(Cameron, 1998). 비공식적 의사소통은 **전략 커뮤니티**(SCoP)에서 강조하고 있는 '참여'로부터 시작된다. 참여란 행동방식, 소속감, 사회적 관계를 포함하는 동시에 집단에 적극적으로 개입해가는 과정이며, 참여자들이 서로의 정체성에 대해 인정하는 것으로 협동 이상의 의미를 갖는다. 구성원들의 학습과 성장을 위해 기업 내부 또는 외부의 직무전문가들과의 자유로운 교류의 장(場)을 만들어준다는 점에서 전략 커뮤니티는 구성원들의 조직몰입을 위해 효과적이다. 기업을 옮겨 다니면서 개인의 직무 전문성을 높이는 것이 아니라, 기업 내외의 수많은 전문가를 연결시킴으로써 안정적으로 성장할 수 있다는 믿음을 준다. 직무에 대한 소속감은 조직에 대한 소속감과 무관하지 않다. 기업이 직무전문성을 존중할 때 기업의 핵심역량은 조직 안의 관계 속에서 더욱 견고해진다. **액션러닝**(AL)은 전략 커뮤니티와는 다른 관점의 비공식적인 유대감을 형성한다. 과제를 중심으로 만들어진 일시적인 팀워크이기 때문에 과제가 종료되면 팀원 간의 결속력(Tie)이 (전략 커뮤니티에 비해) 약해지는 것이 사실이다. 하지만 정도의 차이가 있을 뿐 팀이라는 공동체에 안에서 팀원들이 느끼는 애착의 정도는 크게 다르지 않다. 비자발적인 관계라도 활동기간 동안 온전한 팀으로 발전할 경우 오히려 기능 또는 직무 간의 이해를 돕는다는 점에서 조직 시너지를 제고시키는 데 있어 효과적일 수도 있다. 액션러닝 (AL)은 평소에 접하기 어려운 과제를 수행함으로써 타 직무나 과제에 대한 간접경험을 해볼 수 있다는 장점이 있다. 특히, 조직 내 타 부서 구성원들 간의 협업과 교류의 기회는 개인의 업무 경쟁력을 향상시킨 다. 조직의 입장에서는 업무 관련성이 높은 구성원들을 액션러닝에 의 도적으로 참여시킴으로써 부서 간의 협력을 높이고, 갈등을 최소화할 수도 있다.

(2) 조직적응성

조직적응성(Organization Adaptability)이란 개인에게 새로운 직무나 일(Task) 이 맡겨졌을 때 성공적으로 수행해나갈 수 있는 역량을 말한다. 신입사원 들은 조직이라는 새로운 환경에 적응하며, 직무 전문가가 되기 위해 필요한 지식과 경험을 습득해야 한다. 중견사원이라면 직무 전문가 (Specialist)로서 성장할 수 있는 기회를 지속적으로 탐색해야 하며, 리더 가 되기 위해서는 자신의 일뿐만 아니라 다양한 유관 업무를 경험해 봄으로써 향후 관리자(Manager)가 될 준비를 해야 한다. 결국 전문가이 건 관리자이건 맡은 바 역할을 성공적으로 수행하여 조직에 꼭 필요 한 인재가 되기 위해 필요한 것이 바로 조직적응성이라고 할 수 있다. 조직적응성은 조직에서 구조의 변화나 인사이동이 있을 때 조직원이 얼마나 빨리 변화에 대응하는가(Motto, 1972), 새로운 환경에서 신축성 있게 대응해나감으로써 조화적인 관계와 능률적 성과를 계속 확보해 나가는 것(김창걸, 1996)을 의미한다.

조직적응성과 관련된 학습팀의 대상은 '리더와 신입사원'이다. 조직에서 역할과 행동 변화를 가장 크게 경험하기 때문이다. 학습팀은 향후 리더가 될 경영자 리더 후보 또는 핵심인재들에게 다양한 직무 경험과 리더십의 경험을 제공하며, 신입사원에게는 직무지식의 빠른 습득에 도움이 된다. 리더 중에서도 특히 경영자 육성을 위해서는 리더 후보들이 가능하면 많은 직무를 수행해보고, 다양한 분야에 대한 이해를 넓히는 것이 좋다. 가장 효과적인 방법은 대상자가 육성경로(CDP: Career Development Plan)에 따라 해당 직무를 직접 경험해볼 수 있는 직무순환(Job Rotation)제도를 활용하는 것이다. 문제는 단지 육성을 목적으로 직무순환을 하기에는 물리적인 시간뿐만 아니라, 조직의 기회비용 역시 크다는 점이다. 이 경우 액션러닝(AL)은 경영자 후보와 핵심인재 육성을 위해 유용하게 활용된다. 과제에 따라 신규 사업(Business)에 대한 이해를 돕거나 새로운 분야의 경험을 쌓을 수 있으며, 타 직무(Job)에 대한 지식을 효과적으로 습득할 수도 있다. 리더가 갖춰야 할 중요한 역량이 '의사결정'의 속도와 질이라고 할 때 올바른 판단을 위해서는 무엇보다 일에 대한 깊은 이해와 경험이 선행되어야 한다. 예전에 경험해본 적이 없는 일 또는 과제를 수행해봄으로써 유사한 문제해결 상황에 직면했을 때 올바른 의사결정에 필요한 선험적 경험을 가지게 된다. 액션러닝(AL)은 어떤 상황에서도 유연하게 대처할 수 있고, 어떤 일이 부여되어도 성공적으로 수행할 수 있는 역량을 높여준다.

신입사원에게 있어서도 학습팀은 조직적응성을 높일 수 있는 방법이다. 특히 잘 계획된 과제 중심의 액션러닝(AL)은 신입사원의 빠른 업무수행과 전문성 획득을 위해 효과적이다. 많은 기업에서 신입사원을 대상으로 액션러닝을 활용하는 것은 바로 액션러닝의 실천적 학습이 지식과 경험이 부족한 초보자들에게 무엇보다 유용하기 때문이다. 신입사원들의 빠른 직무적응을 위한 직무 수업과 실행경험, 기업 내·외부의 현업 직무전문가들과의 교류, 현장에 대한 이해를 압축적으로 수행할 수 있다는 점에서 가장 적합한 대상이라고 할 수 있을 것이다. 학습팀이 S-OJT(Structured On-the-Job-Training)의 방법으로 활용되는 것은 이때문이다. 전략 커뮤니티 역시 육성이 필요한 신입사원에게 유용하다. 신입사원 또는 신규로 입사한 경력사원들을 학습팀 활동에 참여시킴으로써 공동체 일원으로서의 소속감을 들게 하며, 낯선 기업문화에 가능한 한 빨리 적응할 수 있도록 돕는다. 신입사원이라면 선배사원과 함께 학습하고 과제를 함께 수행할 수도 있고, 신규로 입사한 경력사원이라면 조직 내 동일한 직무를 수행하는 구성원들과 자연스럽게 동화(同化)될 수 있도록 학습팀에 참여시킬 수 있다. 학습활동에 함께 참여하는 것은 지식만을 습득하고 공유하기 위해서가 아니다. 도움을 받을 수 있는 네트워크를 만드는 것이 어떤 경우에는 오히려 조직적응을 위해 더 효과적이다. 학습팀 활동이 사람과의 관계에서의 따뜻한 배려와 도움을 받을 수 있다는 점에서 (일과 사람 모두에게 있어) 조직적응이 요구되는 신입사원들에게 무엇보다 필요할 수 있다.

(3) 직무만족

직무만족(Job Satisfaction)이란 조직구성원들이 자기가 맡은 직무에 대해 만족하는 정도이며, 개인의 직무에 대한 애착심이라고 할 수 있다. 개인이 직무에 대해 만족하는 것은 조직 내 인간관계, 조직안정성, 일과 휴식의 균형, 높은 직급에 대한 성취감, 높은 임금 등 다양한 요인과 관련이 있다. 사람마다 일(Work)과 일을 통해 얻을 수 있는 의미와 가치는 분명 다르다. 그러나 개인의 직무만족에 가장 중요한 것은 해당 직무에 대한 성장비전과 업무수행 결과에 대한 만족감이라고 할 수 있다. 조직에 속한 개인이라면 누구나 직무 전문가로 성장하거나 자신의 분야에서 인정받는 사람이 되기를 원할 것이다. 이것은 인간의 가장 기본적인 욕구이다. 조직에 대한 비전과 목표는 개인이 직무 전문성으로부터 시작되며, 자신의 일에 대한 만족감이 커질수록 조직과 개인의 교집합은 더 커지게 된다.

전략 커뮤니티(SCoP)는 개인의 직무만족에 영향을 미친다. 전략 커뮤니티가 직무(Job) 중심의 커뮤니티이기 때문이며, 직무 중심의 공동체는 개인이 해당 직무에서의 성장과 비전, 직무 전문가들과의 교류의 기회를 제공한다. 전략 커뮤니티의 학습활동에 롤 모델(Role Model)로 존경받는 직무 전문가가 함께 참여할 경우 멘토(Mentor)의 역할을 하기도 한다. 직무 전문가 자신도 끊임없이 지식에 대한 욕구를 가지고 있을 뿐만 아니라, 누군가에게 가르침을 줄 수 있을 때 스스로를 더 가치 있게 여기게 된다. 개인의 직무에 대한 비전과 배움의 기회를 제공하기 위해 학습팀이 누구보다 필요한 직급은 관리자 이하의 '중견사원'일 것이다. 이들은 관리자가 되기 전까지 '조직 정체성을 확립하는 시기'와 맞물려 있다. 개인이 안전하게 성장하기 위해서는 비전에 대한 확고한 신념과 일의 전문성(Specialty) 향상이 가능한 환경에서이다. 전문가일수록 팀조직에서보다는 커뮤니티와 같은 비공식 조직에서 선배의 가르침에 대한 학습수용도는 높아진다. 선배의 말은 훈계가 아닌 인간적인 조언이며, 덜 위계적인 관계에서 우러나오는 코칭으로 받아들이게 된다. 사원들에게 있어 주로 일에 대한 자신의 직무비전이 직무만족에 중요한 영향요인이라면 직무 전문가들에게는 전문성을 심화시키는 일의 깊이 또는 유사한 수준의 전문가들 간의 교류와 관련이 있다. 직무 전문가들이 자유롭게 회사에서 지식을 나누는 행동들이 제약을 받는 것은 조직이 적합한 환경을 제공하지 못하고 있기 때문이기도 하다. 조직 간에 벽이 있는 기업문화 때문이거나 교류할 수 있는 마당[場]이 제도적으로 제공되지 않기 때문이다. 이것은 직무의 특성과도 관련이 있다. 지원부서(Staff) — 인사, 재무, 마케팅, 회계 등 — 와 연구(R&D) 부서와 같이 조직 내 동일한 업무를 수행하는 인원의 규모가 적은 경우에는 조직 내 직무에 대한 학습의 기회가 상대적으로 협소하다. 이 경우 조직 내부에서 학습의 기회를 찾기가 수월하지 않기 때문에 오히려 외부와 긴밀히 연결되어 있다. 반대로, 기업 내 동일한 직무를 수행하는 구성원들이 많은 직무군(생산기술, 영업 등)인 경우 내부 전문가들의 지식과 경험을 서로 교환할 수 있도록 하는 것이 훨씬 효과적이다. 직무 중심의 네트워크 전략 커뮤니티는 개인의 직무만족과 직무 전문성을 향상시키는 데 있어 훌륭한 환경을 제공한다. 보고 배울 것이 있는 멤버들이 속한 공동체에 참여할 수 있는 학습 환경은 개인에게 있어 조직에 대한 긍정적인 인식과 태도를 형성하도록 만든다. 직무 전문가들 역시 서로 자주 만나면서 자신의 직무 경험에 대한 토론과 아이디어를 교환한 것이 더 깊은 이해와 통찰력을 준다는 것을 잘 알고 있다.

4) 경영 혁신: 혁신은 완벽한 것을 찾는 것이 아니라 중단하지 않는 것이다

혁신(Innovation)은 신제품의 시장진입에 필요한 제품혁신, 시장성숙기에 규모의 경제가 필요한 원가절감 방식의 혁신 등 기업이 처한 환경에 따라 다양한 의미로 사용된다. 일반적으로 혁신은 기술혁신에서부터 기업의 제도, 프로세스, 심지어는 조직문화의 변화에 이르기까지 폭넓게 사용된다.

기업이 추구하는 가장 바람직한 모습은 끊임없이 학습하고 혁신을 두려워하지 않으며, 지속적인 성과를 만들어내는 조직일 것이다. 혁신은 새롭고 효과적인 것을 찾아 개선하는 것, 생각과 행동의 변화(Change)를 추구한다는 점에서 학습하는 조직이 추구하는 본질과 실체가 크게 다르지 않다. 혁신의 선도자인 GE는 경영 혁신과 경영 혁신의 방법론(Method)을 스스로 실천해보고 전 세계 기업에게 전파하는 선도자의 역할을 수행해왔다. GE가 위대한 것은 우리가 알고 있는 수많은 혁신 프로그램(Lean, Six Sigma, CAP, Work Out 등)을 성공적으로 뿌리내리고 전파했다는 사실보다 혁신이 곧 기업문화라는 인식을 조직구성원들에게 뿌리깊게 내재화시킨 GE의 역사에 있다.

대부분의 기업에게 있어 혁신(프로그램)들은 시대의 유행처럼 다루어지거나 기대에 미치지 못한 경우 쉽게 포기하며 더 이상 우리에게는 필요없다고 단정 짓기도 한다. 그러나 기업이 혁신하기 위해서는 그것이 어떤 방법론이건 일정 기간 지속할 필요가 있으며, 설사 다른 것으로 대체되더라도 중단해서는 안 된다. 영원불변하면서 완벽한 하나의 방법론은 없다. 혁신의 중요성을 인식시키고 때로는 새롭게 의미를 부여하며 지속적으로 구성원들을 독려할 수 있을 때 비로소 가치를 인정받는다. 성공적인 혁신은 조직에 훌륭한 학습경험의 자산이 된다.

문제는 대부분의 혁신 프로그램들이 자신의 것이 최고이며, 영원할 것이라는 환상에 사로잡혀 기업의 효율성과 수익성을 약속하는 매력적인 것으로 포장될 때이다. 특히 경영 혁신과 관련된 정보기술 프로그램들은 관련 컨설턴트, 공급자들과 언론이 연합하여 본질을 호도하기도 한다. 새로운 제품과 서비스 제공의 기회는 새로운 시대가 열리는 서막이며, 하루라도 빨리 받아들이지 않으면 도태되는 것으로 홍보하곤 한다. 정보기술은 매우 유용한 도구임에는 틀림없지만 혁신 프로그램과 접목될 경우 오히려 혁신을 위한 보조적인 도구가 아닌 정보기술을 위한 혁신으로 왜곡되어 마케팅에 활용되는 경우를 우리는 자주 목격할 수 있었다. 학습팀도 예외는 아니었다. 전략 커뮤니티(SCoP)가 도입된 배경이었던 지식경영(KM: Knowledge Management)이 지식경영시스템(KMS)을 도입하는 것이 전부라는 것처럼 알려진 사례가 바로 대표적인 경우이다. 지식경영시스템의 한바탕 소동이 지나간 이후 이제는 (다른 혁신 프로그램이 유사한 절차를 밟다가) 거의 흔적도 없이 사라져갔다.

(1) 혁신을 이끌어내는 학습팀 프로그램

혁신이라는 것이 언제 어디서나 지속되어야 하는 일종의 사고, 가치, 신념에 관한 것이라면, 혁신 프로그램은 이러한 혁신이 가속화될 수 있는 틀

(Framework)이며 방법론(Method)이다. 혁신 방법론은 구체적인 실천개념이다. 우리가 살펴볼 혁신은 엄밀히 말해 혁신의 방법론으로 정의할 수 있으며, 조직의 목적을 달성하기 위해 새로운 생각이나 방법으로 기존의 일, 프로세스를 다시 계획하고 실행하고 평가하는 것이라고 할 수 있다.

최근 들어 학습팀은 혁신기법으로서 기업의 혁신적 사고와 문제해결, 혁신의 조직문화를 조성하며 변화를 주도하는 사례들이 많아지고 있다. 인재를 육성하는 차원을 넘어 전사 혁신을 위한 경영 혁신의 방법론으로서 문제해결과 성과창출의 역할을 적극적으로 수행하고 있다. 학습팀에 참여하는 구성원들 역시 핵심인재, 핵심기술 확보와 같이 특정 계층 또는 특정 부문에 국한된 것이 아닌 전사(全社) 구성원 및 전 부문을 대상으로 확대 운영되고 있다. 참여자들의 대상, 활동 기간이 과거에 일시적이거나 제한적인 필요에 의해 수행되었다면 (경영 혁신 방법론 사례에서는) 반복적이며 장기간 운영되고 있다. 대표적인 것이 액션러닝에서는 '조직개발형 액션러닝'이며, 전략 커뮤니티에서는 '전사 혁신 전략 커뮤니티'라고 불리는 것들이다.

학습팀 기법이 매우 실질적인 성과에 깊이 관여되고 활용된다는 점에서 학습팀은 경영 혁신의 방법론으로 재평가되어야 한다. 학습팀은 학습조직(Learning Organization) 구축을 위한 완성된 형태의 방법론으로서, 나아가 조직문화의 변화를 선도하는 역할까지도 수행하고 있다. 육성을 위한 도구(Nurturing Tools)로서 학습팀이 구성원(Staff), 인적자원개발(HRD), 일시적인 개입(Intervention)에 관한 협소한 개념이라면, 혁신의 방법론(Innovation Methodology)으로서 학습팀은 조직(Organization), 성과

(Performance), 중장기적인 변화관리(Change Management)와 같이 보다 광의의 의미를 포함한다.

(2) 구성의 3요소(전략, 프로세스, 변화관리) – 성과의 3요소(결과성과, 학습성과, 조직문화성과)

그렇다면 학습팀이 혁신의 방법론으로 활용되고 있다는 것을 구체적으로 어떻게 설명할 수 있을까? 일반적으로 우리가 알고 있는 경영 혁신 프로그램은 3가지 구성적 요소와 3가지 성과요소라는 공통적인 틀(Frame)을 가지고 있다. 경영 혁신의 3가지 구성적 요소는 전략, 프로세스, 변화관리이며, 성과요소는 결과성과, 학습성과, 조직문화성과이다.

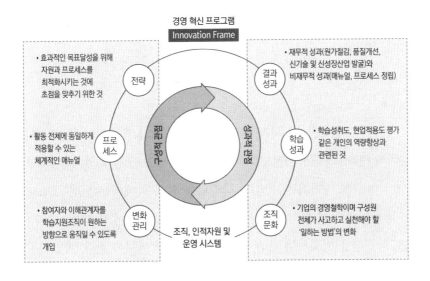

1 혁신 프로그램 구성의 3요소: 전략, 프로세스, 변화관리

학습팀이 경영 혁신활동이라는 상위의 개념으로 발전하기 위해서는 전략, 프로세스, 변화관리의 3가지 구성적 요소가 필요하다. 학습팀은 재무적 성과와 비재무적 성과를 달성하기 위한 계획적인 전략, 구조화된 방식의 프로세스와 변화관리를 통해 소기의 목적을 달성할 수 있다.

혁신기법을 도입하고 운영하는 것은 학습지원조직의 역할이며, 학습팀(AL, SCoP)을 기업의 혁신을 위한 방법론으로 적용하고자 할 경우 세부적인 로드맵(Roadmap) 수립에 앞서 도입의 필요성에 대한 충분한 논의를 거쳐야 한다. 학습팀을 전사에 일시적으로 적용할지 또는 단계적으로 적용할지에 대한 검토 역시 필요하다. 학습팀 활동이 경영 혁신기법으로 작동된다는 것은 좋은 전략과 프로세스뿐만 아니라, 조직의 변화를 주도하고 구성원 개인에게 영향을 미치는 외부의 압력이 필요하다는 것을 의미한다.

● 전략(Strategy)

전략적 활동이란 추진목적, 프로세스(방법론), 성과창출로 이어지는 일련의 순차적 계획들에 대한 사전계획에 관한 것이다. 명확한 전략 없이 기대 이상의 성과를 바라기는 어렵다. 학습팀을 설계할 때에는 팀원 스스로 수행하는 활동에 있어 많은 부분에서 자율적인 유연성을 가져야 하지만, 학습팀을 기획하는 학습지원조직은 전략적이어야 한다. 학습지원조직은 예상되는 리스크와 불확실성을 사전에 충분히 고려해야 하며, 과정과 결과를 통제하기 위해 학습목표를 세우고 성과의 모습을 명확히 수립해야 한다.

학습팀에서 전략이란 효과적으로 목표를 달성하기 위해 자원과 프로세스를 최적화시키는 것에 초점을 맞추기 위한 것이다. 학습팀에 어느 정도 규모의 인원을 참여시키며, 누구를 대상으로 할 것인지, 과제를 중심으로 할 것인지, 협업의 관점에서 할 것인지 등에 관한 것이다. 투입되어야 할 자원은 무엇인지, 활동기간과 보상은 어떻게 해야 할지, 구체적으로 무엇을 성취할 것인지에 대한 계획도 필요하다. 아울러 원활한 학습팀 활동을 지속시키기 위한 장치(워크숍, 목표합의, 학습기간과 방법 등 프로세스와 관련된 사전 계획)를 만들고, 장애요인은 무엇인지 파악해야 한다. 우리는 이미 '학습팀 설계하기' 장에서 전략적 기획의 중요성과 단계에 대해 살펴보았다.

구체적으로 전략이란 학습팀 운영 전략, 커뮤니케이션 전략, 학습 및 성과창출 전략을 포함한다. 학습지원조직은 예상치 못한 변수를 최대한 줄이고 올바른 방향으로 나아갈 수 있도록 구조화하고, 통제·개입해야 한다. 운영 전략은 활동 프로세스에 관한 것이며, 커뮤니케이션 전략은 활동의 도입과 지원에 필요한 이해관계자들에 대한 설득과 협상에 관한 것이다. 이후 학습성과와 재무적 성과의 기준을 명확하게 수립함으로써 우연적 성과가 아닌 계획된 성과를 달성하도록 해야 한다.

학습팀이 전략적인 이유는 성과(학습성과와 재무적 성과)를 중요하게 생각하는 학습팀의 특성 때문이기도 하다. 전략에는 학습성과를 평가하는 기준(조직문화진단, 학습성과 평가 등)들 역시 반드시 포함해야 한다. 학습팀이 혁신을 위한 전략으로 완성되려면 구체적인 전략 안에 변화관리에 필요한 요소들도 담고 있어야 한다. 혁신이 지속되고 반복될 수 있도록 중장기적인 변화관리 포인트에 대한 계획을 세워야 기업의 문화를 바꿀 수 있다. 변화관리를 위해서는 경영진과 구성원, 협조가 필요한 부서 간의 조율 같은 커뮤니케이션 전략이 필요하다.

● 프로세스(Process)

경영 혁신 활동으로서 학습팀은 구조화되어 있는 혁신 프로세스가 있다. 구조화된 프로세스란 다른 혁신 기법(Six Sigma, CAP)처럼 활동 전체에 거의 동일하게 적용할 수 있는 체계적인 매뉴얼을 말한다. 대부분 학습팀의 방법론이 프로세스화되는 것은 기업이 학습팀에게 보다 명확한 기대와 달성목표를 요구하고 있기 때문이기도 하다. 프로세스화되는 형태는 주로 학습주기, 학습툴(Tool) 및 자료(Resource), 발표 형태, 문제해결방법 등으로 나타난다. 프로세스는 진행 단계와 과정에 따라 기대하는 결과가 있다는 것이며, 투입에 따른 결과가 명확할수록 안정화된 기법이라는 것을 의미한다. 프로세스는 학습팀이라는 혁신의 기법이 진행되는 약속과 절차이다.

액션러닝(AL)과 전략 커뮤니티(SCoP) 프로세스

- 1단계: 최고경영진(및 스폰서)의 지지 확보
- 2단계: 학습팀 구성원 및 러닝코치(또는 리더) 선정
- 3단계: 주요 이해관계자 대상 사전 오리엔테이션 및 멤버 워크숍 진행
- 4단계: 학습 일정 수립 및 활동 지원
- 5단계: 최종 결과 보고 및 실행
- 6단계: 액션러닝(전략 커뮤니티) 프로그램의 확대 적용

Six Sigma 프로세스

- 정의(Define): 성과에 영향을 미치는 중요한 프로세스와 기대수준 확인
- 측정(Measure): 과학적 · 통계적 방법을 이용하여 대상 프로세스의 현상 측정
- 분석(Analyze): 벤치마킹 및 측정 결과를 바탕으로 현상과 기대 수준 정의
- 개선(Improve): 바람직한 프로세스가 구축될 수 있도록 시스템 구성 요소들을 개선
- 관리(Control): 개선된 프로세스가 의도된 성과를 얻도록 투입요소와 변동성 관리

CAP 프로세스

- 1단계: 변화 주도자의 확보(Leading Change)
- 2단계: 변화 필요성/당위성에 대한 공유(Creating A Shared Need)
- 3단계: 변화의 결과/성과에 대한 공유(Shaping A Vision)
- 4단계: 변화에 대한 저항관리 극복 방안(Mobilizing Commitment)
- 5단계: 변화의 지속 유지 방안(Making Change Last)
- 6단계: 변화의 진척도 점검(Monitoring Progress)
- 7단계: 조직시스템과 구조 혁신(Changing Systems and Structures)

● 변화관리(Change Management)

학습팀 활동이 기업의 혁신을 주도하기 위해 변화관리의 중요성을 인식하고 전략적으로 커뮤니케이션하려는 노력이 필요하다. 활동이 시작되기 전과 본격적으로 전개되고 있을 때에도 많은 시간과 노력을 투자해 참여자와 이해관계자를 학습지원조직이 원하는 방향으로 움직일 수 있도록 해야 한다. 변화관리에서 중요한 것은 학습팀을 기획, 운영하는 학습지원조직(또는 퍼실리테이터)의 역할과 전문성이다. 때로는 육성 책임을 가지고 있는 교육전문가(HRD)로서, 컨설턴트로서의 역할을 수행해야 함과 동시에 조직의 변화관리자(Change Agent)로서 소임을 다해야 한다.

처음 학습팀이 시작되는 것은 경영진의 승인과 지원으로부터이지만, 구성원들에게 실행의 필요성을 공감하도록 이해시키는 노력도 함께해야 한다. 학습팀이 육성을 위해서만 도입될 때에는 변화관리의 의미가 크게 중요하지 않다. 변화관리의 대상자가 경영진과 참여자로 한정되며, 이들은 단기간에 원하는 목적을 달성하려는 지원자와 학습자일 뿐이다. 그러나 학습팀이 반복적이고 지속적으로 적용되어야 하는 혁신으로서 기능하기 위해서는 경영진의 관심과 지원만으로는 부족하다. 활동이 진행될수록 구성원 모두의 공감과 인식의 전환이 요구된다. 구성원들과 학습팀 참여자, 이해관계자 모두의 열정과 참여가 뒤따르지 않는다면 활동을 지속시키기 어렵다. 변화관리의 대상은 경영진에서부터 사원에 이르기까지 광범위해지며, 이해관계자들의 설득, 동조, 협력을 이끌어내는 것이 중요하다. 여기서 이해관계자는 학습팀의 실행 목적과 추진내용을 알고 있고, 직·간접적으로 참여 또는 영향력을 행사하는 사람들이다.

구성원들은 변화를 싫어한다. 구성원들이 변화해야 한다는 사실을 받아들이기 위해서는 혁신이 정말 유용하며, 우리에게 무엇보다 필요한 것임을 설득하고 일깨워줄 때이다. 따라서 **변화관리는 커뮤니케이션 전략으로부터 시작되어야 한다.** 커뮤니케이션 전략은 어떻게 학습팀을 홍보하고 정착시킬 것인가, 어떻게 지속시킬 것인가에 대한 학습지원 조직의 계획뿐만 아니라 참여자들의 목소리를 귀담아 듣고 전파하려는 의지와 노력이다. 학습팀 활동이 끝났을 때 탄탄한 팀워크를 바탕으로 몰입하고 헌신했던 팀은 반드시 중요한 메시지와 스토리를 남긴다. 그리고 이러한 이야기는 조직에 긍정적인 영향을 미친다. 혁신은 위에서 시작되지만 성공은 아래로부터 만들어져야 하며, 이것 역시 커뮤니케이션 전략이라는 변화관리를 통해 촉진된다.

2 혁신 프로그램의 성과 3요소: 결과성과, 학습성과, 조직문화성과

경영 혁신의 수행에 대한 기대와 결과로 나타나는 성과요소 역시 공통적인 3가지 특징이 있다. 결과성과, 학습성과, 조직문화성과이며, 대부분의 경영 혁신 프로그램에서 거의 예외 없이 강조된다. 어떤 부분을 더 강조하거나 덜 강조하고의 차이일 뿐 기업이 경영 혁신 프로그램을 도입한 후 기대하는 효과는 첫째, 성과에 기여하며, 둘째, 구성원의 역량을 향상시키고, 마지막으로 기업의 문화를 근본적으로 바꾸고자 함이다. 일반적으로 기업에서 경영 혁신은 성과창출을 목적으로 도입된다. 기업은 성과를 통해 존속하기 때문이다. 그러나 어느 정도 유효성이 입증되면 더 큰 성과창출을 위해 다른 부문과 부서로 성공요인과 방법을 전파한다.

이때부터 경영 혁신은 본래의 목적과 지속적인 실행력을 보장받기 위해 그 의미를 확장시킨다. 경영 혁신 프로그램들은 일반적으로 '문제해결'에서 시작하여 '구성원들의 역량 향상', '조직문화로의 확산과 정착'의 순서로 진행된다. 학습팀 역시 경영 혁신 활동으로 전개되기 위해서는 위와 같은 단계를 거친다. 다만 대부분의 경영 혁신 기법이 성과를 중심으로 학습성과와 조직문화성과는 부차적인 것으로 인식하고 있다면, 학습팀 기법은 성과 못지 않게 학습과 조직문화성과가 동등한 의미를 부여하고 있다는 것이 차이일 것이다.

● 결과성과

경영 혁신 프로그램의 결과성과는 원가절감, 품질개선, 신기술 및 신성장 산업 발굴 같은 재무적인 성과와 팀활동의 결과물인 매뉴얼, 교육 프로그램, 표준 프로세스 정립 등과 같은 비재무적 성과를 포함한다. 일반적인 문제해결 프로그램들처럼 학습팀은 기업성과에 기여하기 위한 시급하고 중차대한 문제를 맡아 해결하거나 개선하는 데 역량을 집중시킨다. 학습팀에게 있어 재무적인 성과는 대부분 조직에서 반드시 누군가는 해야 하는 공통의 과제들로부터 나온다. 이것들은 주로 경영진의 의사결정으로 특정 조직에서 수행하게 되며, 공동의 인적·물적 자원을 투입해야 하는 것들이다. 과제가 중차대할수록 최종 결과에 대한 기대와 피드백의 크기는 커지기 마련이며, 참여자들의 태도 역시 진지해진다. 다만, 학습팀 플래닝 믹스 전략에서처럼 과제수행의 결과를 성과 또는 학습효과 중 어떤 것에 비중을 두고 받아들일 것이냐에 따라 학습팀의 성격도 달라지게 된다.

경영진은 단기 성과지향적인 성향을 가지고 있다. 학습을 통해 얻게 되는 미래의 성과만을 위해 지속적으로 지원(Commitment)받기 어렵다는 이유로 많은 학습팀이 성과지향적 활동으로 인식되거나 변형되어 운영되어온 것도 사실이다. 학습팀의 성과지향성은 불가피하다. 다만 본래 목적과는 다르게 운영되어 학습성과의 의미가 축소되거나 덜 중요한 것으로 인식되어서는 안 된다. 이 경우 아무리 경영진의 전폭적인 지원을 받는 혁신활동이라고 하더라도 구성원들의 저항과 부정적 기억이 오히려 추진력을 약화시킬 수 있다. 또한 너무 단기적인 과제와 목표에만 치중한다면 오래지 않아 조직의 피로도가 높아지며, 부정적인 시각과 소극적 참여로 인해 원활한 학습팀 운영이 어렵다. 처음 학습팀을 도입할 경우 하는 재무적인 성과보다는 학습성과에 의미를 더 크게 부여하고 점차 재무적 성과에 무게를 두는 것이 바람직하다. 재무적 성과의 영광과 굴레가 무엇인지를 이해하고 있다면 말이다.

● 학습성과

학습성과는 학습성취도, 현업적용도 평가와 같은 개인의 역량 향상과 관련된 것이다. 대부분의 경영 혁신 프로그램 역시 재무적 성과 달성 여부를 성공의 기준으로 판단하는 동시에 부가적인 성과로서 학습성과의 중요성과 의미를 강조하곤 한다. 결과성과 못지 않게 조직의 학습성과를 중요한 성공기준으로 생각하고 성과로서 인정할 때 '혁신'에 대한 거부감이 줄어들고 조직이 받아들이는 '이해와 허용의 폭'이 넓어진다. 학습성과를 강조하는 것은 역설적으로 들리겠지만, 더 높은 목표달성이 요구되거나 패러다임의 변화를 요구하는 시점에서 더 강력한 동기부여의 방법이 되곤 한다.

기업의 모든 구성원은 어떤 형태로든 성과를 창출해야 하는 의무를 가지고 있는 동시에 육성의 대상이다. 이러한 관점에서 학습팀이 추구하는 이상적인 모습은 배움으로부터 결과를 얻는 것, 학습으로부터의 성과를 창출하는 학습지향적 혁신이다. 학습하는 조직, 학습을 통해 환경에 적극적으로 대응하고 협력하는 조직이라는 학습조직 본연의 모습은 단순한 문제해결 방법론과는 근본적으로 다른 가치를 부여한다. 학습팀에서의 학습성과는 팀이 함께 성취하는 협력에서 의미를 찾을 수 있다. 협력적 학습은 복잡한 과제를 서로 분담하여 부담을 줄인다는 의미보다는 학습한 결과를 함께 공유한다는 것을 전제로 한다. 이후 공통적으로 다르게 이해되는 견해와 자신의 지식과 이해를 기반으로 과제에 대한 해결안을 제시하는 것이다. **학습팀이 그 어떤 다른 혁신방법론보다 의미가 있는 것은 바로 학습의 과정에서 얻게 되는 성과를 무엇보다 중요하게 강조하고 있기 때문이다.** 아무리 결과성과(재무적 성과)가 중요하게 다루어지더라도 학습성과를 소홀히 해서는 안 된다. 학습성과도 엄연히 평가의 중요한 기준이 되어야 하며, 반드시 수행해야 할 프로세스로 포함해야 한다.

● 조직문화성과

기업은 단기적인 성과 못지않게 조직 경쟁력을 강화시키기 위해 조직문화와 체질을 바꾸고자 노력해야 한다. 대부분의 혁신 전문가들은 구성원들의 생각하고 행동하는 방식의 개선 없이는 혁신이 성공하기 어렵다는 것에 인식을 같이하고 있다. 조직 안에 내재되어 있는 힘이 조직역량이며, 조직역량은 조직문화라는 환경에서 함께 발전, 소멸한다. 조직문화라는 것이 한번 만들어지면 쉽게 바뀌거나 개선하기 어렵기 때문에 결국 조직문화를 강화하고 지속시키는 것이야말로 영속적인 기업의 조건이다. 혁신 프로그램이 프로세스 개선 또는 조직 재구조화, 문제해결 등 특정 목적을 훌륭하게 수행한 이후에는 혁신을 가속화하고 지속시키기 위해 조직 전체의 문화를 바꾸려는 노력이 뒤따른다. 예를 들어 생산부문의 개선을 위해 도입된 대표적인 통계적 혁신기법인 식스 시그마(6 Sigma)의 경우 초기 생산부문의 효율 및 개선, 품질 제고, 불량률 감소, 아이디어 제안 등을 위해 도입되었다. 그러나 시간이 지날수록 생산부문에서 점차 연구(R&D), 스태프(Staff) 등 타 부문에서도 적용될 수 있도록 진화되고 결국 기업 전 부문의 경영 혁신 프로그램으로 확대되는 경우를 볼 수 있다. 식스 시그마가 적용될 수 있는 부문이 많아질수록 본래의 제한적인 기능에 머물지 않는다. 식스 시그마는 이제 통계적인 방법론이 아닌 '기업의 경영철학'이며 구성원 전체가 사고하고 실천해야 할 '일하는 방법'으로 거듭나는 것이다. 반복적으로 실행될 수 있도록 정기적으로 교육하거나 평가하고 경영진의 메시지를 통해 혁신을 가속화시키기 위해 노력한다. 이처럼 혁신은 특정 대상과 목적을 가진 방법론으로부터 시작하지만 기업의 경영철학을 대변하는 사고의 도구, 조직문화의 방향을 제시하는 역할로 진화하면서 그 생명력을 보장받는다.

학습팀을 혁신 프로그램으로 채택하여 도입하려고 할 경우 사전에 고려해야 할 것들이 있다. 우선 학습팀 역시 기업의 성과지향적 태도에서 자유롭지 못하다는 것을 잊어서는 안 된다. 둘째, 학습팀을 통한 혁신은 팀학습 방식을 필요로 하는 특정 부문에서 시작하되, 단계적으로 (기업 전체로) 확산시키는 것이 바람직하다. 이때, 타 부문으로의 확산이 과연 꼭 필요한 혁신인가에 대한 바람직한 논의가 있어야 한다. 마지막으로, 방법론이 아무리 완벽한 프로그램이라고 하더라도 반복적으로 운영할 경우 일정 시점이 지난 후(평균 3~5년)에는 경영 혁신 프로그램의 효과와 지속성에 대해 엄격하게 평가해볼 필요가 있다. 혁신의 방법론이 진부해지면 사람들의 마음에 '새롭다'는 생각 대신 이제까지 해오던 대로 '대충' 하자는 인식이 자리잡는다. 학습팀도 마찬가지이다. 시간이 지날수록 학습팀 역시 '성과창출의 또 다른 방법론'이라는 부정적인 마음으로 바뀔 수 있다. 부정적인 마음이 구성원들에게 팽배해질 때 정체되기 시작한다.

혁신은 지속해야 하는 것이지, 완벽한 하나의 기법을 찾는 것이 아니다. 혁신의 바람을 일으키기 위한 새로운 변곡점이 이전에 해보지 못한 전혀 다른 기법으로만 만들어지는 것은 아니다. 필요하다면 휴식기를 갖는 것도 좋다. 물론 혁신이 스스로 존재 의미를 찾기 위해서가 아니라 정말로 조직에 필요하다는 인식의 공감대가 선행될 경우이다. 학습팀은 분명히 훌륭한 혁신기법이다. 그러나 간과하지 말아야 할 것은 학습의 본질과 역할일 것이다. 학습팀이 가지고 있는 학습 고유의 가치(자발성, 내재적 학습동기)를 유지하면서 경영 혁신기법이 추구하는 가치들이 조화를 이룰 때 학습팀은 훨씬 더 효과적으로 자리매김할 것이다.

2. 학습팀의 조직가치

삼성, LG, 현대 같은 기업들은 이미 세계를 무대로 글로벌 기업으로서의 위상을 굳건히 하고 있다. 한국 기업들은 신속함과 일사불란함을 중시하는 스피드 경영과 능률강조형 조직구조, 행동 중심의 실행력 강조, 변화와 혁신, 빠르면서도 리스크를 감내하는 의사결정, 다각화와 전문화의 적절한 조화, 실행력, 헌신적인 근로문화, 생산기술의 신속한 내부화, 지배구조, 대담한 글로벌 투자전략 등과 같은 독특한 경쟁요인을 바탕으로 세계적인 기업들과 경쟁하고 있다. 한국 기업의 성공요인에 대해서는 더 많은 연구가 필요한 분야이지만, 분명한 것은 우리는 이제 더 이상 변방의 작은 기업이 아니며 세계 모든 기업의 관심과 견제 속에서도 꿋꿋하게 도전을 멈추지 않고 있다는 것이다. 그리고 이러한 한국 기업의 경쟁력은 '학습(Learning)' 영역에서도 마찬가지이다.

한국 기업들은 '학습한다는 것'이 무엇보다 중요함을 공감하고 있을 뿐만 아니라 '학습하는 속도' 역시 누구보다 빠르다. 이는 학습, 배움에 대한 국민의 보편적인 정서에서 비롯된 것이라고 할 수 있다. 인적자원이야말로 경쟁력의 가장 중요한 원천이라는 인식은 한국 기업 전체의 지배적인 사고이며, 인재를 육성하기 위해 누구보다 많은 고민과 자원을 아끼지 않는 노력은 높이 평가할 만하다. 한국 기업들은 선진기업뿐만 아니라 경쟁사에게서도 배울 것이 있다면 앞다투어 벤치마킹하며, 배운 것을 자신의 기업에 재빠르게 적용시켜왔다. 글로벌 기업이 학습하고 혁신하는 방법들을 주의 깊게 관찰하고 적극적으로 받아들이면서도 자신만의 새로운 성공사례를 만들어내고 있다. 이렇게 습득한 경험과 자산은 개인과 조직 역량을 획기적으로 향상시켰다.

한국 기업의 학습경쟁력은 무엇보다 학습방법론을 기업환경에 맞게 적용하여 성과로 연결시키는 '응용 역량'에 있다. 액션러닝(AL)은 레반스(Revans)와 마쿼트(Marquarts)의 실천적 경험학습에 근거를 두고 있으며, 전략 커뮤니티(SCoP)는 진 레이브(Jean Lave)와 웽거(Wenger)의 참여학습, 상황학습에 기반을 두고 있다. 이 학습방법론은 이른바 가공되지 않은 원천기술로서, 이후 한국 기업에 적용되면서 성과창출을 위한 현실적인 요구들을 적극적으로 수용하게 된다. 학습팀의 성과지향적 태도는 학습팀의 학문적 의미를 축소시킬 가능성으로 인해 분명히 논란의 소지가 있다. 하지만 학습팀이 단지 학습에만 머물지 않고 새로운 가치를 창출하는 역할을 훌륭하게 수행할 수 있었던 것은 이러한 노력의 결과이다. 그리고 지금까지 우리가 살펴본 학습팀 사례들은 이러한 모습을 잘 보여주고 있다. 액션러닝과 전략 커뮤니티가 우리만의 방식으로 어떻게 전개되었는지에 대한 생생한 기록은 향후 학습팀이 어떻게 활용할 것인가에 대한 질문에 스스로 답을 제시했다.

그렇다면 마지막으로 우리에게 남겨진 앞으로의 과제는 무엇일까? 그것은 바로 학습팀의 조직 관점의 역할일 것이다. 학습팀이 비즈니스 팀 조직 같은 공식조직과 어떻게 서로 협력해 경쟁력과 조직 역량을 구축할 것인지에 관한 것이다. 학습팀은 비즈니스 팀들의 이해관계자들이 전략적인 기회를 파악할 수 있도록 돕거나 무엇을 바꾸어야 할지를 결정하도록 지원하는 일에 관한 것이다. 학습팀의 역할이 커질수록 비즈니스와 관련된 중요한 의사결정에 깊이 관여할 것이다. 비즈니스 팀조직과 조화와 균형을 이루는 것이야말로 학습팀의 가장 중요한 사명이 아닐까?

1) 비즈니스팀 vs. 학습팀

인간이 위대한 것은 협력하기 때문이며, 협력은 서로의 도움과 희생을 필요로 한다. 개인은 집단 속에서 혼자서는 느낄 수 없는 그 이상의 경험을 공유한다.

톰 피터스(Tom Peters)는 21세기에도 살아 남기 위한 조직이 되기 위한 기반은 팀이라고 했다. 팀조직은 동일한 직무를 수행하는 개인들이 개인에게 부여된 목표와 성과를 달성하기 위해 함께 협력하는 사람들이다. 기업의 성과창출에 최적화된 조직은 팀(Team)이며, 팀조직은 성과의 최소단위이다. 조직은 팀을 효율적으로 관리함으로써 끊임없이 성과를 추구한다. 팀은 경영 역사상 유례를 찾아볼 수 없을 정도로 강력하게 기업의 지배적인 영향력을 발휘하고 있다. 팀은 기업의 목표달성을 위해 관리와 통제가 용이하며, 팀리더가 중심이 되어 팀원 모두는 각자 맡은 역할에 최선을 다한다. 관료주의적, 위계적인 팀조직은 많은 비용이 소요되며 위기의 순간에 민첩성이 떨어지는 것이 분명하지만, 사람들에게 안정과 예측 가능성을 보장해주었다. 팀조직은 개인이 단순히 협력하는 것 이상의 더 큰 가치를 만들며, 팀원 모두가 목표와 성과에 대한 비전을 공유한다. 목표를 위해 함께 모여 더 큰 성과를 이끌어낼 수 있다는 믿음을 공유하는 것에서 팀은 시작된다. 무엇보다 팀은 성과를 위한 효율적인 관리의 기초인 동시에 리더십의 최적 규모이다. 팀은 팀원들 간의 원활한 커뮤니케이션, 협력을 통해 팀워크를 형성하는 과정에서 리더십을 필요로 한다. 팀과 같이 권한과 책임을 공식적으로 부여 받은 집단은 빠른 의사결정과 실행력이 강점이다. 팀은 구성원의 능력을 개발시키고 이들의 역량을 결집하여 효율적인 조직운영과 개인의 욕구를 충족시키기 위해 탄생한 가장 이상적인 형태의 소집단이라고 할 수 있다.

그러나 이처럼 팀조직이 분명히 기업경영에 있어 중요함에도 학습하는 조직, 혁신하는 조직을 만드는 데 있어 충분하지 않다. 리더의 권위주의, 과정보다는 결과를 중시하는 성과중심적 팀목표와 평가제도 같은 구조적 특성들 때문이다. 반면 학습팀은 실패의 가치를 인정하고 존중하는 태도, 팀원들의 수평적인 참여와 의사결정, 공통의 한 가지 목표에 완전한 팀워크로 결집, 팀평가 및 팀보상 관점에서 보면 비즈니스 팀조직과는 구분되는 특징이 있다. 최소한 학습 관점에서 팀조직과 학습팀이 항상 균형 있게 다루어져야 한다는 것을 강조하는 이유는 이와 같이 팀조직이 가진 한계 때문이다. 학습팀이 팀조직과는 차별화되어 조직의 성과와 가치에 기여할 수 있는 이유를 구체적으로 살펴보면 다음과 같다.

(1) '실패'의 가치를 인정하고 존중하는 태도

> 경영조직의 팀조직이 효과적인 학습팀이 되지 못하는 가장 중요한 요인은
> 의미 있는 '실습'이 없기 때문이다.
>
> - P. Senge, The Fifth Discipline

학습팀은 성과보다는 '실패'의 가치에 주목한다. 실습이란 시행착오를 통한 배움의 기회를 말한다. 비즈니스 팀조직에서 '시행착오'는 성공을 위해 겪어야 하는 소중한 경험이라기보다는 실패한 과업에 대한 돌이킬 수 없는 낙인으로 인식되곤 한다. 팀조직에서의 '실패'는 과업을 훌륭히 수행해내지 못했다는 사실인 동시에 승진, 주요 보직으로의 이동과 같은 더 좋은 기회에서 제외될 수도 있는 위험요소인 것이다. 이러한 사실은 팀조직의 구성원들은 과제(문제)를 대하는 방식에 있어 학습팀의 참여자들과는 명백히 다른 태도와 의지를 가지게 만든다. 팀조직에서는 (도전적이고 달성 가능한 목표를 수립하도록 강요받더라도) 사실상 실패할 가능성이 있거나 달성하기 어렵다고 판단되는 과제가 팀의 주요 과제로 채택되는 것을 꺼린다. 물론 팀조직이 결과적으로 나타난 성과만 가지고 모든 것을 평가하는 것은 아니지만, 팀조직에 있어 학습이 가지고 있는 의미는 성과와 평가를 위한 참고 수단일 뿐 중요하게 고려되지는 않는다. 성과창출조직으로서 팀조직은 경영성과에 기여해야하는 '의무와 책임'으로 인해 학습이 가지고 있는 과정적 의미를 매몰시키거나 축소시키므로 학습조직으로는 부족하다. 성과로의 과도한

집중은 구성원들로 하여금 단기적이고 확실한 성과만 추구하도록 하며, 실패 가능성이 높더라도 도전할 가치가 있는 목표에 접근하는 것을 어렵게 만든다. 기업의 학습속도가 변화의 속도보다 빠르기 위해서는 구성원들이 더 높은 목표에 기꺼이 도전하고, 새로운 기회를 적극적으로 만들어갈 때이다. 역경과 실패는 더 이상 우리에게는 용납되어서는 안 되는 것이 아니라, 성공을 위한 과정일 뿐이라는 조직문화가 뿌리 내릴 때 가능하다.

(2) 팀원들의 수평적인 참여와 의사결정

학습팀 참여자들은 과제를 수행함에 있어 평가자인 리더의 간섭을 받지 않고 동등하게 참여하는 수평적인 위치에 있다. 일반적으로 팀조직에서는 구성원의 역량에 따라 개인에게 맡겨지는 일과 업무의 수준이 결정된다. 리더는 정도의 차이가 있을 뿐 과제가 완결되기까지 끊임없이 관여하고 결과에 영향을 미친다. 반면 학습팀은 부담을 주거나 과도하게 개입하는 관리자가 존재하지 않는다. 조직의 통제 수준이 약하기 때문에 상대적으로 팀 자율성이 높고, 결과보다는 학습에 몰입할 수 있는 여건이 조성되어 있다. 한국 기업처럼 위계적인 계층조직에서는 팀운영의 절대적인 권한이 리더에게 있다. 계층적인 팀조직에서 리더에게 집중된 리더십은 성과를 달성하기에는 용이할지 몰라도 학습을 장려하고 촉진시키기에는 한계가 있다. 팀조직은 팀리더의 의사결정과 업무지시에 따라 팀자원을 적절하게 배분함으로써 업무가 진행된다. 팀의 리더는 팀구성원들의 목표설정, 업무할당, 특히 성과(고과)평가 등 업무 전반에 대한 책임과 권한을 가지고 있다.

만약 팀의 리더가 팀에서 주관하는 팀학습(Team Learning)에 참여한다고 가정해보자. 평가자인 리더(또는 관리자)는 자연스럽게 일을 챙기듯이, 자유로운 토론보다는 리더에게 업무보고를 하듯이 학습이 진행됨으로써 본래의 의도가 왜곡될 여지가 클 것이다. 팀원들이 리더(또는 관리자)에게 순응적일수록 실수가 허용되는 개방적인 학습 에너지는 빼앗기게 마련이다. 개인의 의견이 존중되기보다는 권위적인 리더십에 복종한다. **평가자인 리더가 함께 참여하는 학습환경에서 실패했던 경험과 사례를 자유롭게 공유하고 토론한다는 것은 어려운 일이다.** 리더에게 있어 무엇보다 성과가 중요하므로 학습은 부수적인 것으로만 인식될 수도 있다.

반면 학습팀이 가지고 있는 장점은 과제를 완전히 팀원들에게 위임(Empowerment)한다는 것이다. 구성원들이 일에 몰입하는 것은 스스로 일에 대한 권한을 가지고 있을 때이다. 자신이 직접 의사결정을 내리고 책임을 질 때 적극적이 되며, 스스로 기여한다고 느낀다. 학습팀은 팀조직에 비해 자율적이며 유연하다. 학습팀에 참여하는 사람들의 업무경험이 서로 다르거나, 업무수행 수준이 낮고 해당 과제에 대한 경험이 없다는 것이 학습팀에 문제가 되는 것이 아니다. 오히려 이러한 차이들이 장려되기도 하는데, 이것이 바로 학습팀이 단기적 목표달성을 위해 최고의 멤버들로만 구성하려고 하는 비즈니스 팀조직과 다른 점이기도 하다. 팀구성원의 역량수준이 다른 경우 초기에는 서로 다른 수준의 학습이 필요하다는 것을 이해하고 학습의 깊이와 멤버별로 수행과제의 난이도를 학습지원팀 또는 퍼실리테이터의 권한을 통해 조정할 수 있다.

(3) 공통의 목표에 완전한 팀워크로 결집

학습팀은 (단일 과제를 수행할 경우) 달성해야 할 목표와 성과를 위해 완전한 팀워크로 결집한다. 반면 비즈니스 팀조직의 구성원들은 팀원 간 업무 관여도가 낮고 분절된 목표와 성과기준을 가지고 있는 경우도 있다. 팀조직은 일반적으로 학습팀과 달리 팀 공통의 단일 과제가 아닌 개인마다 주어진 개별과제(KPI)를 수행한다. 비즈니스 팀조직의 구성원들은 팀원 모두가 단일 과제(Single Project)만 온전히 수행하는 경우는 거의 없다. 팀을 조직하는 것이 팀 시너지 창출을 위해 효과적이라고 말하면서도 사실상 팀 멤버들은 팀원들과의 협력보다는 독자적으로 업무를 수행하거나 팀원 간 전혀 다른 목표를 가지고 있다. 심지어는 같은 팀인데도 옆의 동료가 무슨 일을 하고 있는지, 어떤 목표를 가지고 있는지 모르는 경우도 허다하다. 이처럼 서로 다른 목표를 가지고 있는 경우 팀원들이 서로에게 지원과 도움을 주기가 어려우며, **자신의 과제를 공식적인 학습의 자리로 끌어내어 공론화하는 것 역시 쉽지 않다.**

팀조직은 팀목표뿐만 아니라 개인마다 부여된 목표달성을 위해 리더, 관리자 또는 팀원의 지원을 받아야 한다. 반면 학습팀은 단일 과제를 여러 명의 학습자가 하나의 목표달성을 위해 팀원들이 서로 역할을 분담하고 협력함으로써 시너지를 창출할 수 있다. (액션러닝에서 복수과제를 다루는 경우도 있지만 팀 목표는 큰 틀에서 다르지 않다.) 단일 과제 또는 동일 직무가 가지고 있는 장점은 공동의 목표를 달성하기 위한 완벽한 협력이다. 구성원들이 서로 다른 목표를 가지고 팀이라는 이름으로만 협력하는 것이 아닌 온전한 의미의 협력인 것이다. 학습팀 활동 기간 동안 서로가 제안한 아이디어를 빠르게 검토하고 실행해볼 수 있는 동일한 관점과 눈높이를 가지게 된다.

(4) 팀평가 및 팀보상

마지막으로 팀조직이 학습조직의 역할을 수행하지 못하는 중요한 이유는 평가 및 보상제도와 관련이 있다. 구성원들이 서로 과도하게 경쟁하고 있는 경우가 빈번하게 목격되는 것은 기업의 평가, 보상제도와 관련이 깊다. 극단적인 성과 중심의 과도한 경쟁은 협력과 지식공유를 방해한다. 바람직한 팀이라면 선후배, 동료 간에 부족한 부분을 보완해주고, 세심하게 서로를 배려해주는 조직일 것이다. 잘 짜인 팀이 일하고 있는 것을 관찰해보면 이러한 현상이 두드러진다. 그러나 현실은 개인의 역량과 능력을 최대한으로 끌어내기 위해 구성원들이 보이지 않게 서로 경쟁하도록 내몰린다. 기업의 평가기준과 제도가 팀평가보다는 개인평가의 비중이 높을 경우 이러한 현상은 두드러진다. 평가제도가 개인(Individual)에게 맞춰져 있는 상황에서 기업이 비전을 공유하며 한방향화된 역량을 결집시키기란 매우 어려운 일이다. 성과지향적 조직일수록 구성원들은 과도한 경쟁에서 비롯되는 상실, 소외감 같은 부정적 감정들에 둘러싸이게 된다. 반면, 학습팀은 개인평가보다는 팀이 성취해낸 결과에 대한 팀단위의 평가를 우선시한다. 개인의 학습성취도에 대한 학습지원조직의 평가와 소속 팀의 리더가 역량평가를 통해 반영하는 경우는 있어도 팀 내의 경쟁과 보상을 위한 것은 아니다. 개인보다는 팀이 할 수 있는 것, 해내야 하는 것에 더 큰 의미를 두고 있기 때문이다. 개인이 학습팀에 참여하게 될 때, 비즈니스 팀조직에서는 느끼기 어려운 협력과 진정한 파트너로서의 팀가치, 시너지가 가져오는 팀워크의 본질적 가치를 공감할 수 있게 된다.

2) 학습팀의 조직가치

단결된 팀은 그들만의 고유한 정체성으로 구별되기도 한다. 이들에게서는 팀의 생산물(성과)에 대한 공동 소유의 감정이 존재한다. 학습팀은 즐겁게 학습하고 있다는 메시지와 신호를 공유하기 때문에 팀이 해체된 뒤에도 그들의 에너지와 열정을 고스란히 조직에 남기게 된다. 이렇게 형성된 정신과 문화가 긍정의 조직문화로 계승되기도 하는데, 이것이 학습팀의 가장 중요한 성과이기도 하다. 타 팀과는 구분되는 그들만이 공유하는 우월감을 만들기 위해 다양한 상징을 활용하기도 한다. 티셔츠를 제작하여 입고 다니거나 배지를 만들기도 하며, 명함에 특정한 표시를 해둠으로써 스스로 학습팀원임을 자랑스럽게 생각하는 것이다. 이러한 조직에는 신뢰감과 상호존중이 깔려 있기 때문에 학습에 방해가 되는 방어적인 태도, 타인을 고려하지 않는 개인주의 같은 모습은 없다. 학습팀은 성과를 달성하기 위해 팀워크를 무엇보다 중요하게 생각하며, 그 기저에는 팀에 소속되어 무한한 열정과 에너지를 불어 넣고자 하는 여러 사람의 노력이 숨어 있다.

앞서 살펴본 바와 같이 비즈니스 팀조직은 적정한 목표부여와 합리적인 일관리를 통해 최고의 성과를 창출할 수 있는 장점을 가지고 있는 반면, 구성원의 역량이 100% 이상 발휘할 수 있도록 '실패를 온전한 학습의 기회로 만들기'에는 다소 경직되어 있다. 또한 개인과 조직 비전의 한방향화, 수평적인 커뮤니케이션과 동등한 참여, 공통의 목표에 대한 팀원 모두의 완전한 몰입을 이끌어내기 위한 역할을 수행하는 데 있어서도 부족하다. 팀조직만으로 기업이 혁신하는 조직으로서 기능하기에는 한계를 가지고 있다.

이러한 이유로 기업이 혁신과 변화를 꾀하기 위해서는 조정과 통제를 중시하는 전통적인 의미의 비즈니스 팀조직을 보완할 수 있는 새로운 개념의 팀이 필요하다. 여기서 **새로운 개념의 팀이란 바로 우리가 지금까지 살펴본 액션러닝과 전략 커뮤니티로 대표되는 학습팀이다.** 학습팀은 조직의 집단적인 학습능력을 높이고 개인과 조직의 자율성을 보장해줄 수 있다. 학습팀을 통해 기업은 조직의 집단지식, 판단력과 의사결정 스킬, 창의성이 발현될 수 있는 환경을 만들며, 동료와 협력을 이끌어냄으로써 성공의 기회를 넓힐 수 있다. 학습팀은 기회와 도전이라는 가치에 부합하며, 비즈니스 팀조직이 수행하고 있는 편향된 성과지향성을 학습 관점에서 보완해주는 다른 형태의 팀조직이다. 학습팀은 기업의 전략과 목표를 소홀히 하거나 간과하지 않으면서 혁신과 도전을 위해 팀원 각자가 자율적인 책임을 보다 크게 공유한다. 기업경영에 있어 자율과 통제의 적절한 조화가 중요한 것처럼 비즈니스팀과 학습팀은 (성과와 학습 관점에서) 균형 있게 기능해야 한다. **팀조직이 비전과 전략을 달성하기 위한 실행과 관리 중심의 성과전략에 무게를 두고 있다면, 학습팀은 장기적인 기업경쟁력 확보를 위한 학습전략에 비중을 두고 있다.** 학습팀은 기업의 학습조직화를 위해서뿐만 아니라, 팀조직과의 균형과 조화로움 속에서도 더 높은 가치와 의미를 부여 받을 수 있다.

그렇다면 비즈니스 팀조직은 학습과는 거리가 멀고, 전혀 관계가 없는 것일까? 그렇지 않다. 팀조직에서도 '학습(Learning)'은 중요하며, 비록 우연적 학습일지라도 팀조직에서 학습은 지속적으로 발생한다. 심지어 구성원들이 비즈니스 팀조직에서 배운 경험은 그 어떤 것보다 가치 있는 학습과정이라고 말하곤 한다. 팀은 학습보다 성과를 우선시하며, 성과만 강조해서 이야기하는 것일뿐 학습하지 않는다는 것이 아니기 때문이다. 구성원들이 팀조직에서 일하면서 배우고 성장하는 과정이야말로 일을 통한 학습, 경험학습의 본질과도 연결되어 있다. 과거에는 주로 학습과 성과를 분리해서 보았다면, 지금은 성과를 창출하는 과정, 즉 일 속에서의 학습을 더욱 중요하게 생각하는 것과 같은 맥락이다. 학습과 성과는 분리되는 것이 아니기 때문에 학습은 시간과 장소를 가리지 않고 언제든지 발생한다. 우리가 일을 하는 과정에는 학습과 관련된 그 어떤 것도 하지 않는 것처럼 보여도 분명히 그 안에 학습은 있다. 그리고 일이 종료되면 어떤 방식으로든 '무엇이 학습되었는지'에 대해 알게 된다. 이러한 이유로 비즈니스 팀조직의 학습은 학습조직과 무관한 것이 아니라 학습조직의 중요한 부분으로 다루어져야 한다.

반대로, (기업의 모든 활동은 성과를 지향하는 성과창출 조직의 다른 형태이므로) 학습지향적인 조직과 성과지향적인 조직의 모습은 서로 다른 것이 아니라고 생각할 수도 있다. 액션러닝(AL)과 전략 커뮤니티(SCoP)는 학습조직을 추구하지만 아이러니하게도 이들의 궁극적인 목표는 학습만 하는 조직이 아닌 학습을 통해 끊임없이 성장하는 성과조직(Performance

Organization)을 만드는 것이다.

그러나 이런 논쟁에 앞서 간과해서는 안 될 것이 있다. 그것은 바로 학습과 성과가 분리될 수 없다는 것일 뿐 어떤 것을 우선시하느냐에 따라 그 모습이 달라진다는 것이다. 별 차이가 없는 것처럼 보여도 학습과 성과 중 어떤 것을 강조하느냐에 따라 참여자들의 기대수준과 평가가 달라질 뿐만 아니라 궁극적으로 조직에 기여하는 가치에서 차이가 있다. 학습조직(또는 학습팀)처럼 학습(Learning)을 조금 더 강조하는 것만으로도 성과가 우선시되는 기업에서 학습의 성과와 가치를 보다 의미있게 공유할 수 있다. 학습팀을 통해 기업은 안전한 '실습'의 장을 마련해줌으로써 구성원들에게 경험적인 실패를 인정하여 도전적인 목표를 부여할 수 있으며, 조직구성원들의 학습무능력과 방어적 기제에 대해 적극적으로 대처할 수 있다. 때로는 의사소통과 협력을 촉진하여 조직구성원들 간의 시너지를 형성하기도 한다. 참여자들은 협동적 참여가 어떻게 개인학습을 고무시키는지, 협업을 통한 진정한 팀워크의 의미가 어떤 것인지 깨닫게 된다.

(1) 학습조직(팀)은 학습과 조직(팀)의 조합

우리는 이제까지 액션러닝과 전략 커뮤니티를 살펴봄으로써 학습하는 조직의 구체화된 모습으로서 학습팀에 주목했다. 지금까지 논의의 중심에는 '학습'이 있었다. 조직이 학습하는 방법, 학습 속도, 그리고 학습 역량 같은 효과적인 학습에 필요한 팀학습, 팀 기반의 협력적인 학습에 초점을 두었다. 학습팀(Learning Team)은 '효과적인 학습을 위한 최적의 방법론'이라는 관점에서 본 것이다.

그럼 이제부터 '학습'에서 '조직(Organization)'으로 논점을 이동해보자. 팀조직, 기능조직, 사업부조직처럼 '조직으로서 학습팀'의 모습과 의미를 살펴보자. 학습팀을 조직으로 인정하고 논의한다는 것은 공식화(Formalization)에 관한 것이며, 조직의 전략과 혁신을 이끌어내는 조직구조(Structure)에 관한 것이다. 학습조직은 학습(Learning)과 조직(Organization)의 조합이며, 학습팀은 학습(Learning)과 팀(Team)이 결합된 것이라는 점에서 조직으로서 팀(Team) 관점의 논의는 당연한 것일 수도 있다. 조직(Organization)은 공동의 목표를 위해 일정 규모 이상의 구성원들이 상호작용을 통해 성과에 기여하는 집단(Group)이다. 조직은 공동목표, 분업과 통합, 권한에 의한 이해관계 조정 같은 요소들에 영향을 받는다. 조직은 목표, 전략, 규모에 따라 다양한 형태의 구조와 설계가 가능하며, 조직이 어떻게 설계되어 있는지에 따라 구성원의 행동, 생산성과 성과가 달라진다.

> 조직구조와 전략의 상호관계를 잘 나타내는 말로는 "조직구조는 전략을 따른다(Structure follows strategy)."와 "전략은 조직구조에서 나온다(Strategy follows structure)."고 주장하는 두 부류의 학자들이 있는 것을 보면 잘 알 수 있다.
>
> - 임창희(『조직론』 재인용)

어떤 것이 옳든 중요한 것은 조직을 어떻게 설계하느냐의 문제는 분명히 기업의 경영전략과 성과에 영향을 미친다는 점이다. 학습팀을

'조직' 관점에서 살펴본다는 것은 조직구조의 특성을 이해하고 보다 적극적으로 성과전략에 접목하려는 것이다. 아울러 기업의 학습조직화로서의 의미와 기업의 학습과 성과의 균형(Balance)의 중요성을 다시 한 번 강조하기 위해서이기도 하다. '학습'이 주도하는 변화는 조직에 긍정적인 영향을 줄 뿐만 아니라, 미래의 성장을 견인한다는 믿음 때문이다. 또한 **학습팀의 성과 역시 비즈니스 팀조직의 성과와 마찬가지로 잘 만들어진 조직으로부터 훨씬 수월하게 달성할 수 있기 때문이다.**

지금까지 조직 관점에서 학습팀은 액션러닝(AL)보다는 전략 커뮤니티(SCoP)에서 주로 주목받아왔다. 전략 커뮤니티는 매트릭스(Matrix) 조직처럼 기업의 사업별 혹은 제품별로 구분되어 있는 기업을 기능별(생산, 연구개발, 영업 등)로 묶어놓아 부서와 기능 간을 수평적으로 긴밀하게 연결시킬 수 있다. 문제해결뿐만 아니라 업무의 동질감에서 비롯되는 의도적인 인적 네트워크인 학습공동체를 구축하기 위한 좋은 대안이다.

팀은 결성되었는가 싶으면 어느새 해체된다. 형식적인 조직에 이러한 끊임없는 변화가 진행되고 있을 때, 그 기저에 안정성의 층을 제공하는 것이 바로 커뮤니티(CoP)이다. 커뮤니티는 정체성을 확인할 수 있는 즐거운 집이다. 어떤 커뮤니티들의 경우에는 그 가치가 인정되어 조직의 공식적인 구조로 편입되기도 한다. 이렇게 제도 속에 편입하게 되면(잘 관리됐을 때) 커뮤니티 내부의 역동적인 힘을 파괴하지 않고도 커뮤니티에 합법성과 자원을 부여하는 것이 훨씬 더 수월해진다.

- E. Wenger

액션러닝(AL) 역시 최근에는 일상적이며 반복적으로 수행될 수 있는 학습 프로세스 기반의 조직으로서 주목받고 있다. 가장 효과적인 팀은 명확한 목표수립, 의사소통과 대화, 협력과 공조, 팀워크, 헌신 등의 특징을 가지고 있으며 이는 액션러닝 같은 조직의 특성과도 일치한다.

그렇다면 학습팀이 조직 관점에서 크게 주목받지 못한 이유는 무엇일까? 학습팀이 공식화(목표, 평가, 보상과 연계)되지 않고, 활동시기의 연속성(일정 기간 동안 지속 여부)이 떨어지기 때문이다. 학습팀은 주로 시대의 유행처럼 일시적인 필요에 의해 강조되거나 제한적으로 다루어져 왔다. 또한 기업의 특성상 학습보다는 성과가 우선시되므로 학습은 결국 성과에 따라오는 부수적인 것일 뿐이라는 인식 때문이기도 하다. 그러나 앞서의 사례에서 볼 수 있듯이 명확한 전략과 구조를 가지고 지속적으로 실행되고 있는 학습팀들이 주목 받고 있다는 점에서 이제 또 다른 조직으로 의미를 부여받아야 한다. 액션러닝(AL)은 조직원 전체를 대상으로 조직개발 또는 경영 혁신을 목적으로 도입되고 있으며, 커뮤니티 역시 자발적이며 비공식적인 학습모임(Informal Group) 수준이 아닌 조직의 핵심 지식공유 및 지식창출이 필요한 영역으로 공식화 · 제도화되고 있다. 전통적인 조직론적 관점에서 학습팀은 조직목표(Goal), 조직설계(Design), 조직유효성(Effectiveness)에 관한 것이다. 구체적으로는 학습팀의 규모, 학습팀원들의 구성, 팀에 주어지는 권한, 목표의 전략적 관리, 로열티와 팀워크 수준, 참여자들의 동기, 학습자 간의 의사소통과 정보공유 수준, 리더십, 신뢰의 구축 정도, 현장 중심의 의사결정과 권한위임 정도, 물적/시간적 지원 정도와 업적에 대한 보상 유무, 상호작용을 통한 갈등해결 방식, 변화의 수용, 문제해결 역량 또는 의사결정 프로세스 등에 관한 것이다.

(2) 팀조직, 프로젝트팀, 학습팀의 균형과 조화

> 학습조직은 가능한 한 다양한 팀을 조직하는 것이다. 여기에는 지속적인
> 개선(카이젠)팀, 다기능팀, 품질관리팀 및 조직학습팀 등이 포함된다.
>
> -Michael J. Marquardt

학습팀의 조직론(Organization)적 관점이 새로운 것은 아니다. 학습팀을 병렬조직(Parallel/Learning Structure)이라고도 하는데, 이것은 기업의 공식조직과 함께 존재하는 것이라는 인식에서 비롯된다. 병렬조직은 비즈니스 팀조직과는 달리 기업의 변화와 혁신을 주도하는 다른 형태의 조직이다. 기존 조직과는 다른 규범과 절차가 허용되는 것이 특징이며, 학습팀과 유사한 형태로는 프로젝트팀(Project Team)과 애드호크라시(Adhocracy), 자율경영팀이 있다.

- **프로젝트팀**은 기존의 조직과는 별도의 팀으로 구성, 운영하되 목표한 업무가 종료되면 팀이 해체되거나 기능이 바뀌게 된다. 이와 같은 형태로는 TFT(Task Force Team) 또는 CFT(Cross Functional Team) 같은 것이 있다.

- **애드호크라시**는 서로 다른 전문분야의 전문가들을 과제별 또는 프로젝트별로 유기적으로 연결시키며, 변화에 적극적으로 대처하고, 불확실한 시장 환경을 극복하기 유리한 조직구조이다. 관료제가 생산성 중심의 논리적인 산업사회의 합리적이고 능률적인 구조라면 애드호크라시는 유기적 · 신축적 · 탄력적 · 상황적응적 조직을 통칭한다.

● **자율경영팀**은 품질혁신, 생산성 향상, 참여확대를 위한 자율적인 집단을 의미하는 것으로 일상적인 작업뿐만 아니라 자신의 모든 일을 스스로 관리할 수 있는 권한을 부여받은 이들로 구성된 소규모 집단을 말한다.

이런 조직들은 "구성원의 역량과 전문성을 단기간에 집중시키고, 자율성을 최대한 발휘하게 함으로써 유연한 조직운영이 가능하다는 점"에서 학습팀의 다른 모습처럼 보여질 수도 있다. 실제로 팀의 구조와 형태로만 보면 공통점이 많은 것도 사실이다. 그러나 엄밀히 보면 이러한 조직들은 '학습'의 가치를 얼마나 중요하게 다루고 있느냐의 관점에서 분명히 학습팀과 구분되어야 한다. 학습보다는 성과(결과) 중심, 더 극단적인 성과를 추구한다는 점에서 보면 오히려 비즈니스 팀조직의 특징들과 닮아 있다는 것을 알 수 있다. 이와 같은 유사 조직이 만들어지는 이유는 팀조직이 가지고 있는 한계를 극복하거나 보완하고자 하는 노력 때문일 것이다. 팀원들의 상호작용과 협력을 최대한 이끌어내기 위한 수평적인(Flat) 조직, 동일한 한 가지 목표의 성취 또는 문제해결을 위한 단기간의 성과창출 조직들은 팀조직의 단점을 개선하려는 고민에서 탄생한 것이다.

비즈니스 팀조직을 보완하기 위한 역할을 훌륭히 수행하고 있는 가장 대표적이며 의미있는 조직이 있다면, 그것은 바로 **프로젝트팀**이라 불리는 성과창출팀(Task Force Team)이다. 프로젝트팀은 한 가지 공통된 목표나 문제를 빠르게 해결하기 위해 해당 전문가들이 결집되므로 명확한 목표공유, 실행력과 역할분담 측면에서 비즈니스 팀조직보다 훨씬 효과적으로 활용된다. 실제로 많은 기업에서 프로젝트팀은 상시적으로 운영되고 있다. 프로젝트팀은 쉽고 빠르게 생성과 해체가 가능하며, 목표지향적인 독특한 특성으로 인해 문제해결조직으로 적합하다. 시장의 변화와 트렌드를 읽고 빠르고 민첩하게 대응할 수 있도록 기능하며, 문제의 시급성이 클수록 효과적으로 조직된다. 팀조직에 비해 구성원들의 이해관계에 덜 얽매이므로 문제가 해결되면 신속하게 해체된다. 프로젝트팀은 비즈니스 팀조직을 보완하는 역할을 하기에 부족함이 없다. 그러나 프로젝트팀은 조직구조와 시간적 유연성을 극복할 수 있는 그야말로 성과(Performance)에 최적화되어 있는 조직이다. 프로젝트팀은 문제해결 과정에서 배운 학습성과와 의미를 충분히 성찰하려는 노력과 가치를 공감하기에는 한계가 있다. 그 어떤 것보다 문제에 집중하므로 문제를 해결하지 못하면 존재 자체에 의미가 없다.

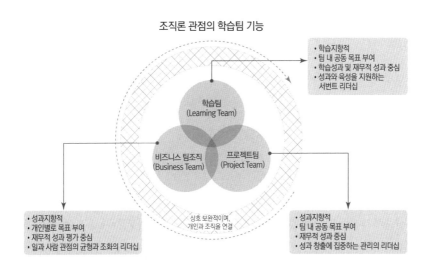

조직론 관점의 학습팀 기능

비즈니스팀과 프로젝트팀이 기업경영에 있어 일반적인 형태인 것처럼 기업이 '학습의 가치'를 인정하고 받아들일 때 새로운 조직 모델을 제안해볼 수 있을 것이다. 그것은 비즈니스 조직(팀, 계층형 조직) 및 프로젝트 조직(TFT, CFT)과 함께 학습팀(AL, SCoP)이 일상적인 경영활동에 반드시 필요한 조직형태로서 조화롭게 기능하는 것을 의미한다(위 그림). 다시 말하자면, 비즈니스 팀조직(Business Team)을 효과적으로 보완하기 위해 프로젝트팀(Task Force Team)과 학습팀(Learning Team)은 서로 다른 역할로 성과에 기여할 수 있다.

효율적인 관리조직인 비즈니스팀, 실제적인 문제해결을 위한 프로젝트팀, 도전적 과제수행에 따른 학습문화 정착을 위한 학습팀은 각각의 특징과 역할이 뚜렷하다. 기업은 '효율적, 관리적'이면서도 '창조적, 혁신적'인 것과의 대립과 조화로움 속에서 성장한다는 점에서(효율적이며 관리지향적인) 비즈니스 팀조직과 (창조적이며 혁신지향적인) 학습팀은 구분된다. '학습' 관점에서 프로젝트팀과 학습팀 역시 지향하는 바가 분명히 다르다. 창의적이며 혁신적인 기능에서 학습팀은 프로젝트팀과 성격이 유사하지만, 프로젝트팀은 실제적인 성과만을, 학습팀은 결과로부터 학습된 것의 가치와 의미를 중요시한다. 학습의 고유한 가치를 지속적으로 실천할 수 있는 학습팀이 기업에서 일반적인 운영형태로서 받아들여진다는 것은 시사하는 바가 크다. 이것은 기업이 현재와 미래, 전략과 실행, 주어진 문제를 해결하는 것과 앞으로 도전해야 할 기회 사이의 균형 속에서 신중하게 행동한다는 것을 의미한다. 기업에서 학습의 가치가 더 많은 존중을 받아야 한다는 것은 '지식을 쏟아내는 것' 못지않게 '지식을 받아들이는 것'이 중요함을 우리는 잘 알고 있기 때문이다. 학습은 배운다는 것이며, 배운다는 것은 도전적인 시도에서 비롯되며, 도전적인 시도는 기업을 변화시킨다.

구분	학습팀 (Learning Team)	성과창출팀 (Task Force Team)	비즈니스 팀조직 (Business Team)
목적	학습 및 문제해결	단기적 문제해결	조직의 전략과 목표 수행
기간	단기적(3~6개월)	단기 및 중장기(3~12개월)	중장기(6개월 이상)
과제	주로 단일과제(Single Project), 오픈과제(Open Group Project) (단일과제 〉 오픈과제)	단일 공통과제	주로 개인별 독립적인 업무, 필요에 따라 공통과제 수행
업무 비중	개인목표의 10~30%, 주로 업무시간과 병행하거나 업무 외 시간에 활동	개인목표(KPI)의 50% 이상 할애	개인목표(KPI)의 80% 이상
평가	학습성과, 결과성과 (결과성과 〈 학습성과)	(문제해결 중심의) 결과성과, 학습성과 (결과성과 〉 학습성과)	결과성과, 학습성과 (결과성과 〉 학습성과)
리더	팀구성원은 수평적인 관계에서 팀 리더십 발휘. 그러나 암묵적인 리더(AL) 또는 명시적 리더(SCoP)가 존재	팀조직처럼 공식적인 리더가 존재. 단기 성과에 집중하기 위한 관리적 리더십(목표부여, 의사결정, 실행 등)이 중요	리더(Leader)를 중심으로 팀워크 발휘. 관리(Management)와 리더십(Leadership)이 모두 중요
리더십	리더의 역할은 제한적이며, 지원적·참여적 리더십	리더의 역할이 크고 실행력 중심의 리더십	일과 사람 관점의 균형과 조화의 리더십
장점	창의적인 사고와 아이디어를 공유할 수 있는 자율적인 분위기, 협력적 학습과 시너지	단기적으로 해결해야 할 공통 과제에 집중하므로 역할 분담과 문제해결에 효과적	권한과 책임을 공식적으로 부여, 빠른 의사결정과 실행력, 명확한 평가와 보상
단점	문제해결을 위한 충분한 시간과 조직에서 부여된 권한이 제한적	지식의 성찰과 내재화를 위한 학습시간 부재, 역량이 뛰어난 개인에게 의존할 경우 다른 팀원은 조력자의 역할만 수행	실패에 대한 부정적인 태도, 리더의 지나친 관여, 팀원들 간의 과도한 경쟁

(3) 신뢰 기반의 협력적 네트워크를 만드는 학습 공동체

조직에서 관계갈등이 발생하는 중요한 이유 중의 하나는 비공식적 의사소통의 부족이라고 할 수 있다. 조직은 공식적인 이해관계와 계층으로 구성되어 있는 것처럼 보이지만 실제로 명확하게 보이지 않는 다양한 관계로 얽혀 있다. 인맥, 친분, 관심사, 우연한 인연 등으로 맺어진 수면 아래의 관계들은 업무협력을 위해 필요한 공식적인 일과 업무에 직·간접적으로 영향을 미친다. 이러한 사람 간의 관계는 때로는 굵게 때로는 촘촘하게 엮여 있어 문제가 발생할 경우, 자신이 가지고 있는 비공식적 커뮤니케이션을 가동시킴으로써 빠르고 효과적으로 대응한다. 물론 잘못된 협력관계는 필요 이상의 권한을 주거나 또 다른 영향세력이 되기도 하지만 말이다.

긍정적 의미에서 기업의 비공식적 관계는 불필요한 거래비용을 줄임으로써 협력을 이끌어내는 역할을 한다. 조직 커뮤니케이션에 있어 가장 큰 장애와 비용은 과도한 공식화로부터 생겨나곤 한다. 서로의 합의만으로 진행될 수 있는 일도 신뢰 부족, 부서 간 갈등, 책임소재의 문제로 인해 필요 이상의 형식적인 요청과 검토, 승인이라는 불필요한 행위를 발생시킨다. 반복해서 강조하지만 학습팀 활동에 참여한 멤버의 관계는 활동이 끝난 후에 종료되는 것이 아니다. 학습팀 활동이 끝나더라도 조직 내 곳곳에 신뢰를 쌓아왔던 사회적 관계들은 지속적으로 협력으로 이어지며, 조직 간에 끊임없이 발생하는 소통의 벽과 거래비용을 낮추는 역할을 한다. 이것이 바로 우리가 앞에서 살펴본 기업의 사회적 자산이며, 신뢰에서 비롯되는 사회적 자산은 개인과 개인, 조직과 조직을 연결시키는 데 기여한다. 기업의 사회적 관계가 공식적인 팀조직보다 학습팀에서 부각되는 이유는 학습팀에서 개인들은 목표를 달성하는 과정에서 서로를 격려하는 가운데 소속감과 긍정적 몰입의 순간을 공유하기 때문이다. 활동결과가 성공적일 경우 학습팀의 성공체험을 통한 일체감은 더욱 커진다.

창의적이고 혁신적인 기업은 단지 뛰어난 개인을 발굴하고 육성하려는 것이 아니다. 기업의 혁신과 창의성은 단단한 협력적 네트워크 또는 협력망, 사회망 속에서 탄생하며 이 네트워크 속에 조직의 지식과 역량을 담으려는 노력으로부터 시작된다. 개인의 성장뿐만 아니라 참여자들 간의 상호학습을 촉진시키기 위한 협력의 장(場)이 중요해진 것이다. 협력적 네트워크는 공식화된 조직에서 보다 비공식화된 모임과 집단에서 나타나는 정서의 교감, 공동의 경험과 역사, 강한 결속과 같이 감정이 개입된 관계에서 훨씬 풍부해진다. 협력 네트워크는 실체를 드러내지 않더라도 성과에 분명하게 영향력을 미치고 있다는 점에서 기업이 지식집단과 커뮤니케이션 채널을 어떻게 관리할 것인지를 고민한다면, 학습팀은 구체적인 대안이 될 것이다. 분명한 것은 협력적 네트워크는 친밀함과 정체성을 통해 그 실체가 확인된다는 것이다. 이것은 주로 비공식적 집단에서 자주 목격되며 그들의 특징은 집단(Group)의 규모, 직급, 나이 등의 요소와도 관련이 있다. 그리고 협력적 네트워크의 폭과 깊이가 조직지식의 전달속도와 학습속도를 결정한다는 점에서 조직역량과도 관련이 있다. 학습팀은 협력, 신뢰, 열린 소통을 전제로 한다. 신뢰가 높은 조직의 긍정적인 특징은 기꺼이 위험을 감수(Risk Taking)한다는 것이다. (물론 강제적인 경우도 있지만) 학습팀이

다른 어떤 조직보다 자발적이며 유연함을 강조할 수 있는 환경인 것
도 협력을 촉진시킬 수 있는 중요한 이유이다. 집단에 자발적으로 참
여하거나 팀원들 간에 열린 소통이 가능할수록 신뢰는 깊게 형성된다.
학습팀 멤버들이 비공식적 유대감을 잘 형성할 경우 협력적 네트워크
관점에서 집단 간의 갈등과 긴장을 완화시킬 수 있다. 사회적 자본으
로서 이러한 기반 역량은 전략 커뮤니티뿐만 아니라, 액션러닝에서도
중요한 관심사이다. 전사 혁신 액션러닝의 사례처럼 기업 내의 협력을
필요로 하는 부서들 간의 팀원들로 구성된다면 신뢰에 기반을 둔 협
력을 이끌어낼 수 있다.

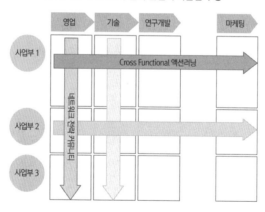

조직 커뮤니케이션과 협력 관점의 학습팀 구성

학습팀의 '조직' 관점의 논의가 요구되는 것은 효과적인 학습을 위
해 팀워크가 갖추어진 조직이 필요하듯이 잘 조직화된 집단은 학습과
전략적 목표를 달성하기에 유용하기 때문이다. 따라서 학습팀(조직)을
구성할 때 '개인의 학습화 능력'에만 초점을 두기보다는 '능률적인 조

직'이 되기 위해 필요한 것에 관심을 가져야 한다. 이것이 학습팀을 전략적으로 설계해야 하는 이유이며, 효과적으로 팀을 만들기 위해서는 학습팀의 구조를 살펴보는 것에서부터 시작해야 한다.

우리는 마지막으로 새로운 기업의 조직형태로서 팀조직, 프로젝트 조직(팀), 학습조직(팀)의 3가지 조직의 균형과 조화가 필요하다는 것을 강조하려고 했다. 성과를 지향하면서도 효율적인 관리조직인 팀조직, 성과와 혁신을 추구하는 프로젝트 조직(팀), 학습지향적이면서도 혁신적인 변화를 선도하는 학습조직(팀)은 기업경영에 있어 서로 다른 의미를 부여한다. 무엇보다 학습팀은 조직 커뮤니케이션, 학습과 협력, 원활한 정보흐름을 고려할 때 비즈니스 팀조직만으로는 부족한 점을 채워줄 수 있다. 물론 학습팀 조직 역시 변화에 적응할 수 있는 유연한 조직을 만드는 방법 중의 하나일 뿐이며, 다른 무언가에 의해 대체될 수 있다는 것을 잊어서는 안 된다. 학습팀은 궁극적으로 기업의 변화와 혁신을 위한 것이다. 하지만 학습팀 역시 조직구조, 방법론, 구성원들에 대한 인식이 정체되고 변화에 굴레가 된다면 그 또한 변화의 대상이 될 수밖에 없다. 끊임없이 변화하고 새로운 것으로 대체되는 일들이 생활의 일부가 되는 것이 성공적인 조직, 학습하는 조직의 모습이기 때문이다.

APPENDIX

학습팀 운영전략의 7가지 Tip

1. 멤버구성: 훌륭한 멤버만으로도 팀은 동기부여 된다

조직이론을 정립한 버나드(C. I. Barnard)는 팀조직을 "공동의 목적을 달성하기 위해 공헌할 의욕을 가진 2인 이상의 인간이 상호 커뮤니케이션하는 집합체"라고 했다. 팀은 2인 이상의 구성원들이 성과를 만들어낸다는 점에서 무엇보다 멤버들 간의 '관계' 또는 '상호작용'이 중요하다. 팀원의 숫자가 많으면 많을수록 관계는 더 복잡하게 얽히게 되며, 예측할 수 없는 관계들이 만들어내는 '경우의 수'는 다양한 모습으로 학습과 성과에 영향을 미친다. 학습팀 역시 조직이므로 '어떻게 팀원 간에 갈등을 줄이고 협력을 이끌어낼 것인가'에 따라 성공과 실패가 결정된다고 해도 과언이 아니다. 아무리 잘 정돈된 목표와 보상제도를 팀에 적용한다고 해도 단단한 관계에서 시작되는 '팀워크의 힘'을 넘어설 수는 없다. 학습팀이 효과적인 팀으로 작동하기 위해서는 멤버들 간의 친분관계, 팀원들의 성향, 상호간의 역할과 책임, 하위집단의 존재 여부 등을 면밀히 살펴보아야 한다. 일반적으로 학습팀 멤버를 구성하는 데 있어 멤버 간 최적의 조합과 유형별 학습 스타일을 반영하기 위해 고려해야 할 요소로는 대인관계 유형(Personal Relationship)과 팀 역할 균형화 이론(Team role balance)이 있다.

대인관계 유형(Personal Relationship)을 고려하는 것은 멤버들의 커뮤니케이션 방식과 효과적인 학습 스타일을 파악하고 유형에 맞게 적용하기 위함이다.

사람은 누구나 어떤 행동에 대한 서로 다른 동기가치가 있다. 학습팀이 서로 다른 스타일의 멤버들로 구성될 경우, 개인마다 일처리 방식과 커뮤니케이션 방식이 다른 것처럼 학습을 받아들이는 데 있어서도 차이를 보인다.

대인관계 유형을 학습 스타일에 적용하기 위해서는 사람들마다 선호하는 학습방식이 서로 다르다는 것을 인식하고 인정하는 것에서 출발해야 한다. 대인관계 유형 진단을 통해 학습자들이 서로 어떤 사람인지를 이해하고, 대화하는 방식에 주의를 기울인다면 보다 효과적으로 팀 토론을 진행할 수 있으며, 필요하다면 멤버구성 전에 서로에게 맞는 조합을 고려해볼 수 있을 것이다. 일반적으로 많이 사용되는 대인관계 유형(행동패턴, 행동 스타일)은 DISC와 MBTI가 있다. DISC는 주도형(Dominance), 사교형(Influence), 안정형(Steadiness), 신중형(Conscientiousness)의 4가지로 구분하고 있다. 각각의 유형은 서로 다른 성격적 특성으로 인해 학습방법뿐만 아니라, 목표를 성취하는 데 있어서도 다른 접근방법이 필요하다. 학습팀이 신중형으로만 구성되어 있다면 실천적 활동, 즉 실행력을 제고하기 위해 주도형의 멤버들을 보완할 수 있을 것이다. 팀플레이가 요구되는 학습팀에서 사교형의 멤버는 개인보다는 팀을 위해 조율자의 역할을 수행할 수 있다.

두 번째로는 팀원 각자의 '역할과 책임'에 따라 팀원을 구성할 수 있다. '팀 역할의 균형화(Team role balance)'라고도 하는데, 이는 9가지 팀 역할 유형이 골고루 팀 내에 존재해야 한다는 이론이다. 팀에 필요한 9가지 역할이 특정 팀에 어느 정도 갖추어져 있느냐가 팀 성과를 좌우한다는 것이다(Meredith Belbin, 2004). 학습팀이 성과를 창출하기 위해서는 팀원들의 역할과 책임이 충분히 고려되어야 한다. 벨빈이 분류하고 있는 9가지 팀의 역할은 조정자(Coordinator), 추진자(Shaper & Pusher), 창조자(Creative Genius), 자원탐색자(Resource Investigator), 실행자(Implementer), 팀플레이어(Team Player), 완결자(Completer), 관찰평가자(Monitor & Evaluator), 전문가(Specialist)이다. 이것을 다시 분류하면 크게 행동 중심(추진자, 실행자, 완결자), 지식 중심(창조자, 관찰평가자, 전문가), 소통 중심(조정자, 팀플레이어, 자원탐색자)의 3가지 역할로 구분할 수 있다. 9가지 역할에 따라 학습팀을 구성할 때 멤버들이 행동 중심의 실행력을 가지고 있는 사람들로만 구성되어 있지는 않은지, 아이디어를 만들고 생산해내는 지식인들로만 구성되어 있지는 않은지, 또는 적절한 소통을 통해 팀에 완충 역할을 해줄 수 있는 팀플레이어 또는 조정자의 역할을 수행하는 사람들이 있는지도 살펴보아야 한다. 물론 역할을 인위적으로 구분하는 것이 쉽지는 않다. 다만 학습팀원들이 특정 역할을 수행하는 사람으로만 치중해 있지는 않은지 사전에 파악할 필요가 있다.

멤버들에게 학습동기를 불러일으킬 만한 훌륭하게 구성된 멤버들만으로도 팀워크 형성에 긍정적인 영향을 미친다. 팀원들은 자신이 어떤 멤버들과 함께 일하느냐에 따라 분명히 다른 성과를 보인다. 어떤 경우에는 팀원들의 능력보다 팀원들 간의 감정적인 교류가 훨씬 중요하다. (사람들은 중요한 의사결정과 일에 대한 태도를 결정할 때 이성적으로만 판단하지 않는다. 오히려 많은 경우에 있어 감정적인 영역이 개인의 행동에 개입하기 때문이다.) 팀원 간에 성격적으로 맞지 않아서 함께 일하기 힘들 경우 쓸데없는 감정적 소모와 대립으로 이어질 수 있고, 일이 주어지더라도 자신이 맡은 일이 아니라고 생각하여 누군가 먼저 나서주기를 기다리는 소극적인 행동으로 바뀌기도 한다. 따라서 학습팀이 팀워크를 발휘하기 위해서는 구성원들의 강점과 약점, 성격적 특성까지 반영하여 팀원을 구성해야 한다. 나아가 구성원들의 사전지식 보유 여부, 업무경험이나 학습팀에 대한 사전경험을 포함하여 보다 세밀하게 팀원 구성을 고려할 때 예상치 못한 리스크를 줄일 수 있다.

팀이 형성되고 팀원들 간의 초기 관계형성이 미진하더라도 부단한 노력과 개선을 통해 효과적인 팀으로 변모시킬 수 있다. 다만 무언가 잘못된 것을 알고 난 후 바꾸기 위해서는 처음보다 몇 배 이상의 노력이 필요하다. 멤버구성도 마찬가지이다. 부정적인 영향을 미치는 팀원이 팀에 있거나 팀원 중에 특히 대립하고 있는 팀원들이 존재하게 되면 목표를 향해 앞으로 나아가기 힘들다. 팀원들 간의 갈등이 새로운 아이디어를 도출하고 토론을 하는 건전한 갈등이 아닌, 사소한 감정적인 갈등이라면 그것만큼 소모적이며 비효율적인 것은 없다. 역량이 뛰어난 구성원들로만 팀을 구성한다고 해서 성과를 달성할 수 있는 것이 아니기 때문에(아폴로 신드롬), 활동을 지원하는 학습지원조직이나 퍼실리테이터들은 사전에 멤버들의 유형과 역할을 고민해야 한다. 필요하다면 인터뷰를 통해 멤버들의 성향을 파악하거나, 같은 팀으로 구성된 멤버들 중 수면 위로 드러나지 않았지만 갈등관계에 있는 사람들이 있는지도 알아볼 필요가 있다. 팀원들을 유심히 관찰하고 대화해봄으로써 팀원 간의 갈등요소를 발견하고, 학습과 성과에 영향을 미치는 이해관계자들의 태도에 주목할 필요가 있다.

학습팀 멤버를 구성할 때, 학습팀 내에 하위집단이 존재하는지의 여부도 관찰해야 한다. 학습팀 내에 강한 하위집단이 존재할 경우 팀워크 형성에 있어 긍정적으로 작용하기도 하지만 때로는 부정적인 요소가 되기도 한다. 학습팀 내에 이미 친분이 있는 하위집단이 있을 경우 새로운 멤버들과의 융화가 어렵거나, 이미 친밀한 구성원들 외의 멤버들은 활동기간 내내 소외감을 느끼게 되기 때문이다. 올바른 팀워크 형성을 위해서는 팀원들의 성향과 역할에 따른 조화뿐만 아니라, 공식적으로 드러나지 않는 친밀함까지도 세밀하게 고려되어야 한다. 시간적인 여유가 없거나, 특정 대상만이 참여하는 제한적인 멤버구성이 아니라면 팀 구성에 공을 들여야 한다. 사전에 잘 짜인 팀을 만들기 위해 (영업성과 극대화 커뮤니티처럼) 학습팀 스스로 멤버를 구성하도록 자율성을 주는 것도 좋다. 자신들이 직접 팀원을 선정하게 된다면 한 팀으로 일하게 될 때 보다 긍정적인 영향을 줄 수 있을 것이라고 생각되는 사람들을 끌어들이려고 할 것이다. 팀원들은 여러 경로를 통해 평판이 좋은 팀원들을 스스로 선정할 수 있으며, 과거에 일을 해본 경험이 있다면 팀원들을 알기 위해 쏟아야 하는 시간을 절약할 수 있다.

2. 학습팀 개발단계: 팀은 저절로 만들어지는 것이 아니다

학습팀이 발전하는 단계는 비즈니스 팀조직이 발전하는 단계(형성기, 격동기, 규범화기, 성과창출기, 휴식기)와 유사하다. 학습팀 역시 팀조직과 마찬가지로 팀을 만들고 인원을 구성만 하면 저절로 되는 것이 아니다. 오히려 학습팀이 팀(Team)으로서 기능하기 위해서는 팀조직보다 훨씬 많은 노력이 필요하다. 활동기간이 상대적으로 짧고 공식화된 조직이 아니기 때문이다.

빠른 시간 내에 팀워크를 발휘하여 원하는 목적을 수행할 수 있도록 만들기 위해서는 학습지원조직의 역할이 중요하다. 학습지원조직의 역량에 따라 각각의 팀개발 단계가 가속화되거나 통합되어 나타난다. 학습팀이 효과적으로 개발되기 위해서는 팀 발전단계에 따라 반드시 해야 할 일과 예상되는 장애에 대해 선제적으로 대응하려는 노력이 필요하다. 아울러 경영자, 팀 리더, 팀 구성원들 모두 팀의 구축 및 목표의 수립과정부터 참여를 통해 책임을 공유하고 상호작용을 통해 몰입할 수 있는 환경을 구축해야 한다.

1) 형성기(Forming)

이 기간은 학습팀이 과제 또는 목표를 설정하고, 팀원들과 친해지며, 팀원 각자의 역할을 이해하는 단계이다. 본격적으로 과제를 논의하거나 달성해야 할 목표가 명확하게 인식되지 않기 때문에 상대적으로 갈등이 적다.

이 시기에 가장 중요한 것은 효과적인 팀빌딩 프로그램(Team Building Program)이다. 자칫 팀빌딩 단계를 건너뛰거나 소홀하게 다룰 경우 학습자들이 활동에 소극적으로 참여하려고 하거나, 부정적인 태도를 보이기도 한다. 이러한 현상이 나타나면 자칫 팀의 분위기(조직문화)로 고착되어버리는 경우도 있다. 따라서 팀빌딩 프로그램은 가능한 한 빨리 밀도 있게 진행해야 한다. 잘 형성된 팀워크는 격동기의 갈등을 효과적으로 줄일 수 있으며, 자발적인 참여를 높인다.

형성기에는 암묵적인 팀의 리더가 나타나기도 하며, 과제에 영향력이 있거나 문제해결에 유능하다고 판단되는 한두 명에게 지나치게 의존하려는 성향이 나타나기도 한다. 학습지원조직은 이러한 상황을 꼼꼼히 모니터링하고, 필요하다면 적절히 개입해야 한다.

이 시기는 무엇보다 과제 또는 목표달성에 대해 감정적으로 불안한 단계이다. 팀원들은 학습팀의 목표를 함께 공유하지만, 명확하게 역할과 책임을 인식하기보다는 본인이 맞닥뜨린 상황을 불편하게 인지하고 있는 정도이다. 액션러닝(AL)의 경우 과제의 난이도에 대해 잘 알지 못할 수도 있으므로 과제를 자신의 것으로 온전히 받아들이기까지는 상당 기간 학습이 필요할 수 있다. 반면 전략 커뮤니티(SCoP)는 과제에 대해서는 알고 있으나 난이도가 높을 가능성이 있기 때문에 학습팀에게 기대하는 것을 이 기간에 명확하게 팀원들과 커뮤니케이션해야 한다.

이 시기에 해야 하는 또 다른 활동은 **팀규범**(Ground Rule) **수립**이다. 팀규범은 학습시간과 학습방법에 대한 규칙을 포함하며, 학습성과를 높이기 위해 꼭 해야 할 일, 하지 말아야 할 일 등에 대한 팀원들의 약속을 선언하는 것이다. 그러나 아직까지는 팀원 간의 관계가 느슨하고 탐색하는 시기이기 때문에 강제화되지는 못한다.

2) 격동기(Storming)

격동기는 과제(목표)에 대한 정의, 역할배분, 우선순위에 대해 인식의 차이가 있는 갈등 단계이다. 어떤 팀이건 갈등과 경쟁이 없을 수는 없다. 갈등을 문제라고 생각하기보다는 갈등의 모습을 예상하고 관리하고자 노력해야 하며, 의견을 조율하고 대안을 제시하여 팀원 간의 간극을 좁히는 것이 중요하다.

이 단계에서 가장 중요한 행동은 갈등을 공개적으로 관리하는 것이다. 갈등을 억누르게 되면 중요한 순간에 갈등이 표출돼 되돌릴 수 없을 정도로 악화될 위험이 있다. 가장 중요하게 다루어야 할 갈등은 과제의 난이도, 즉 목표수준에 대한 갈등이다. 팀원들은 팀 형성기에 목표를 막연히 알고 있는 정도라면 격동기를 통해 보다 분명하고 정확하게 인식하게 된다. 목표가 너무 높거나 개인적으로 맡은 역할이 클수록 갈등은 커진다. 따라서 학습지원조직은 과제기술서를 통해 목표를 합의하거나, 사전 워크숍을 통해 구성원들의 의견을 충분히 수렴해야 한다. 또한, 특정 개인에게 과제의 책임과 범위가 집중되지 않도록 관찰할 필요도 있다. 갈등단계에서 특히 러닝코치와 리더의 역할의 부각되기도 한다. 전략 커뮤니티에서는 리더가 갈등을 조율한다. 전략 커뮤니티의 리더는 팀원들을 위한 조정자의 역할을 수행해야 하는 책임을 가지고 있다. 액션러닝에서는 보통 러닝코치(또는 퍼실리테이터)가 중재하거나, 잠재되어 있는 비공식 리더가 출현하여 보이지 않는 리더십을 발휘하기도 한다. 그러나 공식적인 리더가 없기 때문에 리더십의 부재로 인한 갈등을 주의 깊게 살펴보아야 한다. 마쿼트는 리더가 없기 때문에 팀의 규범을 수립하는 것이 상대적으로 중요하다고 언급했다. 팀이 갈등하는 격동기를 겪지 않기란 쉬운 일이 아니다. 오히려 건전한 갈등은 팀을 더 단단하게 만든다. 갈등이 지속되거나 깊어지지 않도록 하기 위해서는 팀 형성기에 팀워크가 잘 형성될 필요가 있다. 초기 팀빌딩이 효과적으로 작동되었다면 갈등단계는 큰 장애 없이 극복된다.

3) 규범화기(Norming)

학습팀이 제대로 팀의 역할을 수행하기 위한 발판이 마련되는 시기이다. 팀원들은 각자의 역할과 책임을 정확하게 인식하는 수용의 시간을 보낸 후 주어진 환경을 받아들이기 시작한다. 이 시기가 되면 적극적으로 정보를 공유하고, 목표를 위해 협력하며, 팀을 위한 의사결정을 하려고 노력하는 모습들이 나타난다. 팀을 운영하기 위한 규칙과 규범은 형성기에 만들어지는 반면, 격동기를 거친 후에야 학습자들은 팀 규범을 진지하게 받아들이고 스스로 강제화하려는 모습을 보인다. 물론 응집력이 있는 팀에서 이런 규범화는 필요하지 않은 경우도 있다. 그러나 효과적인 팀일수록 팀 규범을 만들고, 이를 암묵적인 불문율처럼 지키려고 노력하는데, 이러한 모습이 마치 다른 팀과 자신들을 구분시키는 특별한 행동이라고 생각하기 때문이다. 팀 규범은 팀의 전반적인 운영을 위한 규칙이며, 정보 공유 방법, 과제에 대한 책임, 공식 및 비공식인 학습활동, 대화와 토론의 원칙, 회의 참석 등에 관한 것이다. 통합적 규범을 제대로 구축하지 못한 팀들은 목표를 성취하는 데 있어서도 소극적인 경우가 있다. 팀의 규범은 형식적인 구호가 아니라 모두에게 적용되는 약속이며, 핵심가치로 자리 잡는 것이다.

일반적으로 학습팀은 팀조직과는 달리 형성기부터 규범화기에 이르기까지가 최소한 한 달 내에 진행되어야 팀이 효과적으로 변화한다. 학습팀이 출범하고 한 달이 지나면 팀워크뿐만 아니라 팀의 문화(Team Culture)가 거의 완성된다. 학습팀에게 있어 이 시기는 가장 중요한 골든 타임이다. 이 시기에는 무엇보다 학습팀을 움직이는 핵심구성원인 러닝코치(액션러닝), 학습팀 리더(전략 커뮤니티)들은 학습지원조직과 사전에 충분히 커뮤니케이션할 필요가 있다. 이들이 팀을 조직화하는 데 있어 스스로 해야 할 역할과 책임을 찾을 수 있고, 메신저 또는 가이드의 역할을 해줄 수 있도록 사전 워크숍을 통해 활동계획을 세부적으로 공유해야 한다.

4) 성과창출기(Performing)

팀 목표의 달성을 위해 멤버 모두가 몰입하는 단계이다. 규범화의 시기를 통해 목표와 역할을 모두 공감했다면 이제 구성원들은 학습팀이 도달하려는 목표를 달성하고자 노력한다.

학습팀의 실패요인을 분석해보면, 규범화기까지 형성되었어야 할 미션이 충분히 이행되지 못했을 때 잠재되어 있는 문제들이 성과창출기에 표면화되어 나타나는 경우이다. 성과창출기에 팀원들이 열정을 쏟아 붓는 것이 아니라, 오히려 그동안 잠재되어 있는 갈등이 성과라는 당면한 목표와 압박 속에서 뒤늦게 표출되는 것이다. 반대로 우수한 학습팀들은 성과창출기에 성공적인 팀이 가지고 있어야 할 특성들이 나타나게 된다. 이 시기가 되면 팀개발을 위한 학습지원조직의 역할은 줄어들게 된다. 학습지원조직은 장애요인은 없는지, 추가적으로 지원할 것은 없는지만 관찰하며 이제부터는 학습팀이 스스로 해야 한다.

성과창출기에도 주의 깊게 관심을 기울이며 관찰해야 할 것들이 있다. 액션러닝(AL)의 경우 학습팀들의 중간 결과에 대한 피드백을 통해 시행착오를 최소화할 수 있도록 노력해야 한다. 스폰서 또는 최종 평가자인 경영진과 중간 산출물에 대한 지속적인 중간보고와 피드백을 통해 과제의 방향을 수정함으로써 최고 결과에 대한 확신을 줄 필요가 있다. 과제의 중간보고 없이 학습자들의 판단에만 의존하여 강행할 경우 학습자들은 스스로 만족하더라도 최고 경영진은 다른 관점을 고수하거나, 결과가 미흡하다고 생각할 수도 있다. 전략 커뮤니티

(SCoP)의 경우 주로 리더십에 많은 부분을 의존하므로 학습팀 리더의 행동과 요구에 관심을 기울이고, 필요한 지원을 할 수 있어야 한다. 전략 커뮤니티는 리더가 오너십을 가지고 있기 때문에 결과에 대한 책임도 함께 가지고 있다. 공식적인 팀장이 아닌 리더가 팀의 결과에 책임을 가지고 있다는 것은 상당한 부담이므로 이 경우 부리더를 선임하여 서로의 역할을 나누기도 한다.

5) 휴식기(Adjourning)

학습팀에 할당된 과제와 목표가 달성되고 활동이 마감되는 시기이다. 휴식기가 되면 학습팀은 목표달성과 함께 해산하거나 다음 목표 시작 전까지 활동을 멈추게 된다. 휴식기에 팀원들은 학습과 실천적 행동으로부터 학습팀 활동의 정리와 성과발표를 위한 준비에 노력을 기울인다. 학습지원조직은 성취한 과제에 대해 팀원 각자에게 평가 또는 보상으로 피드백 할 수도 있으며, 학습과정 이수를 인증하거나 공개적인 격려를 할 수도 있다. 이때 학습지원조직의 역할은 학습팀 활동 결과를 바로 다음에 실행하는 학습팀과 연계하거나 현업 실행력을 높이기 위해 팔로업해야 할 유관부서와 커뮤니케이션하는 것이다.

학습팀이 특정대상에 제한적으로 적용될 경우 성과를 공유하고 발표하는 것으로 종료된다. 그러나 학습팀이 경영 혁신 활동으로 지속될 경우 바로 다음에 참여하게 되는 팀원들에게 동일한 방식의 프로세스가 적용될 수 있도록 준비해야 한다. 이 경우 학습팀의 성과창출 결과는 바로 다음에 활동하게 되는 2기 학습팀의 목표와 태도에 직접적인 영향을 미칠 수 있다. 이 시기 동안 1기 활동의 성과평가와 보상으로서 피드백은 팀 전체 구성원의 참여 속에 함께 공유할 필요가 있다. 1기 학습팀의 활동성과를 통해 자신들의 임무가 보다 명확해진다.

3. 팀워크: 학습팀 성공의 필수요소!

> 학습팀이 팀으로 변모하는 것은 집단 내 구성원들이 서로를 공평하게 대하고 신뢰할 수 있을 때이다. 그리고 새로 형성된 집단의 구성원들은 대화를 통해 평가하기 시작한다. 실제적으로 집단들이 가장 좋은 조건하에서도 최소 20~25시간 정도 일한 후에야 모든 구성원들은 지적 자원을 완벽하게 활용할 수 있게 된다.
>
> - Watson, Michaelsen & Sharp; Larry K. Michaelsen, Arletta B. Knight & L. Dee Fink, Team-Based Learning

학습팀의 성과에 영향을 미치는 요인은 다양하다. 영향요소들은 팀 구성원의 성격과 역량, 팀빌딩을 포함한 활동 프로그램, 팀목표, 팀에 참여하는 구성원들의 동기, 리더십과 의사결정 과정, 커뮤니케이션의 양과 질, 팀 분위기, 팀 규모와 시기, 스폰서십 등과 같은 것이다. 모든 요소들이 조화롭게 구성되어야 자연스럽게 성과로 연결되지만, 이들 중 학습팀의 성공에 가장 **중요한 것을 꼽으라면 그것은 아마도 팀워크일** 것이다.

팀워크가 상대적으로 약한 학습팀에게는 학습과 성과의 책임이 개인보다는 집단에 있기 때문에 책임이 분산되거나 회피하려는 행동이 나타난다. 반대로 개인의 역할과 책임이 잘 정돈되어 있고 단결된 팀워크가 형성된 팀으로부터는 기대 이상의 결과를 얻게 된다. 팀워크로 단단해진 팀은 개인 각자가 최선을 다할 수밖에 없는 분위기를 만든다. 팀워크는 책임감을 강화시키므로 개인에게 부여된 세부과제가 제대로 실행되지 않을 경우 팀성과에 영향을 줄 수 있다는 압박감을 주게 된다. 팀워크는 개인의 역량을 최대로 끌어내게 하며, 팀의 일원으로서 개인에게 부과될 의무감을 더 크게 만든다. 강한 팀워크를 만들어낸 팀들은 공통적으로 높은 수준의 과제에 대한 몰입을 보이며, 팀구성원 간의 관계가 긴밀해짐에 따라 타인에 대한 지원행동을 증가시킨다. 완벽하게 공유된 비전과 목표달성의 의지가 참여자 모두에게 형성될 때 팀원들은 개인에게 주어진 역할을 넘어 팀 지향적 사고와 팀 중심의 행동을 시작하게 된다. 액션러닝과 전략 커뮤니티는 조직의 공식적인 직제조직과는 다르다. 학습팀의 참여자들은 본인의 업무목표와는 크게 관련이 없을 수도 있으며, 기간도 한시적으로 운영된다. 팀조직처럼 매일 만나거나 회의를 통해 업무 조율을 하는 것도 아니다. 따라서 초기 팀빌딩이 늦어지거나 실패한다면 활동이 마무리되는 시점까지 좋은 결과를 기대하기 어렵다. 그럼에도 불구하고 학습지원조직의 팀워크 강화를 위한 노력은 미흡한 실정이다. 팀이라는 명칭 부여만으로 저절로 팀워크가 형성되는 것이 아닌데도 말이다. 팀워크 증진에 관한 훈련 없이 우연히 팀워크가 발휘되기를 기대해서는 곤란하다. 학습방법이나 성과에만 치중한 나머지 사람, 관계와 집단이 만들어내는 역동을 간과해서는 안 된다. 학습팀에서의 팀워크는 구성원들의 사기, 긍정적 영향력을 미치는 분위기 또는 사적 친밀감 혹은 협력하려는 마음으로 만들어져야 한다. 팀조직에서처럼 회식이나 야유회 혹은 극기훈련 같은 프로그램을 함께 체험함으로써 팀워크가 증진될 수도 있다. 그러나 학습팀이 진정한 의미의 시너지 효과를 발휘하기 위해서는 좀 더 세부적인 '팀워크 프로그램'이 필요하다. 예를 들면, '팀 워크숍'을 통해 목표를 명확하게 공유하거나 '스폰서와의 정례적인 미팅' 또는 '활동과정에 대한 피드백'을 통해 활동의 중요성을 일깨우고 몰입시키는 것, 무엇보다 학습활동이 소수에 치우치지 않고 동등한 참여를 통해 기여할 수 있도록 올바른 '토론방법에 대해 학습시키는 것' 등이다. 팀워크는 단순히 팀구성원들 간의 인간적 유대감뿐만 아니라 업무적 팀 활성화 측면까지도 포함한다. 학습지원조직(또는 퍼실리테이터)은 팀빌딩을 기획하고, 프로그램에 직접 참여하여 팀원들 간의 낯섦과 경계를 완화시키고 관계를 촉진시키도록 노력해야 한다. 학습지원조직의 참여는 '성공은 함께 만들어가는 것'이라는 묵시적인 표현이므로 학습팀과의 신뢰 형성에도 기여한다. 팀워크 형성에 있어 가장 효과적인 방법은 활동기간의 초기에 팀빌딩 횟수와 시간을 많이 배분하는 것이다. 예를 들어, 학습모임은 2주에 한 번, 1회 학습시간은 2~3시간 정도로 계획을 수립했더라도 활동 초기에는 매주(4~5번 정도) 만나고, 활동모임시간 역시 4~5시간으로 늘려 가능한 한 빨리 팀원들이 친밀해질 수 있도록 해야 한다. 팀빌딩은 정규학습 및 미팅시간 외에도 다양한 비업무적 활동을 포함하며, 오히려 비업무적 시간에 대한 의도적인 배려가 매우 중요하다. 활동모임이 끝날 때마다 참여자들은 함께 식사 또는 비업무적 이벤트를 통해 의도적인 커뮤니케이션 환경을 만들어줄 필요가 있다.

서구인들이 중요하게 생각하는 가치는 승리, 타협, 개인주의, 경쟁, 보편주의(법에서 정한 규칙), 내부 지향, 지위의 성취, 순차적 개념의 시간 등이다. 반면 동양인들이 중요하게 생각하는 가치는 공동사회, 협력, 외부 지향, 주어진 지위(좋은 것은 계승), 특별주의(개성적이고 예외적인) 등이다. 비서구문화권에서 나타나는 집단주의는 실천학습팀에서 활동하는 것을 쉽게 해주는 측면도 있다. 이러한 문화권에서는 팀워크와 조직 단위의 문제 해결이 더욱 중시된다. 비서구문화권의 집단주의가 서구문화권의 개인주의보다 실천학습과 보다 잘 부합된다.

- Michael J. Marquardt

학습팀의 팀워크를 점검하는 16가지 질문

학습팀 역시 팀조직과 유사한 시스템, 프로세스와 활동주기를 가지고 있으므로 팀워크가 잘 발휘될 때 비로소 요구되는 목표를 달성할 수 있다. 학습팀이 올바른 팀워크를 형성하고 있는지를 알고 싶다면 반드시 아래의 질문을 점검할 필요가 있다.

1. 학습팀의 멤버 결정에 학습팀의 구성원들을 참여시키고 있는가? 학습팀처럼 완전히 새로운 팀이라면 팀 결성 이전에 팀원들의 레퍼런스를 통해 최소한의 정보라도 교환할 필요가 있다.

2. 학습팀을 망치고 있는 사람이 누구인지를 잘 알고 있는가? 또한 그 문제를 해결하기 위해 어떤 단계를 밟고 있는가? 여러분은 학습팀의 수행을 감소시키

는 팀의 구성원들이 누구인지 찾아내고, 또 그 이유가 무엇인지를 진단하기 위해 그들과 시간을 함께하면서 그것이 무엇인지를 알아본 적이 있는가?

3. 학습팀의 구성원들이 학습팀의 임무, 목표, 가치, 기대를 잘 알고 있는가? 이러한 요소들이 학습팀의 성공을 예견하는 청사진들이므로 학습팀의 구성원들은 이러한 중요한 요소들을 확실히 이해하고 있어야 한다.

4. 학습팀의 구성원들이 팀의 성공을 위해 전념을 다하고 있는가? 간단하게 질문을 던져보는 것만으로는 충분하지 않다. 그들이 전념하고 있다는 것을 보여주는 겉으로 드러나는 모습을 찾아보라. 아마도 그들이 전념을 다하고 있지 않는 모습을 찾는 것이 더 쉬울 것이다. 불평만 하고 업무 수행이 떨어지고 사기가 낮은 것 모두 그들이 학습팀의 임무, 가치, 목표, 기대에 전념하고 있지 않다는 것을 보여주는 예들이다.

5. 학습팀의 구성원들에게 팀워크 기술을 교육시켜왔는가? 학습지원조직의 팀빌딩 계획(Teambuilding Curriculum)은 제대로 되어 있는가? 팀워크 활동은 지속적으로 이루어져야 하고, 또한 언제든지 가능해야 한다.

6. (전략 커뮤니티의 경우) 학습팀의 리더들은 그들의 역할에 대한 교육을 받아왔는가? 가끔 보면 타고난 리더들이 있긴 하지만, 대부분의 조직 안에 그러한 사람들이 충분한 것은 아니다. 리더십 기술은 교육을 받아야 하는 것이다. (액션러닝의 경우) 학습팀의 리더 역할을 할 수 있는 사람 또는 러닝코치들이 기본적인 팀 기술 이외에도 그룹을 촉진시키는 기술이나 조정하는 기술 등 특별한 기술교육을 받을 수 있도록 해야 한다.

7. 학습팀의 토론과 학습에 정보(Information), 지식(Knowledge), 동기(Motivation)가 모두 포함되어 있는가? 학습팀 활동에는 이 3가지를 모두 갖추어놓고 있어야 한다. 정보와 지식을 쉽게 받아들일 수 있게 하기 위해 흥미롭고 즐겁고

학습팀 구성원들에게 동기부여가 될 수 있는 회의가 되도록 힘써야 한다. 학습팀의 구성원들에게는 'how to'와 'want to'가 모두 필요하기 때문이다.

8. 개인 간 의사소통은 효과적으로 이루어지고 있는가? 학습팀 내의 의사소통을 통해 학습팀 구성원들이 활용할 수 있는 정보, 즉 가십보다는 뉴스를, 비평보다는 피드백을 전달해주어야 한다. 학습팀 구성원들이 상호간 개방된 자세로 솔직하게 유용한 정보를 공유하고 있는가?

9. 학습팀의 구성원들은 더 큰 조직에 관한 뉴스를 잘 알고 있다고 느끼고 있는가? 학습팀은 그들의 활동과정과 결과가 조직의 업무 수행에 어떻게 영향을 미치는지를 이해하는 것이 중요하다. 경영진, 관리자들과 학습팀 외부의 다른 사람들을 자원으로 적절히 활용해야 한다.

10. 학습팀이 시작되고 나서 한 달 전에 직면했던 똑같은 문제에 지금도 처해 있는가? 만약 그렇다면 그 이유는 무엇 때문인가? 중대한 문제를 무시하는 것은 전혀 도움이 되지 않는다. 한 달 후에도 해결되지 않는 문제들은 그 자체가 중요하지 않은 것이거나 아니면 관심이 부족해서라고 보면 된다. 이 문제들이 학습팀 구성원들의 좌절의 원인이 되기 전에 그 문제들을 다루도록 하라.

11. 학습팀의 구성원들이 가치 있다고 생각하는 것과 좋아하는 것, 싫어하는 것 그리고 그들의 요구 등을 이해하기 위한 시간을 가져본 적이 있는가? 서로 다른 사람들은 동기 유발되는 방식도 모두 다르기 때문에 제각기 다른 학습팀의 구성원들을 무엇으로 동기 유발을 시켜야 하는지에 대해 생각하고 가능한 한 팀원 모두의 요구가 반영될 수 있도록 최선을 다해야 한다.

12. 학습팀은 갈등을 개방적으로 그리고 효과적으로 잘 처리하고 있는가? 그리고 학습팀의 구성원들은 갈등 해결을 위해 동원할 수 있는 모든 접근 가능한 방법들을 이용하는 방법을 배우고 있고, 학습팀은 또한 필연적으로 일어나게

되어 있는 문제들을 여러분이 해결하도록 하고 있는 시스템에 동의하고 있는 가? 학습팀의 약속과 목표는 아무리 어려운 시기라 하더라도 계속 추구해나 가야 할 주요 협의 사항임을 잊지 말아야 한다.

13. 모든 학습팀의 구성원들이 피드백을 자유롭게 받을 수 있게 되어 있는가? 그 렇지 않으면 학습팀의 리더 또는 러닝코치를 통해서만 피드백을 받고 있는가?

14. 학습팀의 세부활동 일정표를 운영하고 있는가? 학습팀은 제때 반드시 결과를 보여주어야 할 책임이 있다. 여러분은 학습팀의 첫 번째 목표가 무엇인지를 일정표에 명시하고 있고, 학습팀의 구성원들은 그 목표들이 무엇인지 잘 알고 있는가? 아이디어를 결과로 구체적으로 전환시키기 위해 여는 학습팀의 매 회의에서 활동 계획을 이용하도록 하라.

15. 학습팀의 구성원들이 개인의 성공과 학습팀의 성공 간에 연관이 있다고 생각 하고 있는가? 여러분은 학습팀의 구성원들이 성취한 것에 대해서가 아니라 학습팀이 목표를 이루는 데 그들이 기여한 바에 대해 보상을 해주고 있고, 또 한 그들은 그것을 알고 있는가? 이러한 연관은 매우 중요하며, 학습 팀워크를 계속 유지시켜나가는 데 반드시 필요한 사항이다.

16. 공식적이든 비공식적이든 어떤 식으로 행사를 가지고 있는가? 결과에 대해 시기마다 평가하도록 하라. 활동이 종료되기 전까지 정기적으로 그리고 참신 하게 학습팀의 노력과 승리를 축하하도록 한다.

- Mark Sanborn의 『Questions for Making Teamwork』 재구성

4. 핵심동기: 팀원 스스로 열정과 의지를 갖도록 만드는 내재적인 힘

학습동기(Learning Motivation)란 학습목표를 달성하기 위해 팀원들 스스로 열정과 의지를 갖도록 만드는 내재적인 힘이다. 학습동기는 학습팀원들이 과제를 위해 헌신하거나 성과창출에 기꺼이 동참하게 만들고, 개인의 학습몰입 수준을 결정하므로 학습팀 성과의 핵심동기(Core Motivation of Learning Team)라고 할 수 있다. 이것은 학습팀에 참여하는 개인의 마음가짐과 태도이며, 자기동기화를 위한 기제로서 학습팀에 활기를 불어넣고 팀워크를 형성하는 데도 기여한다.

학습지원조직은 학습자들이 과제에 몰입할 수 있는 다양한 학습동기를 마련해야 한다. 학습지원조직은 학습팀에 참여하는 개인의 학습동기 제고를 위해 경영진의 요구와 조직의 기대, 개인의 발전이라는 현실적인 메시지를 직접 전달하기도 하며, 흥미에 맞는 과제의 제시와 보상, 팀 간 경쟁심의 유도, 평가와 피드백(feedback) 등을 활용할 수도 있다.

무엇보다 우선적으로 할 일은 참여자들과 직접 솔직하게 커뮤니케이션하는 것이다. 솔직한 기대와 부담에 대해 터놓고 이야기함으로써 조직, 개인, 학습지원조직 모두가 관점을 통일하고, '왜 이 활동이 필요하며, 한 마음으로 노력해야 하는가'에 대해 충분히 이해시킬 필요가 있다.

과제가 처음 주어졌을 때 경영진과 협의하는 과정에서 학습동기가 제고되기도 한다. 과제의 중요성과 성과달성을 위해 노력해주기를 바라는 경영진의 기대와 생각을 직접 듣게 되면 과제를 대하는 태도가 달라진다. 경영진이 직접 개입하게 되면 직·간접적으로 자신의 일에도 영향을 미친다는 것을 알기 때문이다. 물론 이 경우 강압적이거나 일방적이라고 느낀다면 오히려 거부감이 커질 수도 있으므로 주의해야 한다.

학습팀 간의 경쟁과 협력을 유도하되 활동 종료 후 노고에 대해 포상할 수 있다면 몰입을 이끌어내는 데 수월하다. 경쟁과 협력은 팀의 독특한 특성이다. 팀 내의 멤버들은 협력을 통해 팀 고유의 색깔을 만들어낸다. 팀워크가 공고해질수록 다른 팀과 자신들을 구분시키거나 미묘한 경쟁관계에 놓이게 된다. 이때 팀 간의 건전한 경쟁을 자연스럽게 유도하게 되면, 학습팀들은 다른 팀보다 더 좋은 결과를 얻거나 이기기 위해 노력한다. 팀워크가 지나치게 되면 배타적인 문화를 만들어내는 부작용이 있을 수 있다. 하지만 단기간에 적용되는 학습팀에게 있어 이러한 위험은 적으며, 오히려 학습팀 간의 경쟁과 결과에 대한 적절한 보상은 참여자들을 과제를 중심으로 응집시킨다.

학습팀이 진행되면서 보여지는 모습이나 기대했던 성과를 평가하고 피드백(feedback)하는 것도 방법이다. 활동 중간에 주기적으로 평가하고, 팀의 성취도에 대해 객관적으로 피드백해줄 필요가 있다. 평가와 피드백은 팀원들의 긴장을 유지시키며, 학습팀들이 어떤 방향으로 나아가고 있는지를 알게 한다. 전략 커뮤니티에서 팀 평가는 과제에 대한 성과 진척도보다는 학습성취도, 팀빌딩과 학습참여도 같은 학습 과정에서 요구되는 활동평가를 지표화하여 피드백한다. 이때 결과를 평가하는 것이 아니라 관찰자로서 팀 토론과 팀워크 프로그램들이 잘 진행되고 있는지를 객관적인 시각으로 말해주는 것이다. 액션러닝에서 개인은 학습준비도 평가를 통해 팀원들의 과제와 개인별 준비에 대한 책임을 다하도록 유도할 수 있다. 개인의 학습준비도는 새로운 과제를 탐색하는 초기 준비 과정에서 필요한 기본 지식의 습득 여부를 평가하는 것이다.

액션러닝(AL), 특히 육성형 액션러닝에 있어 참여자들이 학습에 몰입하게 되는 핵심동기는 조직 내 성장(Promotion)에 대한 공식적인 또는 암묵적인 약속일 것이다. 참여자가 주로 조직의 핵심인재 중에서 선발되며, 향후 리더 혹은 임원으로 성장을 약속 받은 사람들로 구성되기 때문이다. 액션러닝의 참여자들은 자신들이 왜 이 과정에 참여하게 되었으며, 앞으로 어떤 학습과 지식을 습득하게 될지에 대해 충분히 공감한 상태에서 출발한다. 따라서 성공적인 과제수행에 따른 보상과 인정보다는 경영진 후보 또는 핵심인재와 같이 승진 또는 특정 대상자의 후보가 되거나 유지하기 위한 자격의 의미가 더 크다.

그러나 '구성원 육성'을 위해 반드시 필요하다고 하더라도 학습자들의 흥미나 의지와는 다른 과제가 부여될 경우, 또는 액션러닝의 필요성에 대한 공감대 형성이 부족하거나 커뮤니케이션이 부족하다면 참여자들의 학습동기를 이끌어내는 것이 쉽지 않다. 이 경우 참여자들의 학습동기를 높이기 위해서는 우선 과제에 대한 막연한 두려움을 없애고 도전하겠다는 마음을 가질 수 있도록 충분히 학습자원을 제공해야 한다. 아울러 참여자와 이해관계자 모두의 기대수준을 동일한 눈높이로 맞출 수 있도록 노력해야 한다. 기본적인 지식습득과 과제에 대한 정확한 이해가 전제되지 않으면 학습자들을 과제에 몰입하도록 만들기가 어렵기 때문이다. 앞서 언급했듯이 어떤 경우에는 팀학습 결과를 팀원 소속 팀에서의 평가와 연계시켜 학습자들이 안전하게 참여할 수 있는 환경을 만드는 것도 고려해볼 수 있다.

전략 커뮤니티(SCoP)에서 학습팀 참여의 핵심동기는 직무에 대한 소속감과 정체성이다. 전략 커뮤니티에 참여하는 학습자들은 본인의 직무에 대한 애착으로부터 전문가(Specialist)로 성장하고 싶은 욕구와 이를 지원해줄 수 있는 성장 네트워크에 소속되고 싶은 욕구가 있다. 업무를 수행하면서 부딪치는 문제에 대해 도움을 줄 수 있는 직무 네트워크 또는 전문가그룹, 유사 경험자들을 만나 깊이 있는 네트워크를 형성할 수 있다. 다른 사람들도 자신과 비슷한 문제와 경험을 가지고 있고 (직무 기반의) 동일한 주제에 대해 열정을 가지고 있다.

목표달성을 위해 완벽하게 몰입하기 위한 동기는 자발성에서 비롯된다. 그런 점에서 가장 이상적인 형태의 학습팀은 자발적인 학습 커뮤니티(CoP)일 것이다. 그러나 자발적인 학습 커뮤니티는 반드시 유지해야 한다는 의무가 있거나 학습에 대한 강제성이 약하기 때문에 실효성과 기업의 생산성에 미치는 영향을 설명하기 어렵다는 단점이 있다. 예전에는 주로 학습 커뮤니티(CoP)를 자생적인 조직으로 인정하고 활발하게 생성되고 운영될 수 있도록 지원하는 역할을 했다면 점차 기업의 전략적인 필요에 의해 적극적으로 커뮤니티를 개발, 관리하려고 하는 것은 이 때문이다. 전략 커뮤니티(SCoP)가 점차 성과지향적 학습팀으로 변화하면서 본래의 자발적으로 생성된 공동체와는 다르게 운영되고 있다. **전략 커뮤니티는 직무 기반의 네트워크를 조직이 적극적으로 개발해준다는 점에서 분명히 가치 있는 활동이다.** 전략 커뮤니티가 가지고 있는 의미와 정체성, 그리고 소속감이라는 독특한 핵심동기를 기업의 성과에 적극적으로 활용하려고 노력하고 있다. 구성원들이 자신의 일과 직무에 대해 가지고 있는 성장 욕구를 긍정적인 에너지로 전환시켜 개인의 발전과 조직의 성과를 동시에 추구하는 데 있어 전략 커뮤니티의 역할은 실로 크다.

5. 온라인 활동: 학습팀의 감정적 연대와 친밀함을 지속시키기 위한 공간

매일 목표를 확인하고, 커뮤니케이션에 어려움이 없으며, 상대적으로 충분한 시간과 자원을 제공 받을 뿐만 아니라 공식적인 리더십 권한과 책임을 공유하는 '비즈니스 팀조직'과 비교해볼 때 '학습팀'이 동일한 성과(Performance)를 보여주어야 한다는 것은 출발 자체가 모순일 수 있다. 대부분의 학습팀원들은 비즈니스 팀조직의 멤버이다. 개인이 학습팀의 참여자이자 팀조직의 일원이라는 사실은 (학습팀이 설령 2~3개월 정도로 짧게 운영되더라도) 학습팀 활동에 온전히 시간과 자원을 투입하지 못한다는 것을 의미한다. 팀조직과 학습팀의 목표를 모두 수행하기 위해서는 더 많은 노력을 해야 하는 것은 물론이고, 필요에 따라서는 업무 외적인 시간을 활용하여 개인적인 희생을 감수하면서까지 학습팀 활동을 병행해야 하는 경우도 있다. 학습팀에 참여하는 팀원들이 직면하는 가장 큰 문제는 절대적인 학습시간의 부족과 (여러 사업부 또는 팀조직이 참여함으로써) 자주 만나기가 어려워서 생기는 공간적 거리감이다. 이것은 액션러닝과 전략 커뮤니티 모두에 해당한다.

학습팀이 문제해결과 학습에 집중하기 위해서는 우선 오프라인 학습모임에서 자주 만나야 한다. 면대면 대화는 이견(異見)의 조율과 정확한 의사소통이 가능하므로 대화의 단절로 인해 발생할 수 있는 어려움을 최소화할 수 있다. 그러나 통상 2주 1회 정도의 학습시간으로는 문제해결은 고사하고, 팀원들 간에 팀워크를 형성하기에도 부족하다. 전략 커뮤니티에서처럼 (학습시간을 충분히 배려할 수 있도록 경영진과 소속팀 리더에게 이해시킨다고 하더라도) 현실적으로 업무 외적인 부가적인 일이라는 인식으로 인해 학습모임을 자주 소집하기 어려운 경우도 있다.

　온라인은 바로 이런 학습팀 참여자들의 느슨한 관계를 가장 효율적으로 지원해주며, 오프라인 학습모임을 더욱 **촘촘하게** 메워주는 징검다리(Bridge) 역할을 해준다. 온라인은 시간에 구애받지 않고 학습할 수 있는 환경을 제공하며, 학습공간의 한계를 효율적으로 지원해주는 강점이 있다. 학습팀원들 역시 개인이 가지고 있는 정보와 지식을 온라인에서 공유함으로써 추가적으로 필요한 학습자원을 효과적으로 탐색할 수 있다. 실행(Action)의 기초가 되는 2차 자료들, 예를 들면 실험자료, 데이터, 과거의 기록 같은 지식과 정보들이 온라인에서 빠르게 공유된다면 오프라인 학습에서의 학습효과를 효과적으로 향상시킬 수 있다. 또한, 온라인을 통해 팀원들의 의견을 미리 점검해보거나 서로에게 요구하는 행동, 기대, 조건 등을 사전에 알 수 있기 때문에 오프라인 학습모임의 시간을 효과적으로 단축시킬 수 있다. 온라인은 학습지원조직에게도 유용한 도구가 된다. 학습지원조직은 온라인을 통해 보다 효과적으로 학습활동 프로세스 전체를 설계하고 관리할 수 있다. 학습자의 효과적인 수행에 필요한 학습방법, 진행 단계별 인터벤션, 러닝코치를 통한 코스웨어뿐만 아니라 추천 학습자원, 문제해결을 위한 관련 정보, 직무수행 참고서(Job aids)를 제공함으로써 세부 학습활동을 안내할 수 있다.

온라인은 사회적 교류관계를 촉진시킨다는 점에서 유용한 커뮤니케이션의 도구이다. 특히 활동 초기에는 자주 학습모임을 하더라도 어색한 분위기에서 진행될 가능성이 크다. 팀원들의 성향과 선호를 어느 정도 파악하고 편해지기까지는 일정 시간이 소요되며, 그전까지는 서로 조심스러울 수밖에 없다. 팀빌딩과 오프라인 모임만으로는 학습기간의 공백에서 비롯되는 어색함을 극복하기 힘들 수도 있다. 이때 온라인은 팀원들 간의 관계 형성에 윤활유 역할을 한다. 팀원들이 서로 가벼운 정보와 자료를 공유하고 SNS를 활용하여 서로의 안부를 묻거나 근황을 공유하는 것만으로도 오프라인에서 느꼈던 팀원들의 감정적 연계와 친밀감은 지속된다.

액션러닝에서 온라인은 학습을 효과적으로 지원해주는 지원요소로 학습관리시스템(Learning Management System: LMS)에 기반을 둔 웹 기반 학습의 기능을 통해 구현하는 정도이다. 학습 프로세스에서 반드시 필요한 문제해결 또는 의사결정 지원도구를 제공하거나 커뮤니티 기능을 통해 팀학습에 필요한 온라인 공간을 제공하는 역할도 하고 있지만, 주로 조직 내에서 학습자들의 교육과 훈련 활동에서 학습자의 역량을 향상시키기 위한 학습관리시스템의 일부이다. 반면 전략 커뮤니티의 경우 온라인 활용은 오프라인 못지않은 비중을 가진다. 그러나 액션러닝처럼 학습자원과 프로세스를 지원하기 위한 기능시스템으로서보다는 팀원들 간의 커뮤니케이션 관점에서의 커뮤니티 활성화와 Q&A를 촉진시키기 위한 활동성에 중점을 두고 있다. 학습팀이 생성되면 자연스럽게 온라인 커뮤니티를 개설해준다. (이 때문에 일부에서는 CoP가 온라인에서 활동하는 커뮤니티로 잘못 알려진 경우도 있다.) 전략 커뮤니티에서는 의도적인 관계 형성을 위해 오프라인 학습모임 및 팀빌딩 활동의 횟수를 정량적인 평가지표로 활용하기도 하는데, 이때 온라인 활동 역시 팀원들 간의 네트워크 정도를 활성화를 판단하는 기준으로 측정하기도 한다.

학습팀에서 온라인의 기능과 역할은 학습을 돕는 자원들과 모든 학습과정, 학습을 관리하는 인적자원개발을 위한 기능(교과설계, 학습 프로세스 관리, 학습팀원 정보, 온라인 수업과 오프라인의 연계, 콘텐츠를 포함하는 학습자원관리, 평가 등)처럼 상위의 인프라가 아니어도 된다. 커뮤니케이션을 촉진하기 위한 최소한의 기능만으로도 조직 간 학습을 효과적으로 향상시킬 수 있다. 학습자들 간의 온라인에서의 상호작용을 위한 이벤트, 때로는 스폰서의 격려 한마디나 아이디어 제공을 통해 참여자 모두의 관심과 지원을 이끌어내는 것이 더 중요하다. 학습자들뿐만 아니라 학습지원조직과 러닝코치들도 적극적으로 참여해야 하며, 학습시간과 공간을 가장 효율적으로 활용할 수 있는 학습활동이나 학습매체 등 다양한 학습요소들이 결합해야만 최상의 학습효과를 가져올 수 있다.

6. 학습과 지식

> **학습(Learning)**
> = 지식(Programmed Knowledge) + 통찰력(Questioning Insight)
>
> **지식(Knowledge)**
> = 형식지(Explicit Knowledge) + 암묵지(Tacit Knowledge)

레반스(Revans)에 의하면 액션러닝에서 학습이란 과거로부터 축적된 체계적인 지식과 올바른 질문, 통찰력 있는 질문으로부터 습득하게 된다. 즉, 학습은 전문가의 지식, 책이나 문서, 교육 프로그램 등의 프로그램화된 지식(Programmed Knowledge)과 질의과정(Questioning Insight)을 통해 더 진보된 형태의 지식을 얻게 된다는 액션러닝의 초기 모델을 제시하고 있다. **프로그램화된 지식과 통찰력 있는 질문은 상호보완적이라고 할 수 있는데, 학습에 있어 질문**(Question)**의 수준**(깊이)**은 개인이 보유하고 있는 지식**(Knowledge) **수준과 밀접한 관련이 있다.** 예를 들어 신입사원들을 가정해보자. 이들은 한 분야의 전문가로 성장하기 위해 해당 분야의 기초지식을 습득하려고 노력한다. 이 시기에는 주로 용어의 이해, 전문서적이나 과거 기록, 자료들 같은 프로그램화된 지식을 통해 학습한다. 기본적인 지식이 갖추어져 있지 않는 상태에서는 통찰력을 얻기 위한 질문을 하기가 어렵고, 수준 또한 낮을 수밖에 없다. 경험이 쌓이고 지식수준이 높아지게 되면 정형화된 지식보다는 통찰력과 암묵지의 영역이 커지게 되며 점차 문제해결능력도 향상된다. 지식을 적용해야 하는 상황과 기회가 증가하게 되면, 프로그램화된 지식(P)에 의존하는 횟수는 줄어들게 되며 앎의 깊이는 커지게 된다.

액션러닝의 핵심은 통찰력 있는 질문에 있으며, 학습이란 질문을 통해서만 증진된다는 점을 강조한다. 여기서 질문하기란 학습대상자가 스스로 직접적인 경험을 통해 진정으로 원하는 그 무엇을 얻고자 하는 과정이다. 질문하기(Questioning)는 직접적인 경험에 바탕을 두고 있으며, 때로는 영감이나 마음속에서 떠오르는 그 무엇인가에 의해 좌우된다.

학습 L(Learning)
= 프로그램화된 지식 P(Programmed Knowledge) +
  탐구적 통찰력 Q(Questioning Insight) + 비판적 성찰 R(Reflection) +
  실행을 통한 경험 I(Implementation)

레반스는 본래 액션러닝에서 학습이란 P(Programmed Knowledge)와 Q(Questioning Insight)의 조합으로만 설명했다. 이후 액션러닝이 점차 진화해오면서 효과적인 학습개념을 확장시켰는데, 대표적인 것이 비판적 성찰(Reflection)과 실행을 통한 경험(Implementation)이라고 할 수 있다. 액션러닝에서 경험과 실행의 중요성이 강조되는 것은 개인이 학습하는 과정에서 질문하기, 성찰하기, 실행하기 같은 일련의 활동으로부터 더 깊이 있는 학습이 가능하다고 믿기 때문이다.

비판적 성찰을 강조하는 액션러닝 학파는 학습과 실천 그리고 문제해결 과정 전반에 대한 비판적 성찰(Reflection)을 통해 올바른 학습효과를 기대할 수 있다고 생각한다. 학습이란 지금까지 당연시 여겨졌던 가정, 지식, 신념, 태도, 감정들을 성찰하고 의문을 던져봄으로써 근본적인 인식과 행동의 변화를 이끌어내는 과정이다. 변화는 기존에 가지고 있는 사고방식이나 문제해결방식의 틀(Frame)을 새롭게 재구성(Reframe)함으로써 가능하다. 따라서 이러한 재구성은 비판적 성찰과정에서 중요한 학습구성 요인이 된다(Yorks, O'neil and Marsick, 2002, 현장 중심 액션러닝).

경험주의적 학습을 강조하는 액션러닝 학파에게 있어서 진정한 학습은 개인의 경험에 의해 가능하다고 생각하기 때문에 실행의 중요성을 강조한다. 교육생들은 퍼실리테이터(Facilitator or Set Adviser)의 도움을 받아 자신들의 경험을 바탕으로 한 성찰을 하고 실천방안을 마련하는 과정을 통해 진정한 행동 변화를 꾀하게 된다(Marsick & O'Neil, 1999). 경험주의 관점에서 학습은 실행(Implementation)이 무엇보다 중요하다.

전략 커뮤니티(SCoP)의 이론적 토대가 되는 지식경영(Knowledge Management)은 지식(Knowledge)의 습득되고 활용되는 방식에 초점을 두고 있다. 액션러닝이 학습(Learning), 즉 '무언가를 배운다'라는 과정적 개념(~ing)이라면, 전략 커뮤니티는 지식(Knowledge)이라는 실체화된 것(Noun)을 어떻게 효과적으로 관리할 것인가에 대한 것이라고 할 수 있다. 물론 이것은 개념적인 차이일 뿐 학습한다는 것과 지식을 습득하는 것이 전혀 다른 것이라고 할 수는 없을 것이다.

> **지식 K(Knowledge)**
> = 암묵지 T(Tacit Knowledge) + 형식지 E(Explicit Knowledge)

노나카(野中)에 의하면 지식(Knowledge)은 형식지(形式知, Explicit Knowledge)와 암묵지(暗默知, Tacit Knowledge)의 조합이다. 형식지는 "일반적으로 명시화된 것, 객관적이고 표준화된 가시적인 것을 의미하며, 문서나 매뉴얼처럼 외부로 표출돼 여러 사람이 공유할 수 있는 지식"을 말한다. 알려진 정보이므로 어떤 분야에 대한 기초적인 학습과 지식습득, 검증되어 보편적으로 적용할 지식이라고 할 수 있다. 책, 매뉴얼, 교과서, 공식, 데이터베이스, 신문, 비디오와 같이 어떤 형태로든 형상화된 지식은 형식지라고 할 수 있다. 암묵지는 "학습과 체험을 통해 개인에게 습득돼 있지만 겉으로 드러나지 않는 상태의 지식"을 말한다. 사람의 머릿속에 존재하는 지식으로, 언어나 문자를 통해 나타나지 않기 때문에 명료하게 공식화되거나 언어로 표현할 수 없다. 또한 암묵지는 대개 시행착오 같은 경험을 통해 체득하는 경우가 많다. 암묵지는 개인, 집단, 조직의 각 차원에서 개인적 경험, 이미지 혹은 숙련된 기능, 조직문화, 풍토 등의 형태로 존재하며, 형식지는 언어나 구조를 가지고 존재한다.

프로그램화된 지식(Programmed Knowledge)과 형식지(Explicit Knowledge)가 규칙, 과거, 정형화된 것이라면, 탐구적 통찰력(Questioning Insight)과 암묵지(Tacit Knowledge)는 상상, 미래, 비정화된 것이다. 학습(Learning)과 앎(Knowing)이라는 것은 P(Programmed Knowledge)와 Q(Questioning Insight),

E(Explicit Knowledge)와 T(Tacit Knowledge)의 균형과 조화 속에서 발전한다. 탐구적 통찰력(Q)과 암묵지(T)가 아무리 중요한 가치가 있더라도 프로그램화된 지식(P)과 형식지(E)의 역할과 중요성을 간과해서는 안 된다. 액션러닝(AL)에 참여하는 멤버들이 주어진 과제와 관련된 지식수준이 낮은 경우 프로그램화된 지식과 형식지가 충분히 제공되지 않으면 경험적으로 얻을 수 있는 지식의 폭도 좁아지게 된다. 초보자에게 전문가도 해결하기 힘은 과제를 짧은 시간 동안 성과를 보여달라고 요구하거나 높은 수준의 탐구적 통찰을 강요하는 것 자체가 무리일 수 있다.

반면 전략 커뮤니티는 멤버들이 어떻게 구성되어 있는지에 따라 다르다. 초보자와 전문가가 함께 구성되어 있다면 학습팀이 진행되는 동안 전문가가 지식 전체를 전수해주는 역할을 하며, 전문가들의 모임이라면 암묵적 지식을 어떻게 효과적으로 공유할 것인가가 주요 관심사이다.

액션러닝과 전략 커뮤니티가 공통적으로 주목하고 있는 것은 탐구적 통찰력(Questioning Insight)이나 암묵지(Tacit Knowledge)와 같이 정형화되어 있지 않지만 앎의 영역을 깊이 있게 탐구하고, 근본적으로 확장시켜주는 것이다. 레반스(Revans)는 액션러닝에서 기존 지식의 유효성을 강조하면서도 질문의 중요성에 초점을 두고, 경험을 통해 체득한 깊이 있는 지식과 통찰적 학습의 중요성을 강조하고 있다. 프로그램화된 지식은 일차원적이고 고정되어 있지만, 질문은 다른 차원을 열어주며 자유롭게 생각하도록 돕는다. 프로그램화된 지식은 대부분의 문제해결 활동에서 전통적으로 사용되고 있다. 이를 통해 세부적인 이해나 학습은 가능하지만 오늘날처럼 급변하는 환경에서 요구되는 지식의 획기적인 증가나 획득은 거의 불가능하다.

마퀴트는 "프로그램화된 지식(P)만 가진 그룹은 일반적으로 시스템적 관점에서 문제를 해결하지 못한다. 총체적 관점(Holistic Overview)을 가지기 위해 반드시 필요한 질의와 성찰은 문제해결의 질을 결정하는 결정적인 요소이다. 프로그램화된 지식과는 달리 질의를 통해서는 지식의 양만 증가하는 것이 아니라 그 지식을 재조직할 수 있는 계기도 얻을 수 있다. 더욱 중요한 것은 통찰력 있는 질문이다"라고 말하고 있다. 폴라니(Polanyi)는 암묵지의 중요성을 강조했는데, 대부분의 사람들은 말로 표현하는 것보다 더 많은 암묵지를 보유하고 있으며, 인간행동의 기초가 되는 지식이라고 했다. 지식경영의 대가인 노나카 역시 암묵지가 고도화되거나 암묵지가 형식지화해 공유되는 등의 변환과정을 거쳐 더 높은 가치를 창조하게 된다고 말한다. 암묵지란 오랜 경험이나 자기만의 방식으로 체득한 지식이나 노하우이므로 문서를 통해 전수되기 어렵고 접촉을 통해 전수될 수 있는 지식과 능력이라는 것이다.

액션러닝이 행동(Action)이라는 실천적 경험을 통해 학습(Learning)하는 것이라면, 전략 커뮤니티(SCoP)는 지식의 활발한 교류를 통해 보다 높은 수준의 앎(Knowing)을 얻는 것이다. 결국 개인의 학습에 있어 탐구적 통찰력(Questioning Insight)과 암묵지(Tacit Knowledge)를 넓히는 것이 바로 액션러닝과 전략 커뮤니티의 이론적 토대인 동시에 본질이다.

7. 학습팀의 다양성: 다양성의 추구가 모두 문제해결에 도움이 되는 것은 아니다

지금까지 액션러닝(AL)과 전략 커뮤니티(SCoP)의 이론과 사례를 다루면서 가장 많이 언급된 것 중의 하나는 '다양성'일 것이다. 실제로 다양성으로 인한 특성은 학습팀 멤버구성부터 프로그램 설계와 운영에 이르기까지 큰 영향을 미치고 있다. 팀의 다양성이 어떻게 팀의 성과에 영향을 미치는가에 대해서는 여러 가지 견해가 있다. 다양성은 좀 더 세부적으로 구분될 필요가 있는데, 다양성이라고 해서 모두 문제해결에 도움이 되는 것은 아니다.

Jehn(1995, 1997)에 의해 실시된 연구에 의하면 다양성을 사회적 구분 다양성(Social Category Diversity), 정보적 다양성(Informational Diversity), 그리고 가치 다양성(Value Diversity)으로 나누고 이러한 다양성들은 서로 다른 종류의 갈등(Conflict) 관계를 통해 팀의 성과에 영향을 미친다고 알려져 있다. **정보적 다양성(Informational Diversity)은 지식 기반, 경험, 학력, 학문적 배경 등의 차이에 따른 다양성이며, 사회적 다양성(Social Category Diversity)은 성별, 인종, 연령, 출신지역 등 인구통계학상의 차이에 따른 다양성, 가치 다양성(Value Diversity)은 가치관의 차이에 따른 다양성을 말한다.**

성별, 인종, 국적 같은 사회적 구분에 따른 다양성은 팀 내 대인관계 갈등(Relationship Conflict)을 불러일으키며, 이는 개인의 직무만족, 몰입 같은 태도변수에 부정적인 영향을 미친다. 반면에 **학력 배경, 전문 지식 배경 같은 정보적 구분에 따른 다양성은 업무상 갈등(Task Conflict)을 불러일으켜 팀에 긍정적인 영향을 미친다.** 과업갈등(Task Conflict)은 주로 집단 내의 과업상 문제에 대한 의견충돌 같은 갈등을 의미하며 이는 주로 팀구성원의 학력상의 차이, 전문지식상의 차이, 그리고 경험상의 차이 등에 의해 발생한다(Jehn, 1995, 1997). 관계갈등(Relationship Conflict)은 대인관계상에서 나타나는 갈등을 의미하며 인종, 출신지역, 성별, 나이와 같이 주로 팀원들의 사회적 배경에 의해 발생한다. 이러한 관계갈등의 발생에 대해서는 사회적 정체성 이론(Social Identity Theory)에 의해 이론적 지지를 받고 있다.

- 팀워크의 개념, 측정 및 증진방법, 박원우

이 분류에 따르면 액션러닝은 창의적 문제해결에 필요한 정보적 다양성의 유효성을 강조하고 있다. 액션러닝의 관점에서 다양성(Diversity)은 과업, 즉 문제해결을 위해 가능하다면 다양한 배경을 가진 팀원들이 참여하는 것을 장려한다. 특히, 지식 기반, 경험, 학력, 학문적 배경 등의 차이에 따른 정보적 다양성(Informational Diversity)의 관점에서 액션러닝은 신선한 아이디어 제공과 활발한 토론을 촉진하는 데 긍정적인 영향을 미친다. 하지만 다양성이 모두 유효한 것은 아니며, 정보적 다양성이 아닌 사회적 다양성 관점에서는 오히려 부정적인 효과를 가져올 수도 있다. 다양한 출신배경을 가진 팀원들(사회적 구분 다양성)은 오히려 이질적인 성향으로 인해 내부 구성원들 간의 갈등과 분열로 부정적인 효과를 미칠 수도 있다.

전략 커뮤니티(SCoP)의 경우 동일 직무 종사자들의 모임을 가정할 때 (정보적) 다양성 관점의 장점이 발휘되기에는 다소 제한적인 것이 사실이다. 그러나 전략 커뮤니티의 경우 다양한 시각과 사고의 수렴, 창의적인 사고를 촉진시키는 데 어려움이 있을지 몰라도 팀원 간의 갈등을 최소화시키고 빠른 지식공유와 협업에는 오히려 도움이 될 수 있다. 전략 커뮤니티에서는 정보적 다양성을 장려하기 위해 직무숙련도의 차이가 있는 멤버(초보자와 전문가)를 한 팀으로 엮어 구성하기도 한다. 이 경우 전문가들은 자신들의 깊이 있는 경험과 지식을 공유하는 행동을 통해 팀 성과에 기여하며, 때로는 초보자들의 새로운 시각과 의견을 경청함으로써 자신의 고수하던 사고의 틀을 전환하는 계기가 되기도 한다.

학습팀을 구성할 때 다양성은 위와 같은 관점에서 고려되어야 한다. 전략 커뮤니티의 경우 창의적 아이디어를 자극할 수 있는 팀원들로 구성되어 있는지 살펴볼 필요가 있으며, 반대로 액션러닝의 경우 팀 시너지가 가능한 팀원들로 구성되어 있는지를 살펴보아야 한다. 팀 구성의 핵심은 다양성이라기보다는 학습팀원들의 태도, 성향과 역량 수준이 얼마나 조화롭게 이루어졌느냐일 수도 있다. 팀원 간의 보이지 않는 갈등과 권력다툼이 발생할 수 있는 상황에서 무조건 다양성만 우선시하는 것은 위험하다. 마찬가지로 팀원들의 집단화는 (팀 내 강한 하위집단으로 인해) 타 팀원들과의 커뮤니케이션에 장애가 될 수 있으므로 주의해야 한다.

학습팀의 특성상 대부분의 팀원들은 학습팀이 만들어지면서 새로운 관계를 형성하게 되므로 이러한 요소들이 사전에 완벽하게 적용되기는 힘들다. 퍼실리테이터들은 팀원을 구성할 때 다양성을 사전에 충분히 고려하되, 학습팀 활동기간 동안 팀 성과에 긍정적이거나 부정적인 영향을 미칠 수 있는 팀원 간의 미묘한 관계와 학습 상황을 주의 깊게 관찰하고, 각각의 장점을 살릴 수 있도록 적절하게 개입하는 것이 중요하다.

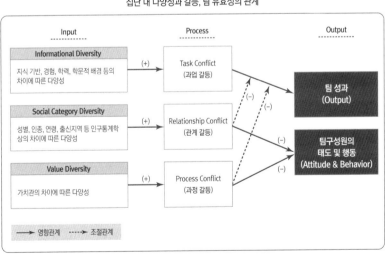

집단 내 다양성과 갈등, 팀 유효성의 관계

※ 원저: Jehn(1995, 1997), Jehn et al.(1997, 1999)을 종합 정리, 재인용

참고문헌

단행본

- 『액션러닝과 조직변화: 변화를 유도하는 학습, 실천을 촉구하는 학습』, 김미정 · 유영만, 2003.

- 『조직론(Organization Theory)』, 임창희, 2010.

- 『지력경영(智力經營)』, Ikujiro Nonaka & Noboru Konno, 1998.

- 『팀웍의 개념, 측정 및 증진방법(Teamwork: Meaning, Measurement, and Methods)』, 서울대학교 노사관계연구소총서 2006-3, 박원우, 2006.

- *Action Learning in Action*, Michael J. Marquardt, 1999.

- *Communities of Practice*, Etienne Wenger, 1998, 『실천공동체』.

- *Competing by Design: The Power of Organizational Architecture*, David A. Nadler & Michael L. Tushman, 1997.

- *Cultivating Communities of Practice*, Etienne Wenger, Richard McDermott, & William M. Synder, 2002, 『CoP혁명』.

- *Group Genius*, Keith Sawyer, 2007, 『그룹 지니어스: 최고의 성과를 내려면 팀으로 움직여라』.

- *Harvard Business Review on Making Smarter Decisions*, 2007, Harvard Business School Publishing Corporation, 『현명한 의사결정: 논리적이고 지혜로운 의사결정의 원칙』 中 Ram Charan, "Conquering a Culture of Indecision", *Harvard Business Review*, 2001.

- *Harvard Business Review on The Innovative Enterprise*, 2003, Harvard Business School Publishing Corporation, 『혁신기업의 조건: 아이디어를 수익으로 연결하는 전략 혁신』 中 Andrall E. Pearson, "Tough-Minded Ways to Get Innovative", *Harvard Business Review*, August 2002.

- *Learning in Action: A Guide to Putting The Learning Organization to Work*, David A. Garvin, 2000, 『살아있는 학습조직』.

- *Making Strategy Work: Leading Effective Execution and Change*, Lawrence G. Hrebiniak, 2005, 『실행이 최고의 전략이다』.

- *Management Teams*, Meredith R. Belbin, 2010, 『팀이란 무엇인가: 최고의 팀이 되기 위한 조건』.

- *On Becoming a Leader*, Warren Bennis, 1994, 『워런 베니스의 리더』.

- *Team-Based Learning: A Transformative Use of Small Groups*, Larry K. Michaelsen, Arletta B. Knight & L. Dee Fink, 2002.

- *The Art of Innovation: Lessons in Creativity from Ideo, America's Leading Design Firm*, Tom Kelley & Jonathan Littman, 2001, 『유쾌한 이노베이션』.

- *The Boundaryless Organization*, Ron Ashkenas, Dave Urlish, Todd Jick, & Steve Kerr, 1995, 『벽 없는 조직: 조직구조의 사슬을 제거한다』.

- *The Fifth Discipline: Fieldbook*, Senge, P. M., 1994, 『학습조직의 5가지 수련: 필드북』.

- *The GURU Guide*, 1998, Joseph H. Boyett & Jimmie T. Boyett, 『거인들의 발자국』 中 The Learning Organization, Daniel H. Kim.

논문

- "기업의 학습조직론 분석", *The Analysis of Discussion on Learning Organizations*, 김승주, 1999.

- "액션러닝의 기본구조와 핵심구성요소", 『산업교육연구』 제8호, 봉현철 · 유평준, 2001.

- "워크플레이스 변화(Workplace Change) 사례를 통해 본 액션러닝의 효과와 문제", 『산업교육연구』 제8호, 김미정, 2001.

- "조직 내 CoP 활성화에 대한 영향요인 분석: Validation of Factors Motivating Organizational CoP(Community of Practice) Activities", 전수환, 2006.

- "지식창출 기반의 통합적 학습조직 모델 개발 연구: A Study on Integrated Learning Organization Model:Integrating the Concepts of Action Learning, Learning Organization, Knowledge Managementand Community of Practice", 정태희, 2010.

- "Organizational Learning: A Review of SomeLiteratures", *Organization Studies*, 14: 375-394, Dodgson, M., 1993.